2020中國與美國終須一戰

當中國的復興之路遇上美國的重返亞洲

YST（海天）——著

作者序

出書都要寫序，這就對作者構成一種挑戰。無論是自序還是他人作序，總免不了要對作者有相當深度的介紹，譬如學歷、經歷、著作，甚至道德人品等，這對作者是相當困難的，因為ＹＳＴ是隱姓埋名的網路作家。

作者乃一介平民，自小在台灣接受傳統的教育，長大後庸庸碌碌為生活辛勞，過的是再普通也不過的日子，沒有什麼顯赫的履歷可以自吹自擂，更不用提有什麼豐功偉績可以炫耀。如果不是一九九七年的香港回歸，如果不是因為二〇〇〇年的台灣大選，如果不是國際網路開始流行，作者怎麼也不會想到自己有一天會寫政治評論的文章，更沒有想到會出書暢談國際政治。

一九九七年的香港回歸，讓我們清楚看到中國崛起的曙光，二〇〇〇年的台灣大選讓我們清楚感到台灣站在十字路口面臨統獨抉擇的不歸路，它們激起了我們對政治的關心，因為自小台灣的教育就告訴我們：「政治是眾人之事」。所以政治不但是無孔不入的，也是見者有份的，即使再卑微的市井小民也應該有憂國憂民之志，他們以前不是不鳴，只是苦無機會。想想看，在金錢萬能的現實社會，政治一向都是有錢有勢者把持和玩弄的東西，一個普通百姓想要有一席之地從事自主性的政治論述談何容易。

但是在二十世紀的末期，一個非常偉大的科技產品誕生了，那就是國際網路（internet），它改變了世界。

國際網路是人類文明最偉大、影響最深遠的發明，它傳達文字、圖片、聲音、影片，幾乎無所不能，它非常安全、超級快速，而且無遠弗屆，這在二十年前是不可想像的。噢，對了，它使像ＹＳＴ這樣的小人物也能成為作家，能夠向廣大的國際社會發出聲音，這還不偉大嗎？

是的，國際網路徹底打破了資訊傳播的傳統結構，新聞媒體不再是由少數人和特殊集團所壟斷，社會價值不再是由這些少數人來定義，國際正義更不是由少數利益集團說了算。國際網路的威力是巨大的，連美國著名的大報都因而倒閉或面臨倒閉的壓力。

為什麼？

答案很簡單，因為六〇年代美國總統尼克森口中的「沉默的大眾」（the silent majority）在二十一世紀已經不再沉默了。想想看，以前是苦無機會，所以不得不沉默，現在大眾有了國際網路能夠發出自己的聲音，為什麼還要沉默？

譬如克魯曼（Paul Krugman）在紐約時報的專欄位置已不再像從前那樣給他帶來什麼不得了的特權，他的瞎說八道想要影響世界已經不可能了，連YST都可以發出反對的意見。

不再沉默的大眾隨時隨地透過國際網路輕鬆地就可以反對這些記者、學霸和政客。這個力量是巨大的，連紐約時報和洛杉磯時報這樣的大報都抵受不住國際網路的壓力。想想看，每個人每天閱讀的時間就這麼多，如果上網的時間多了，看報紙和電視的時間自然就少了。報紙和電視的影響力能不下降嗎？

網路最大的優點之一，就是在合法的範圍內，能夠為作者保留相當程度的個人隱私。這份隱私能為作者帶來很多方便，那就是可以真正地做到對事不對人而暢所欲言，作者的評論固然如此，讀者看作者的評論也是如此。譬如讀者認為這個作者說得有理，那是因為文章的內容紮實與分析合理，而不是作者有博士學位或者是某個名校的大教授。作者在網路世界主持的【天下縱橫談】規定作者必須匿名，道理就在此，只有在匿名的情形下，才能做到認文不認人，才能做到國父孫中山所說的立足點的平等。

二〇〇八年金融海嘯爆發後，國際局勢真是風雲變幻和扣動人心，列強的鬥爭不但急遽上升而且招招對準國力正迅速飆漲的中國大陸。中美的博奕早已表面化和全面化，從經濟上升到政治，再從政治上升到軍事，全球華人不能不知。

讀者還看不清楚嗎？五年來，美國與它的盟國在西太平洋舉行的軍事演習都是公開以中共解放軍為對象。中國大陸已經上升為美國的第一假想敵，今天的中國大陸要想繼續韜光養晦已不可能了。

國際局勢的演變如此快速，作者有一種迫切感，想把自己的觀察心得與更多的人分享，於是決定選出部分作品，以書的形式和讀者見面。

政治是一門軟科學，基本上可以各說各話甚至胡亂說話。但是負責任的政治評論者不可以這麼做，他必須對讀者負責。所以本書選出作者在過去幾年中，發表在網誌（BLOG）和【天下縱橫談】論壇上的文章，這些文章不但經得起時間的考驗，而且編輯成書後，各篇文章相互照應，連成系統，更能看出「後金融風暴時代」中國與美國的戰略鬥爭的核心脈絡。歷史的脈動是有跡可循的，透過觀察過去，我們對現在的處境會更加瞭解、對未來的情勢更能把握，所以就更能做一個明白人。

另外，在政治立場上，作者屬於台灣少數的統派，是一個以中華民族整體利益為前提，贊成中國統一的小人物。像作者這樣的小人物，目前在台灣社會中不但受到各種無形力量的排擠，而且在傳統媒體上幾乎全部被封殺。

所以，作者出版這本書背後還有一個非常重要的原因，那就是台灣不能只有狹隘的獨派論述，因為這樣絕對會把台灣帶向萬劫不復的田地。台灣的統派論述一定不能缺席，這樣才能為台灣找到最好的出路。

ＹＳＴ是作者的網名，現在既然走出虛擬世界，投入實體出版，作者也就入世隨俗取了一個筆名叫

「海天」。它的意思是，YST雖然進入真實世界，但是心胸仍然像虛擬世界一般地海闊天空。

海天是不能放棄個人隱私的，因為他每天還得回虛擬世界做【天下縱橫談】的市長YST。

海天認為未來的十年非常、非常的關鍵。因為美國已經無法忍受中國繼續強大，中美的戰略矛盾已經升高到非攤牌不可的時刻，中國能否真正崛起，關鍵就在這十年。

本書論述的主軸就是在未來的關鍵十年，「中國崛起」將面臨美國如何的阻撓與挑戰。作者要更多華人知道他們非常幸運，他們是中國鼎盛而衰一千年後再度崛起的歷史見證者。

談論中國崛起的文章和出版有關中國崛起的書籍早已是車載斗量。

你一定會問：這本書有什麼特色呢？

海天的回答是：這本書有五個特色。

第一個特色是宏觀論政

海天首先要說明的是，有關中國崛起的書籍的確很多，但是它們多半是外國人寫的，不但視角不同，而且有很多偏見，因為他們心存恐懼。中文論述國際政治的書籍則很少有宏觀的，格局一般都不大。格局小在台灣出版的政治書籍中尤其明顯，原因是台灣的政治氣氛是獨立壓倒一切，所有的言論都必須為台灣的獨立自主而服務，否則就是「不愛台灣」。在這種意識形態的局限下，宏觀論政是不可能的，造成島民極為狹隘的政治觀，不但極不健康也非常危險。

台灣的問題是，台灣人不瞭解在國際鬥爭中，主觀的願望不論多麼強烈也不可能改變客觀的事實，譬如鬧得轟轟烈烈的一九七九年「高雄美麗島事件」和二〇〇六年「台北百萬紅衫軍倒扁大遊行」被台灣人民津津樂道和深深感動，被認為是不得了的政治運動，但其實它們是典型的「茶壺裡的風暴」。在過去的二十多年，我們看到台灣人民從思想到行動隨著短視的政客、記者和名嘴的宣傳而起舞，這些包括「去中國化」的一連串的政治運動，不但對世界格局毫無影響，對台灣未來的歸屬也不可能有任何改變，台灣人民甚至不瞭解他們的「愛台灣」其實是一種災難。

宏觀是瞭解國際政治唯一的途徑。本書是從全球華人的角度觀察列強的鬥爭和研判世界政治的演變，並且檢視中國在這場鬥爭與演變中所扮演的角色。這場正在進行的鬥爭和演變既廣且深，它將觸及全世界每一個人，誰都躲不掉，尤其是華人。

你一定會問：為什麼？

答案很簡單：這場鬥爭將導致亞洲勢力範圍的重新劃分，以及世界財富的重新分配。

第二個特色是說真話、用淺字、深入淺出，讀者即使兩瓶啤酒下肚也能一看就懂

本書沒有世俗的顧慮和考量，也就是是非分明，不做鄉愿，不寫四平八穩的文章。所以特色就是說真話、說簡單明瞭的話、令你一看就明白，沒有虛偽的外交辭令、沒有艱澀的學術名詞，更不會賣弄文字、故弄玄虛、繞彎子說話來顯示自己學問很大。譬如海天會直截了當地告訴你美國現在正大量印鈔票來彌補赤字和刺激經濟，而不是以專家的姿態吞吞吐吐、故弄玄虛、很有學問地說美國現在正實行量化寬鬆的經濟政策。

第三個特色是本著邏輯與推理論述，不尋求「政治正確」

政論文章的邏輯與推理是最重要的，也許讀者與作者的政治立場不同，但是邏輯與推理是跟意識形態無關的，即使兩個意識型態不同的人，也能共同信服於對歷史潮流的理性推演與對國際局勢的邏輯分析。最顯著的例子就是YST有關經濟的論述。

YST在二〇〇五年七月就開始論述美元有發行過量的問題：〈美國的軍事和經濟〉（2005/07/21）、〈美國經濟問題的焦點〉（2005/08/02）。這些言論在當時是非常孤獨的聲音，在台灣屬於「政治非常不正確」。那時候YST的論述完全不受注意，但是後來美國經濟的發展一步一步地都進入YST的預料與判斷。這就是邏輯與推理的力量。

想想看，印鈔票是何等大事，紙是包不住火的，美國大量偷印鈔票在先，迫不得已只好預告世界在後。二〇一〇年十一月四日，美國宣布實施第二次量化寬鬆的經濟政策，美聯儲宣布在未來八個月內要印六千億美元的鈔票來挽救美國經濟。在全球經濟稍見起色的時候，這一個重磅炸彈立刻引發了全球性的恐慌，所有的國際商品（commodities）從黃金到棉花都開始飆漲，台灣的中央銀行也高度緊張。現在無論多麼愛美國、政治多麼「正確」的台灣人也慌了，於是開始有台灣人批判美國這種自私自利、損人利己、不負責任的作為，這不是後知後覺嗎？

第四個特色是論述國際政治是以軍事實力為主要考量

軍事是政治的延伸和主要的手段，政治則是一切軍事的目的。因此以軍事實力論述政治是最自然不過的，因為在國際政治的領域裡，列強一向奉行的是「叢林原則」。但是不知道為什麼，這種論述角度在華人論政中極為少見。

你也許會抗議：笨蛋，國際的鬥爭經濟才是重點。

海天回答：你說得非常對，但是，即使是經濟的領域，西方國家的經濟也是靠軍事力量支撐的。

你一定會問：為什麼？

這個回答很簡單：本質上，資本主義追求的是利潤的極大化，所以從一開始資本主義運作的主要手法就是如何達成壟斷，沒有武力的支撐行嗎？

海天從不相信和平崛起，歷史上任何大國的崛起都必須打敗一個比它更強大的國家。

你可能又要問，二戰後美國取代英國成為領導全球的強國，但她並沒有打敗英國啊！二十幾年前蘇聯垮台，促成歐盟的崛起，這也沒有誰打敗誰的問題呀！

其實，英國在二戰中雖然和美國是同盟國，但看邱吉爾在美國的演說，他是用何等哀求的口吻說服美國參戰，因為他知道沒有美國，英國是撐不下去的。所以廣義地說，美國也是透過戰爭「打敗」英國的。換句話說，如果沒有第二次世界大戰，美國在短期內無法取代英國。只要英鎊是唯一的世界貨幣，美國就不可能取代英國成為第一強權。

美國是在強大的軍力後盾下，壓迫盟國簽定布雷頓森林協議。邱吉爾是何等人物，他非常清楚這個協定一簽下去，英國就淪為二流國家，但是一九四四年的英國，面對美國主宰性的軍事力量有什麼反抗的能力？

更進一步說，英國在第二次中東戰爭後，正式向美國俯首稱臣。誰說美國不是靠著戰爭取代英國的霸權？

蘇聯就更不用說了。一九六二年的古巴飛彈危機，蘇聯是在美國強大的航空母艦戰鬥群下灰溜溜地撤退。這不是軍事戰敗是什麼？蘇聯的經濟是在美國的軍事壓力下崩潰的。

讓我們把話題回到中國，遠的不說，就說清朝。一八二〇年中國的GDP占全世界的三十二%，但是二十年後的鴉片戰爭讓中國吃了大敗仗，從此一百多年一蹶不振。為什麼？因為國際列強使出連環拳，不讓中國有休養生息的機會。

一百年前的中國因為沒有強大的武力後盾而無法興盛；今天的美國雖然武力天下第一，但是領先的幅度已在快速地衰退中。

所以，強大的武力仍是一個國家崛起的必要條件，但不是充分條件。

中國今天的崛起方式當然不會選擇戰爭，因為中國有其他更加有效和更有把握的方法，那就是用強大的武力壓住陣腳，然後用經濟力量把美國擠出亞洲。東盟的「十加一」不過是個起點，另外還有新絲綢之路把貿易擴大到歐洲，中國在非洲和南美洲也與人為善，只管做生意。美國的民生工業遠遠搞不過中國，美國的航空母艦在這方面根本不管用。

現在著急的是美國和日本，想打仗的也是美國和日本，因為他們所剩的時間不多了。中國不過被動應戰而已，過去一百多年的慘痛經驗告訴我們，中國沒有強大的武力是不可能得到安寧的發展機會的。

說中國想和美國決一死戰而崛起，那是目前用「中國威脅論」抹黑中國的膚淺說法，但是中國如果沒有強大的武力（足以抗衡美日俄的武力）則一定挨打，絕不可能崛起，中華民族的復興也絕不可能。

第五個特色是豐富的知識性

前面說過，本書的第四個特色是從軍事的角度觀察和研判政治，這並不容易，因為掌握軍事發展的力道和遠景需要具備適當的科技背景。軍事裝備屬於尖端科技，不但科技的成分艱深、含量巨大，而且系統非常複雜。

中國的崛起從一開始就受到美國百般的阻撓與遏制，這從美國長期的科技輸出管制、武器禁運和軍事技術封鎖就看得很清楚了，不僅美國自己這麼做，並且還嚴格要求盟國也這麼做。但是中國的國土遼闊、資源充足，特別是人民非常優秀，中國的崛起是無法阻擋的，其中最重要的原因，就是中國軍事力量的迅速茁壯。

美國是一個兩洋國家，它的軍事力量必須經由強大的海軍才能投送。中國看準了這一點，於是針對美軍的軟肋發展出一套不對稱戰爭的戰略與戰術，其中最明顯的就是成功研發了「彈道導彈攻擊大型海面船隻」這個武器系統，它令美國海軍望而生畏，在戰時不敢進入距離中國海岸線三千公里以內的海域。這個影響太大了，徹底改變了幾百年來海上作戰的遊戲規則，橫行全球海洋六十多年的美國航空母艦戰鬥群居然在面對中國時成了一堆廢物。美國既害怕又無可奈何，能不憂心和沮喪嗎？

絕大部分的人都認為核子武器是一個國家最重要和威力最大的武器，是一個國家的鎮國之寶。這種看法本身並沒有錯，但是忽略了一個重要的現實。核子武器由於殺傷力太大和殺傷範圍太廣，在核子大國之間屬於互相摧毀的最後手段。由於中國聲明不首先使用核武器，所以核武器對中國而言只能是魚死網破的無奈之舉，而不是中國崛起能用的手段。中國真正能夠使用的武器只能是核生化之外的普通武器，在這些普通武器中，如果我們一定要挑選出一樣稱之為幫助中國崛起的最大功臣，那就是中國經過二十年研發、幾年前悄悄服役並繼續不斷完善中的「彈道導彈攻擊大型海面船隻」這個長程武力平台。「彈道導彈攻擊大型海面船隻」這個武器系統是中國真正的和實用的鎮國之寶，它不但有效壓制了驕狂不可一世的美國海軍，而且在政治上產生深遠的影響，這個影響將直接導致列強在亞洲勢力範圍的重新劃分。作為一個政治評論者，海天必須對這個革命性的武器系統做一個深入的論述。「彈道導彈攻擊大型海面船隻」是一個非常複雜的尖端武器系統，從沒有任何政論書籍在這方面做過深入的論述，不是因為它不重要，而是因為它太困難了，它牽涉的專業知識太廣泛又太艱深。

這是一個非常巧妙且帶有攻擊性質的遠程防衛武器。美國的軍艦不靠近中國則已，只要帶有惡意進入中國海岸三千公里以內，那麼很可能就會遭到滅頂之災。

中國這種彈道導彈能在大氣層內以六至八馬赫的速度（每秒二・〇至二・六公里）變軌機動飛行，目前任何科技皆無法有效防禦，如果它擊中美國軍艦，會穿透航空母艦的十四層甲板，只要一枚就足以致命。美國海軍正為此寢食難安，但又說不出口，因為又沒有人請你來，你是侵略者。日本的情形更糟，它的軍艦不論藏身何處都在打擊範圍之內，躲都沒處躲。這是為什麼海天每次看到日本放狠話就覺得好笑，因為她是在夜路吹口哨。你看中國大陸多麼淡定，因為她心中有數，除非偷襲，美日聯軍在東海不是解放軍的對手。如果美日發動戰爭，美國海軍會遭到重挫，日本則幾乎確定會亡國，這是它自找的，怨不得人。

有趣的是，航空母艦是百分之百的攻擊性武器，「彈道導彈攻擊大型海面船隻」不論怎麼說也只是防衛性武器，誰是侵略者一目瞭然，這是海天特別喜歡它的原因。

本書的一大特色就是能夠用深入淺出的方法解說這項非常複雜的現代尖端武器。讀者不需要是任何科技專家，只要有中學程度的數理背景和一點好奇心就足夠了。本書的「壓軸篇」，就是用非常淺顯的道理深入地、科學地、精確地解說「彈道導彈攻擊大型海面船隻」這個革命性的武器系統。當讀者輕鬆地看完本書後，就會對中國研發的這套獨門武功有了清楚、深入和正確的瞭解，從而相信中國的崛起是必然的和不可阻擋的。

本書希望用最短的時間讓讀者瞭解：

為什麼這個世界有這麼多的動亂？

為什麼國際動亂的背後總有美國的影子？

為什麼這個世界一定會有對峙、矛盾和緊張而不可能和諧？

國際鬥爭的本質是什麼？

今天國際局勢的發展如何？

天下大勢的走向是什麼？

中國的崛起正面臨什麼樣的考驗？

如果你有點心動，那麼請打開下一頁，本書的天下大勢就從〈中美的消長〉談起。

海天　自序於二〇一四年六月十二日

目次

第一章

中美的消長

導言

本章的主旨是論述由「金融海嘯」引發的國際列強實力的消長，特別是中國與美國。二〇〇八年是美消中長的分水嶺，中國崛起的時機意外地提早到來，並沒有按照中國的準備和預定的腳步。中國不情願地被推到國際政治舞台的正前方，結束了二十多年的韜光養晦。

第一節　影響中美實力最深遠的事件：金融海嘯

金融海嘯是本世紀全球發生的最重大、影響最深遠的一件事，因為它不僅發出明確的訊號，暴露了資本主義的致命缺點，而且事實上已經造成西方價值體系和實質體系的崩潰。

看著東方中國的經濟一片欣欣向榮，西方世界吹噓了一個世紀的實體經濟突然崩塌了，原來它的理論基礎是空虛的。這個打擊太大了，瑞典在這個時候匆忙頒發諾貝爾經濟獎給克魯曼是非常好笑的，更加暴露他們內心的慌亂。

作者談國際政治離不開軍事，因為軍事是國際政治最有效和最重要的手段。其實政治也是一種手段，這個手段的最終目的是經濟。人類的一切活動最終還是要回到經濟層面來，一個更好的生活永遠是人類追求的最終目標。作者承認歷史上有很多戰爭是因為其他的因素，譬如統治者的虛榮或政客的意識形態或宗教信仰，但是這些人都是愚蠢的失敗者。

真正成功的政治人物，他們所有治國的重大決策都是為了經濟、為了明天有更好的生活。

潰。

西方體系的總崩潰

二〇〇八年的金融海嘯不是一個偶發事件，它代表的是整個以美國為首的西方世界由於經濟制度的錯誤所導致的金融崩潰。這個影響是非常、非常深遠的，是整個西方經濟體系、價值體系和政治體系的總崩潰。

金融海嘯造成西方經濟體系的崩潰，這是實質的。

金融海嘯造成西方價值體系的崩潰，這是心理的，是論述能力的崩潰，屬於軟性實力的喪失。不要小看軟實力，喪失軟實力的後果非常嚴重，它不但打擊西方人的驕傲，更重創西方人的信心。

金融海嘯之所以影響深遠，就在於西方體系無論是實質的還是價值的都崩潰了。

實質體系的崩潰造成政府眼前運作的困難；價值體系的崩潰造成實力恢復的長期困難。

實質體系的崩潰大家都看得見，更感受得到。股市崩盤、房價慘跌，有的喪失工作，沒有喪失工作的退休金也大大縮水，很多美國朋友跟作者說，他們的「401K」（退休基金的代號）已經變成「201K」。這些人的埋怨和恐懼屬於個人的困難，雖然也很重要，但不是我們政治論述的主要話題。政治論述是觀察一個國家的整體能力和整體價值觀念，是不看個體的。

西方實質體系的崩潰最具體，也最嚴重的就是金融機構的大量倒閉。

金融槓桿

相信現在讀者已經瞭解什麼叫做金融槓桿（leverage）。如果銀行有一塊錢的本錢，卻做五塊錢的生意，槓桿就是五倍，只要賺一塊錢就是百分之百的利潤。但是同樣的道理，只要賠二十%的資產，就賠光了所有的本錢面臨倒閉。

高槓桿就表示高風險。

讓我們用簡單的算術來表達：如果銀行的投資採用N倍槓桿，那麼當銀行的資產下跌了N分之一，這家銀行就倒閉了。

所以一家用三十倍槓桿運作的銀行，它倒閉的標準是資產下跌達到三．三四%。

最近這些年來，美國的銀行都在三十倍左右的槓桿下運作，屬於非常高的風險。

譬如華爾街某銀行以十億美元作抵押借錢買了三百億美元的「信用違約證券」（Credit Default Swap，簡稱CDS），槓桿就是三十倍。

如果獲利五%，那就是十五億美元，本錢只有十億美元，所以利潤是一五〇%，屬於暴利。銀行上下個個都分紅，從幾萬塊（小職員）到幾百萬（高級經理）到超過一千萬（董事、總裁、執行長、董事長）。

但是如果證券下跌了五%，不但本錢賠光還負債五億美元。不過華爾街的銀行照樣分紅，而且數目不減。「雷曼兄弟」倒閉前，它的執行長富爾德（Richard Fult）從公司拿走了兩千兩百萬美元。二〇〇八年，在金融風暴銀行面臨倒閉下，華爾街員工分紅的總額是五四三〇億美元。這就是美國文化。

這些都是造成美國金融問題的根本原因，那就是不顧一切、瘋狂地追逐短期利潤。高風險有什麼好怕的？這些銀行的決策者全都是無所畏懼，因為頂了天就是拿錢走人（grab the money and run），沒什麼大不了。

想想看，誰是傻瓜？作者如果能抓到一千萬美元也什麼都不怕，什麼高風險的投資決定都敢做，也絕不會擔憂明天。

超級薪資使得決策者無所畏懼，加上同行之間的競爭，這就造成銀行業高槓桿的運作模式。目前美國的銀行平均資產額已經下跌了八．六八％，按照自由市場的機制早就應該倒閉了。事實上，如果美國政府不出面干預，美國所有的主要銀行全部都倒閉了，沒有一家能夠倖免，包括全球聞名的美國花旗銀行（Citi Corp）。

更有意思的是，美國一些銀行已經資不抵債，於是政府撥巨款給他們紓困避免倒閉。這些銀行的高級職員一拿到紓困的錢第一件事就是給自己分紅。道理是：你既然怕我倒閉，你就拿我無可奈何。聰明吧？譬如美國花旗銀行、高盛（Goldman Sachs）、摩根士丹利（Morgan Stanley）都這麼幹。不但美國人民生氣，連歐巴馬總統都動怒了，罵這些金融界的領袖們「不要臉」（Shame !）。

美國金融界的文化真的生病了，而且是重病，因為美國金融界人士已經沒有羞恥之心。沒有人要求這些金融人士學雷鋒，但是美國人要求金融人士有最起碼的做人的品格（minimum decency as human beings）是合理的，而美國金融人士距離這個最低標準太遠了。想想看，沒有羞恥到這種地步，居然把經營別人的錢（譬如退休基金）毫無羞愧地以各種名目放進自己的口袋、把政府（納稅人）為他們的錯誤善後的錢毫無羞愧地放進自己的口袋。美國的金融文化如此腐敗，作者不相信這些人能扭轉美國的金融頹勢。

絕大部分的人和所有的美國人都不希望美國的銀行倒閉，因為影響太大了。今天大家都在賭政府會干預。美國政府怎麼干預呢？就是大量借錢給這些銀行不讓它們倒閉。但是錢從那裡來呢？向國外借錢能解決的機會是零，因為由金融衍生產品所造成的黑洞估計高達五十到六十兆，足以拖垮全世界。美國能借到的錢屬於杯水車薪。唯一的、最可行的，也最容易的解決方案就是印鈔票，這是只有美國擁有的特權。

羅傑斯看淡英國

歐洲的金融受傷比美國輕很多，但是解決比美國難很多。原因很簡單，歐洲不能隨意印鈔票。這是為什麼金融海嘯發生後，美元對歐元會逆勢上揚。

歐洲國家中，英國特別不被看好，有消息說英國有可能追隨冰島面臨破產。為什麼？因為英國的金融業在GDP中所占的比重過高。

對英國最無情的批評來自美國的一位投資者，名叫羅傑斯（Jim Rogers），他是羅傑斯控股公司（Rogers Holdings）的董事長，曾經和索羅斯（George Soros）共同創立量子基金（Quantum Fund）。量子基金就是那個在一九九七～一九九八年製造亞洲金融危機並且差一點把香港金融搞垮，但是把曾蔭權急哭的對沖基金。

英國《金融時報》的記者葛海姆（Peter Garnham）在二〇〇九年一月二十二日做了下面的報導。

羅傑斯說：「英鎊是一種沒有支撐的貨幣，英鎊對美元和歐元的匯率應該繼續下跌。」

為什麼說英鎊是一種沒有支撐的貨幣呢？

羅傑斯說：「很簡單，英國沒有什麼東西可賣。」

羅傑斯進一步表示，英鎊的兩大支柱一直是北海的石油和英國金融服務的實力，尤其是倫敦金融城的角色。但是當北海油田開始枯竭的時候，倫敦作為一個主要金融中心的地位就遭受打擊。

羅傑斯表示，英國已經不值得投資，資本家最好把錢改投其他地方。

羅傑斯看英國與作者看香港有驚人的相似之處，令我們不得不用羅傑斯的話來檢驗香港。

香港與英國

羅傑斯對英國的評論立刻使作者想到香港。如果我們把前述羅傑斯的評語改兩個字（「英鎊」改成「港元」，「英國」改成「香港」）：

港元是一種沒有支撐的貨幣；

香港沒有什麼東西可賣的。

這正是作者在〈漫談香港〉對香港的評語。

羅傑斯批評英國的話和作者批評香港的話幾乎一模一樣，不，不是「幾乎」，是完全的一模一樣。作者的〈漫談香港〉系列文章在二〇〇八年十二月一日就全部發表了，羅傑斯批評英國是在二〇〇九年的一月二十二日，作者沒有抄襲羅傑斯。我們的論點一致，因為這是金融的ＡＢＣ，屬於基本常識。

香港的金融業沒有支撐，因為香港不事生產，既無工業，也無農業，香港的金融業是一個百分之百的空殼子，因為香港拿不出任何實物可賣。

所以港元是一個百分之百的空殼子，港元只有心理價值，沒有實質價值。

香港的土地和人工都被過分高估，港元至少有八〇％貶值的空間。也就是說，港元的正確價位應該是：一元人民幣＝五元港幣；或一美元＝三十四港元。

也就是說，港元的匯率應該大致等於新台幣。對毫無生產能力、買空賣空的港元來說，這個匯率已經太寬厚了。

如果香港一切回歸天命，也就是依據達爾文的進化法則，港幣最終的匯率應該以漁村的價格計算香港的土地價值，然後轉換成匯率。至於結果是多少，作者就把這個習題留給讀者好了。

羅傑斯說話的重點，是強調貨幣必須有製造業或天然資源作為支撐，否則這個貨幣無法給人信心。譬如日本有強大的製造業、沙烏地阿拉伯有豐富的天然資源，他們都能夠拿出實物來賣，所以日圓和沙烏地利亞（Saudi riyals，簡稱SAR，目前一美元＝三．七五SAR）都有堅強的支撐點。

為了強調他的重點，羅傑斯對英國的評語有些過分刻薄。其實除了石油，英國還是有少數不錯的工業，譬如勞斯萊斯的航空發動機目前在國際市場仍然相當有競爭力。英國在二〇〇八年的農業與工業總產值是六四八〇億美元，這是實體經濟。但是英國走下坡是一個事實，英國的國際影響力式微也是事實，英鎊疲軟與英國可能面臨破產都是事實，倫敦這個金融城將不再是「國際金融中心」也非常可能成為事實。但是英國還不至於，也絕對不會淪落到跟香港在同一個階層。

二十年來香港什麼實業都沒有，香港的工業與農業生產值都是零，比英國的今天與可預見的未來都差遠了。香港實物生產的能力是零，天然資源也是零，是確確實實沒有任何東西可賣。如果今天英國要追隨冰島去打魚，那麼二十年前香港人早就該去打魚了。

香港頂多是一個「傀儡金融中心」

香港人號稱自己的小島是「國際金融中心」，可以靠金融業吃飯，這是一個笑話。

英國曾經是香港一百五十五年的宗主國，英國在國際金融上的地位是有歷史的，我們不要忘了英鎊在二次世界大戰以前是世界貨幣，有如今天的美元。香港所有的金融本事都是從英國學來的，能比師父強嗎？香港人再怎麼吹牛也不敢把香港中環的金融地位和倫敦金融城相提並論。

想想看，如果只因為北海石油枯竭，英國師父就當不成「國際金融中心」了，什麼都沒有的香港徒弟能成為「國際金融中心」嗎？

香港從來就不是什麼國際金融中心，以後也不會是，連「廣東金融中心」都當不成。

香港頂多是一個「傀儡金融中心」，手腳都綁了繩子，繩頭則捏在北京手裡。

香港人聽到「傀儡」兩字不要不服氣。二〇一〇年，有新聞（可能是《明報》，作者不太確定）說李嘉誠偷偷賣掉大量手中「中國開發銀行」的股票沒有預先與北京商量，連通知北京都沒有，北京政府非常生氣。李嘉誠到北京請罪並企圖解釋，但北京政府不見他。

依作者的記憶，這些股票是「中國開發銀行」上市（ＩＰＯ）的時候以極低的價錢配售給李嘉誠的，因此北京政府當然有理由生氣。

看到沒有？這就是香港首富的嘴臉和他財富的來源。李嘉誠不是北京飼養的傀儡是什麼？如果不是李嘉誠的小動作惹毛了北京政府，他的傀儡面目還很難公諸於世。

香港人普遍瞧不起大陸人。其實沒有中國大陸的輸血，香港什麼都不是，只能是個小漁村。香港從來沒有條件成為任何金融中心。想想看，只要過一條河就有一個經濟實力遠比香港強大的城市，它的名字叫深圳。至於經濟力量更強大的廣州，我們就不提了。國際金融中心哪裡輪得到香港？連「廣東金融中心」都輪不到香港，何況國際。

別忘了，在長江口還有一個經濟實力遠比廣州強大的上海，華北平原京城旁邊還有一個經濟與政治並重的大港叫天津，它們的經濟和國際地位都遠高於香港，香港人看不見嗎？

香港人的愚昧無知和自我膨脹不是普通級的。

香港的未來

香港的問題，在於香港人不知道如何為自己定位，不知道在這個邊陲小島能扮演什麼角色。作者給香港人建議三個選擇：

選擇一：如果香港人認為自己有真本事，那麼放棄金融中心的幻想，腳踏實地發展尖端高科技產業，譬如高利潤的生化醫藥產業、新能源的研發等，用別人做不出來的實物來合理化港元過高的價值。

選擇二：如果香港人認為自己很平庸，那麼自動將港元大量貶值，使香港變得有競爭力從事傳統低端的工業生產，尊廣州為龍頭，融入珠三角的大家庭。

選擇三：香港人眼高手低，高不成，低也不願意就，不打算務正業，繼續投機取巧，終日幻想洋買辦的 easy life，向北京不斷乞求輸血，扮演「傀儡金融中心」。那麼香港人就準備等著有一天被中國大陸拋棄，回到漁村。

第二節　西方價值基礎的崩潰

西方世界用科技創新帶動工業革命，用工業革命的成果推動殖民主義，然後用殖民主義所獲取的資源與利益建立了極具侵略性的帝國主義，最後也是最厲害的就是用論述的方式鼓吹他們制度的優越性、合理化他們的掠奪、確立並鞏固他們的領導地位。

人一旦有錢，不論他的錢是如何獲得的，總要教訓窮人，證明他擁有的財富是合理的。國家也是一樣。

所以論述是一個非常、非常重要的手段，是軟實力中的核心力量。西方國家所有的信心與優越感都是由論述撐起來的。

我們現在就來一一檢驗西方體系最核心的論述。

「自由經濟」是一種強盜論述

美國的論述中非常具體的代表就是鼓吹「自由經濟」。美國自由經濟的大師就是芝加哥大學的經濟教授費德曼（Milton Friedman），他的胡說八道害慘了南美洲的經濟，但是一點也沒有傷害到他的名譽，一九七六年他拿了諾貝爾經濟獎。西方人為了本身利益互相瞎吹捧，這就是例子。

費德曼的胡說八道從他對香港的評語就可以確定。費德曼說，「如果你要看資本主義，就去香港」。一九九〇年，費德曼出書（*Free to Choose: A Personal Statement*），書中說香港也許是自由市場經濟的最佳例子。

被洋大人誇獎，香港人聽得飄飄然。

西方人是虛偽的，特別是猶太人。另一個猶太人索羅斯（George Soros）就打著「自由經濟」的大旗到亞洲來搶錢，製造了一九九七～一九九八年的「亞洲金融風暴」。索羅斯一面叫囂「自由經濟」不容當地政府干涉，一面用匯率套錢，成功從泰國、印尼、馬來西亞和韓國等國家圈走數十億美元，留給當地政府一個金融爛攤子。

但是索羅斯在香港，費德曼歌頌的「自由市場經濟的最佳例子」卻失手了。為什麼？因為中國大陸不信邪，不甩西方的經濟論述，也不鳥費德曼的炸藥獎。在中國大陸的支援下，香港政府斷然出手在關鍵性的支撐點干預股市，導致最後索羅斯的「量子基金」賠本出場。

索羅斯大罵香港不遵守西方人制定、廣泛論述、全力推銷的「自由經濟」這個「金科玉律」。笑話，費德曼是什麼東西？傻瓜才把他當先知，把「自由經濟」當聖經。

「自由經濟」是美國對付外國，尤其是未開發與開發中國家，以大欺小的強盜論述。

想想看，香港的經濟基礎比韓國差遠了，當時脫離英國殖民還不到一年，香港人非常崇拜西方的思想學說。香港若是沒有中國大陸強有力的手在背後，一定掉入這個強盜論述的陷阱，哭著送錢給索羅斯。

但是，西方人從香港圈錢的失手學乖了嗎？認錯了嗎？

當然沒有。西方人一直宣傳「自由市場經濟」，強力主導全球的商業運作，不斷要求中國大陸的國營企業私有化，直到二〇〇八年美國發生金融風暴，引發了全球金融海嘯。

然後最可笑的事情發生了，索羅斯大罵美國政府在金融風暴發生時出手太慢，導致股市崩盤。

二〇〇八年十月十三日，索羅斯砲轟美國政府的救市方案，他在參加國際貨幣基金組織（International Monetary Fund，簡稱ＩＭＦ）的會報後接受記者訪問，直接點名批評美國財政部長鮑爾森。索羅斯說鮑爾森太迷信所謂的「基本市場規則」，以至於在面對金融危機的時候猶豫不決、錯誤評估形勢，導致股市崩盤，但又沒有能力救市。

索羅斯說，「七千億美元的計畫如果能策劃得更完善、如果能更早籌劃、如果能早一點處理房屋貸款市場，傷害就會小一點。鮑爾森的計畫不周詳，現在市場正在崩解，他不知道需要做什麼。」

咦，奇怪，這個猶太人又哇哇鬼叫了，不過這次說的話怎麼跟亞洲金融危機時完全相反呢？十年前索羅斯不是大罵香港政府干預股市嗎？現在他居然埋怨美國政府救市太慢。他這麼多年朗朗上口的、美國經濟學家創立並鼓吹的、西方世界用諾貝爾獎肯定的「自由市場經濟」的偉大論述那裡去了？

猶太人無恥圈錢的醜惡嘴臉表露無遺。

費德曼「自由經濟」的論述在另一個猶太人口中徹底露出了欺騙的本質。

西方「自由經濟」的論述轟然倒場

美國金融危機暴露了「自由經濟」的強盜本質。現在西方經濟學家沒有人敢提「自由經濟」了，反過來要求中國這個金融後進國家來救他們。美國前財政部長薩默斯（Larry Summers）說，中國以及中東國家將「最終決定」美國史上最大金融拯救計畫的命運。

現在美國國內都在大談美國銀行應該國有化，包括很多人都崇拜、台灣尊稱為「葛老」的葛林斯潘（Alan Greenspan）。這不是很可笑嗎？鼓吹了幾十年的「自由經濟」馬上就見風轉舵了。我們不禁要問，經濟學到底是什麼學問？

「葛老」做美國聯儲會的主席，從一九八七年一直做到二〇〇六年，重大的錯失他都有份。這次的金融海嘯，葛林斯潘要負主要責任。

二〇〇八年，西方「自由經濟」的論述轟然倒場，一文不值。

這些吹噓「自由經濟」，拿諾貝爾獎的學術騙子是不是要吐出這些獎牌、獎金，和虛假的榮譽呢？

「全球化」是糖衣砲彈

美國鼓吹的「全球化」（Globalization）是西方國家的另一個強盜論述。「全球化」基本上就是西方發達國家在優勢經濟、財力和科技的情況下，堂而皇之入侵開發中國家市場的一種手段。星巴克咖啡、麥當勞漢堡、沃爾瑪零售店等在「全球化」的旗幟下進入全世界，不但搶占別國的市場，也破壞了當地文化。

每個國家有自己的國情和文化，構成自己國家的特色，決不能盲目搞「全球化」。「全球化」絕不是金科玉律，需要依據各國本身的情況適度受到節制。落後國家的人民大談「全球化」作為時髦，特別令人感到可笑。

當先進國家組成一個市場團體（最早的GATT，後來的WTO）形成了相當的規模以後，他們便開始對其他國家設限，對新會員提出苛刻的條件。中國大陸加入WTO所簽下的條件在國內引起軒然大波，朱鎔基總理被攻擊成賣國者。但是中國挺過來了，美國從此不能每年以「貿易最惠國待遇」的審核來騷擾中國的內政與外交。

依照WTO的規定，中國大陸在不久的未來就要開放接受外國的銀行業和保險業，這是中國的弱項，一直是有識者擔心的。中國的銀行業和保險業一旦被外國控制那就完了，未來無論做什麼都困難重重。

但中國的運氣不錯，在金融業即將開放的關鍵時刻發生金融海嘯。如果這個金融海嘯晚幾年發生，中國受到的衝擊一定大非常多，就像歐洲和日本。我們看得很清楚，越是西化的國家，在這次金融海嘯中受傷也越重。中國之所以受傷輕，就是因為銀行和保險還沒有被全球化。你能想像美國的花旗銀行集團在中國各大城市販賣金融衍生產品所引起的後果嗎？

有人說這次的金融海嘯是美國的陰謀，把美國多年來累積的債務透過金融衍生產品由全世界來分擔。雖然結果看起來是如此，但是作者個人不認為這是美國的陰謀。美國玩不起這麼大的遊戲，而且自己受傷也太重了。

美國的保護主義

美國在通過龐大的重建方案時曾經提出一些限制性的規劃，要求重建的材料和設備必須用美國貨。此話一出立刻遭到全球的反對，歐巴馬總統出來打圓場說美國不會這麼做。但是作者認為美國的保護主義已經開始醞釀，一旦經濟真的一發不可收拾，美國的保護主義必定抬頭。

想想看，美國鋪天蓋地論述「全球化」的好處並且強力推銷，世界各國也一蜂窩地跟進。但是美國一旦確認自己處於劣勢便立即改口。這就立刻給「全球化」的價值蒙上陰影。

「全球化」是一個極具侵略性的廉價口號，先進國家自恃有強大的科技和豐沛的資金不怕競爭，所以推銷「全球化」的觀念進入落後國家的市場。

西方國家第一次在市場遊戲上從落後國家中感到壓力的對象就是中國。這是他們在允許中國加入WTO以前沒有想到的。中國能做到這一點，除了中國人的智慧，主要是依靠廣大勞動人民的刻苦耐勞。西方國家一旦認為自己吃虧了，便想改變他們制定的規則，不再玩這個遊戲。美國與歐洲都開始對中國貨課徵「懲罰性」的附加稅。西班牙與義大利甚至發生搗毀中國貨的粗暴行為。

「全球化」原本就是一種廉價的強盜論述。二〇〇八年的金融海嘯讓我們進一步認識「全球化」帶來的全球災害。

中國政府的效率

「金融海嘯」是對西方鼓吹的民主、自由與資本主義最沉重和最根本的打擊。

美國總統歐巴馬公開要求接受政府援助的金融機構，任何高階層的經理和執行長年薪都不能超過五十萬美元，美國人民壓倒性的多數贊成總統這項要求。這就是從根本上否定了資本主義。

歐巴馬總統的話就夠了，作者不需要做更多的論述。

自從中華人民共和國成立起，六十年來西方國家用排山倒海的論述把中國大陸的政府定調為專制、獨裁、腐敗的共產政權。西方國家並且以此作為對中國大陸進行封鎖與禁運的理由，這是非常厲害的手段，造成中國發展的困難和長期落後的局面。

二〇〇一年十一月十一日，中國正式加入ＷＴＯ，這是中國發展史上最關鍵的一步。不到十年，中國就成為世界第三大經濟體。而且從對世界的貢獻和影響力來觀察，日本是不行的，中國在這方面僅次於美國。

中國體制的優越性在遇到災難時特別顯現出來。不論是水災、ＳＡＲＳ、雪災、地震，中國政府的救援效率遠高於西方國家，看看美國政府在卡翠娜颶風的遲緩表現就知道了。二〇〇五年八月卡翠娜颶風在紐奧良造成的災情和中國一九九八年八月發生的長江流域大水災在規模上差太遠了。美國的體制連卡翠娜颶風這樣的小災難都不能應付，弄到幾千人睡在體育館裡面沒吃沒喝，紐奧良到處發生搶劫，最後軍隊荷槍實彈進入災區維持秩序，這真是民主自由制度的笑話。中國發生災害，解放軍的救災行動立即展開，進入災區攜帶的都是救援物資，從不帶武器的。

這次美國引發的全球金融海嘯，西方政府的官員和西方的新聞媒體都公開承認在全球面臨經濟蕭條的時候，中國政府的應變最迅速也最有效。

美國的應變是不斷地把錢投入銀行，然後這些錢有些被銀行高級管理人員分掉，有的拿去豪華度假，剩下的錢如石沉大海，問題依然存在。

中國投入鉅款從事基礎建設、技術開發，和包括醫藥保健和教育在內的社會保障安排。

中美兩國應對金融災害的手段高下立判，尤其突顯兩國不同的生活文化。西方的政府和媒體多年來不斷攻擊中國的政治制度和意識形態，但是在面對災難的時候，他們只能眼睜睜地看著中國在穩步前進，而自己的政府則七嘴八舌和手忙腳亂。

二〇一四年在全球各國經濟都面臨負成長的時候，中國的經濟成長仍有希望維持八％，而且中國將是最早脫離經濟衰退的國家。中國政府在處理經濟危機時的效率和果斷令西方國家刮目相看。西方各國不但看好中國經濟發展的前景，而且希望中國的經濟能夠帶動西方國家的經濟脫離苦海。

多年來，西方國家在民主、自由與資本主義上咄咄逼人的論述，在這次金融海嘯的衝擊下也轟然倒塌了。

台灣民主制度之惡

在所有實行西方式的民主制度國家中，台灣在這次金融海嘯中的表現是最可笑的。民進黨在立法院杯葛行政院長的報告，態度之惡劣，使一個例行的施政報告變成一個惡毒的鬥爭大會。

蔡英文主席要求馬英九總統參與民進黨召開的國是大會。想想看，民進黨那批人能有什麼國是建言？事實上，這是一個設計好的鬥爭大會。馬英九在會見劉兆玄之後正式拒絕蔡英文的邀請，這是對的。任何人都看得很清楚，民進黨根本是想藉金融海嘯引發的經濟蕭條鬧事，再利用民怨，擴大進行遊行示威，最後是拿回執政權。

做為反對黨，民進黨把台灣的經濟蕭條看成是奪權的黃金機會。民進黨根本不希望台灣經濟在馬英九的帶領下變好，而是希望經濟越變越壞然後藉此機會下手奪權，這從民進黨立法委員把「行政院長道歉」當作第一訴求就看得非常清楚了。民進黨的私心全寫在臉上，哪有一點點以民為主的影子，作秀做到這種程度，「民主」真是成了笑話。西方民主的醜惡面被台灣的政客發揚得淋漓盡致，畢露的醜態實在慘不忍睹。

台灣進行的民主體制告訴我們：兩黨政治不是一個以民為主的政治，而是互相拖後腿的奪權政治。在面對經濟衰退的情形下，在野黨拖後腿的動作和心機讓人看得特別清楚。

如果你以前看立法院吵鬧、抗爭、打架還會興致勃勃，那是因為你吃飽飯沒事幹。

如果今天你因為經濟蕭條而失去工作或遭到減薪，你看立法院吵鬧打架就笑不出來了。

作者向你保證，這些立法委員沒有一個是為了你的失業或減薪在立法院打架。

發達國家的財富來自武力掠奪，不是靠民主、自由與資本主義。

西方國家以前能夠在民主、自由與資本主義這些論述上占優勢，那是因為他們在成功掠奪世界的財富以後變得非常富裕。一旦國家變窮，西方政治制度的缺點就全部冒出來了。

我們必須認清，今天所有富裕的西方列強（包括日本）哪一個不是靠掠奪起家的？掠奪靠的是由科技建立起來的軍事力量，不是什麼民主自由的政治制度，更不是什麼優秀的資本主義。中國人是天生的商人，中國商人開拓「絲路」載運茶葉、綢緞、瓷器到萬里之外販賣的時候，歐洲人還是野蠻人。沒有一個例外，西方列強和日本今天的財富都是從武力掠奪起家的，富裕之後再搞出一套論述，合理化他們的既得利益，同時掩蓋他們過去的罪惡。

有趣的是，客觀檢驗制度的時機終於來臨。今天在全球經濟危機下，西方國家主觀的論述終於必須面對客觀的考驗。

任何制度最後真正較量的就是「效率」兩個字。其他的比較都是假的、抽象的、可以多重定義的，這些都很容易胡亂做文章。現在金融海嘯發生了，誰先開步走、誰走得快、誰走得遠，誰就是優勝者。

看到沒有？西方國家論述的囂張氣焰突然沒有了。「金融海嘯」使西方國家在民主、自由與資本主義的論述上全部失去了根基。

西方的人權論述

這是西方國家目前鬧得最兇的論述，西方軟實力的代表就只剩下可憐的「人權」論述了。不幸的是，就連這點可憐的論述西方也站不住腳。

「人權」是沒有標準的。譬如美國可以在自己的監獄為囚犯安裝彩色電視，讓囚犯終日在牢房觀看他們喜愛的節目，這是美國的人權標準，別人管不著。但是美國用這個標準來攻擊中國對待囚犯沒有人權、痛批中國政府利用囚犯做工、拒絕購買囚犯生產的商品等，這就不對了。至於美國為西藏獨立分子和邪教法輪功分子爭取人權就更是胡扯了。照這個標準，中國也可以為美國的黑豹黨爭取人權，中國更有理由譴責美國在德州出動坦克把「大衛教」這個邪教組織的居住房屋轟成一片火海，導致邪教教徒全部死光光。

其實美國的人權紀錄並不光彩，上個世紀六〇年代阿拉巴馬州州長喬治・華萊士（George Wallace, 1919-1998）的種族隔離政策是舉世聞名的。那個時候，美國南方不要說廁所是黑白分開，就連公共場所的飲水器都是黑白分開。曾經有歐洲來的白人學生好奇地要去喝「彩色」的水被同學勸阻，並被告知所謂「彩色」（colored）是指給有色人種飲用，不是水的顏色。

美國學校有關人權的故事多了。作者不知道這個出過美國四位總統的維吉尼亞大學現在是不是有真正的種族平等，但是我十分確定在七〇年代，維大的黑人學生是不敢坐在前排的。

即使最近幾年，美國的人權問題仍然很嚴重。在國內，美國警察對待有色人種（特別是黑人）的態度和處理方式與對待白人是不同的。在國外，美國人的人權也大於其他國家人民的人權。只要有美軍駐紮的地方，當地老百姓在美國人面前都是低一等的。被美軍車輛壓死的韓國女學生和被強姦的日本女性，罪犯都判無罪，當地人的人權在那裡？

人權不敵政治力量

最近的例子發生在二〇〇八年。駐日美軍士兵狄龍・哈蒂諾特在二月十日強姦十四歲日本少女被逮捕。他在二月二十九日就獲得釋放，理由是受害者不想讓事端擴大。日本政府一定是受到美國軍方的壓力才做出這個判決。為了緩和日本國民的不滿，美國國務卿萊斯在三月二十七日至二十八日訪問日本時，就此事向日方表示遺憾。

看到沒有？日本人的人權被踐踏，在美國的眼裡連道歉都不值，只不過是一點點遺憾而已。

美國對亞洲人如此，對歐洲人也一樣。作者舉一個在義大利發生的事情作為例子。

一九九八年二月三日，美國一架軍機在義大利北部切爾米斯遊覽區進行低空飛行時撞斷一根登山纜車的繩索，致使纜車墜地，導致二十人喪生。該事件震驚義大利全國，當百姓要求美軍撤出義大利，義大利司法部門要求在義大利審判肇事者。美國迅速將四名飛行員撤回國內，並予以懲罰。但他們在服刑不久後即以表現良好為由被提前釋放。二十個喪生的義大利遊客，他們的人權在哪裡？

「人權」是一種道德論述，為的是搶占道德的制高點。我們看得很清楚，英、法、德、義等西方國家對中國叫囂人權，但是這些國家在美國面前是不敢出聲的。所以「人權」的定義因拳頭的大小就有所不同，成為笑話。西方的人權論述已經變成政治口號，成為政治宣傳和政治打擊的手段，人權論述根本失去了任何崇高的道德意義。

西方人在人權的議題上不過是搶奪發言權而已，他們的優勢不是他們的人權紀錄有多好，而是他們有強有力的新聞媒體可以做鋪天蓋地的宣傳，取得技術上的優勢。西方「人權」的論述已經流於廣告式的宣傳（propaganda），經常比廣告還不如，因為除了誇張，更多的是謊言。

美國對人權叫囂得最厲害，但美國對人權也踐踏得最厲害。為什麼？因為美國駐軍遍布全球，美軍不可避免地與當地人發生糾紛。美國一定把自己的利益和美國人的人權放在其他國家人民的人權之上。最確切的證明是布希總統在二〇〇二年五月六日宣布美國拒絕簽署《國際刑事法庭條約》，並且宣布前柯林頓政府簽署的任何有關協議都是無效的。

「國際刑事法庭」是根據《羅馬條約》的規定成立的，在二〇〇二年已經有一百三十九個國家簽署了該條約，當時的柯林頓政府也同意簽署。然而布希政府宣稱設立國際刑事法庭不是好事。美國擔心一些美國人將因為「戰爭罪名」被起訴，一再阻撓該法庭的成立。

美國拒絕簽署《國際刑事法庭條約》，證明美國對自己和對外國的人權標準是不一樣的。這同時也證明由美國領導的西方人權攻勢是一個政治議題（political issue），而不是一個道德議題。

「人權大於主權」的論述

大約十幾年前吧，美國創造了「人權大於主權」的論述，為美國干預別國的內政建立了理論基礎。這使作者想起《台灣關係法》。

一九七九年美國與中國建交後，為了怕因一九七二年簽訂的《上海公報》失去對台灣的影響力，於是急急忙忙在國會通過了《台灣關係法》。《台灣關係法》是美國的國內法，中國是不承認的。但是美國不管，從此以後，美國就一切根據《台灣關係法》辦事，一本正經、理直氣壯地扮演起保護者的角色，玩弄手上的台灣牌，《上海公報》形同虛設。這，就是強權政治。

「人權大於主權」就更離譜了，根本不需要民意代表開什麼會，幾個政客找了一堆寫手，依據政客的主觀意願和美國利益就開始寫文章了。可笑的是，一群台灣人也跟在美國後面瞎嚷嚷，真是二百五。這些台灣人不知道「人權大於主權」是只有超級強權才有資格說的混話。

九〇年代，美國是唯一的超級強權，小國聽到「人權大於主權」敢怒不敢言，因為這話後面可能跟著美國海軍陸戰隊。

說這話的美國就根本沒有把別國人民的人權看在眼裡。美國的「人權」論述在這個時期達到了頂峰。

從一九九〇年開始，美國每年都要在日內瓦的聯合國人權委員會提出反中國的人權提案。剛開始的幾年，美國還可以找到一些連署國，後來慢慢變少了，最後連一個連署的國家也沒有。從二〇〇〇年開始，美國經常是孤家寡人、赤膊上陣，越來越難堪。

美國每年都提出譴責中國人權的提案，但在聯合國一次都沒有獲得通過。反倒是美國支持的以色列受到聯合國人權委員會的譴責。二〇〇一年譴責以色列的提案是以五十票贊成一票反對的壓倒性通過的。但那又怎樣？以色列也不會鳥聯合國的譴責。

美國的人權攻勢在二十一世紀一開始就遭到重大挫敗。二〇〇一年五月三日，美國在聯合國人權委員會的改選中落選。這次選舉共有五十四個理事會成員國參加投票，美國僅得了二十九票，在所在小組中名列最後。美國落選的原因，是許多理事會成員國對美國在國際上將自己的人權標準強加於別國的做法表示不滿。

有趣的是，美國惱羞成怒，七天後，美國眾議院以二百五十二票贊成，一百六十五票反對，通過一項修正案，提出如果美國在聯合國人權委員會中的席位明年不能得到恢復，美國將停止繳納定於明年補繳的拖欠聯合國的第三筆，也就是最後一筆的兩億四千四百萬美元會費。

中國發表《美國的人權紀錄》

進入二十一世紀，中國開始在人權的論述上反守為攻。人權議題開始漸漸朝中國傾斜。

至少從二〇〇二年開始，中國國務院新聞辦公室每年一度發表《美國的人權紀錄》主動出擊，對抗美國每年一度的《世界各國人權報告》。從這個時候起，「人權」不再是美國獨自擁有的武器，也不再只扮演法官，而是同樣受到別國的審判。美國國家安全局違反人權的行為被揭發，美國警察的暴力行為、美國監獄爆滿引發的不人道對待囚犯、美國在保障婦女和兒童權益方面的種種不足和疏失、美國的種族歧視等，都被公布出來接受世人的評斷。

中國國務院出版的《美國的人權紀錄》特別指出美國政府在國際上奉行單邊主義，無視公認的國際準則，粗暴侵犯別國的主權和人權。美國政府在對外戰爭和軍事打擊中經常濫殺無辜。

對美國人權紀錄傷害最深的是二〇〇四年爆發出舉世震驚的美軍虐待囚犯的醜聞，此後的每一年，新的虐囚事件不斷出爐。根據《華盛頓郵報》、《紐約時報》等主流媒體的相關報導，駐伊拉克美軍為了從伊拉克俘虜口中獲得情報，在審詢的時候使用了各式各樣的酷刑，對囚犯進行有系統的虐待，包括剝奪犯人睡眠、將犯人拴在牆上、用棒球棍擊打囚犯、禁止囚犯進水進食、強迫他們數天在完全黑暗的環境中聽聲音很大的音樂、縱狗咬囚犯取樂、把囚犯與獅子放在一個籠子裡加以恐嚇等。

中國政府的《美國的人權紀錄》獲得越來越多的關注。二〇〇六年中國出版的《美國的人權紀錄》引用率高於同年美國出版的《世界各國人權報告》。這一年美國的虐囚事件鬧得沸沸揚揚，在這種情況下，美國還指責別國的人權，實在令外國看不下去，連歐洲國家都建議美國別再搞了。

二〇〇八年，西方國家在巴黎和倫敦上演西藏人權鬧劇，用大量的假照片來攻擊中國的人權，結果被拆穿。西方媒體毀損了自己的信譽，卻促成海內外華人的大團結，真是賠了夫人又折兵。

二〇〇九年二月二十四日，歐巴馬總統在國會演說，宣布關閉關塔那摩海軍基地的監獄，並且重申美國禁止刑求，等於承認美國多年來一直進行違反人權的酷刑。

想想看，中國的人權狀態每年都通過聯合國的檢驗，以色列的人權狀態卻遭到聯合國的譴責。西方國家鬧了二十年，結果領頭的美國政府承認多年來一直用酷刑虐待囚犯。終於在今年，歐巴馬總統在國會演說，宣布美國將改過自新，不再對囚犯刑求。

西方的人權論述在美國總統的公開認錯下徹底崩潰。

抹黑中國

美國還有一種非常厲害的論述，那就是控訴中國偷竊美國的技術。只要中國研發出什麼重要的科技成果，美國就說那是偷竊美國的技術得到的。其用心一是打擊中國人的自信和驕傲，二是抹黑中國的形象。這種論述對中國的崛起、中國國內的凝聚力、中國對台灣人民和海外華人的向心力等都造成非常負面的影響，其傷害程度是無法度量的。

美國論述的主軸就是某些東西中國一定做不出來，如果做出來，就一定是偷美國的。這種栽贓式地抹黑最著名的例子，就是美國在一九九九年起訴華裔科學家李文和洩露核子彈頭的機密給中國大陸。

李文和是出生台灣，在美國洛斯阿拉莫斯國家實驗室工作二十多年的科學家，專業是核武器的研發。他在一九九九年被逮捕入獄，九個月後以處理武器機密不當等五十九項罪名被起訴，其中一條是洩露W88核子彈頭的機密給中國大陸，使中國大陸核子彈頭的小型化能夠成功。其實中國大陸的核子彈頭小型化至少在一九八四年以前就完成了，而W88的成功設計是一九八八年。李文和案根本是子虛烏有的指控。

指控李文和的人是加州眾議員考克斯（Christopher Cox），作者的一位美國朋友只用三個字形容他：

「He is evil.」所以其他什麼我也不用說了。

二〇〇〇年九月十四日，歷時一年半的「李文和間諜案」因證據不足而草草收場。李文和被手銬腳鐐地審訊和坐牢，折騰了一年半，工作也沒了，朋友也跑光了。別的不說，李文和戴手銬腳鐐就是美國政府故意折磨他，因為李文和不是暴力犯，依照美國法律是不能給他上手銬腳鐐的。

美國聯邦法官派克在宣判李文和當庭釋放的同時，也一再向李文和表示道歉，這是極為罕見的。李文和獲賠一百六十萬美元。

「李文和間諜案」開始時，美國大張旗鼓地報導，成為世界級的大新聞，五十九項罪狀喧騰得沸沸揚揚弄得全世界的人都知道，達到了政治宣傳的目的。最後此案草草收場，沒幾個人知道。這就是經典的政治操作。反正美國只要有需要就抓隻小羊修理中國，小羊下場如何並不重要。就是這麼回事。李文和的下場還不算太倒霉，如果換成別人，下場的情況肯定會比這個悲慘很多。其中的原因很簡單，李文和的太太是中央情報局的線民，美國有點投鼠忌器，不方便把李文和朝死裡整。

抹黑中國的論述不但是有效的，也是不可能被中國阻止的，所以美國絕不會放棄。這是美國最後剩下的、仍然可行、仍然有效的論述。這種論述既然不可能停止，就由它去吧。

中國需要建立自己的論述

中國在與外國的交往中過分地被動，這些年來一直被外國的論述所驅使（push around），這像是一個大國嗎？

在叢林世界中，被動應付的國家是不會受到尊敬的。崛起的中國需要帶有進攻架勢的論述，如此才能威懾周邊不安分的小國，譬如韓國、日本與越南，節省外交上的麻煩。

這次的全球金融海嘯應該為中國人帶來覺醒，這是中國在論述上全力反攻、有所作為的大好機會。

僅僅反駁西方的論述是不夠的。如果中國要崛起，中國就必須建立自己的論述，使它成為國際間衡量的標準。這是非常重要的工作，不僅是「中宣部」的工作，也是中國學術界的工作。

中國創建了對自己有利的論述，不但鞏固與外國交往的話語權，而且還奠定中國人心理上的優勢地位。這才是真正的崛起。

第三節　美國實力的消退

二〇〇六年，作者在論述美元問題時，就覺得美消中長的時候應該就快來了。但是二〇〇八年當它真正發生的時候，作者還是嚇了一跳，總覺得來得快了一點。但是不管怎麼說，這個訊號非常明確。

二〇〇八年的金融海嘯毫無疑問地暴露美國最基本的問題，那就是超過自身能力的過度消費和錯誤的金融制度。換句話說，美國沒有她表面看起來的那麼強大。

金融海嘯強迫美國面對現實，她必須做出艱難的選擇：是大量印鈔票維持消費？還是進行戰略收縮？

不論美國做出那一種選擇，美國實力的消退已經來到，國際勢力範圍的重新劃分也已經來到。

歐巴馬總統的就職演說

歐巴馬總統在他一月二十日的就職演說中一開始就把問題點明，他說：「種種資料和統計顯示危機已經來臨。比較不容易度量但絕非比較不重要的，是全國瀰漫著一種揮之不去的恐懼，恐懼美國的衰退已經不可避免，同時也恐懼美國的下一代眼界不得不放低。

今天我告訴你們，我們面臨的挑戰是真實的，這些挑戰不但嚴重，而且是多方面，它們既不容易被克服，也不是短期內可以克服的。但是我要讓美國知道，它們一定會被克服。」

歐巴馬總統這兩小段演說詞非常精緻和技巧。

第一段是精緻。

前半段美國面臨的危機是真實而且嚴重的，因為危機有清楚的統計資料作為這個論點的支持。這正是本章第一節提及的西方實質體系的崩潰。

後半段全國恐懼美國的衰退已經不可避免，這正是本章第二節「西方價值基礎的崩潰」所做的論述。

第二段是技巧。

經濟危機有可以度量的統計資料，不能否認，也不容易耍花樣來討好聽眾。但是「恐懼」是一種不能度量的精神狀態，所以可以做文章，也很容易做文章。所有的工作都在如何發揮文章的技巧，歐巴馬總統說得非常好，他號召美國人民用精神的力量來克服實際的挑戰。做為總統，歐巴馬必須這麼說，他也只能這麼說。至於他能不能做到，那是另一回事。

歐巴馬總統沒有說他如何做到。作者認為他做不到，原因都寫在本章前面了。是的，精神力量來自信心，而信心來自論述，但是美國已經喪失論述的能力。

歐巴馬總統的國會演說

事實上，作者更喜歡歐巴馬總統在二〇〇九年二月二十四日的國會演說，因為它的內容更具體。他開門見山地說：

「算總帳的日子已經來臨了。美國人經歷了一個非常時代，一個揮霍無度地購買、拋棄金融規範和缺乏長期金融計畫的時代。現在我們終於要為自己過去的行為做一次總清算。」

歐巴馬總統接著對美國過去的十年做出冷靜的評估。然後他明確表示，積極掌握未來的時候已經到了，就是現在，不能再拖。他說：

「雖然我們處在困難和不確定的時期，今晚我要每一個美國人清楚地瞭解：我們要重建，我們會復甦，美國將以前所未有的強盛重新出現在國際上。」

然後歐巴馬總統描繪出他的重建與復甦計畫，包括三方面：能源、醫療和教育。詳細內容這裡就不細說了。

歐巴馬總統的「改變美國」在方向上是正確的，但是細節和執行力是有問題的。

歐巴馬總統的「改變美國」在程度上太小，在時間上太遲，在速度上太慢（too little, too late, and too slow）。

「改變美國」面臨最大的困難正是歐巴馬號召和強調的團結。一方面，金融界的領袖吞不下五十萬美元年薪的上限，他們已經開始暗中抵制歐巴馬；另一方面，對年薪二十五萬以上的人加稅已經引發有錢人的反彈。普遍反彈的聲音是：美國需要有人付出更多，是的，但為什麼是我？這是美國文化，歐巴馬總統擺不平。歐巴馬不是甘迺迪，時代也不同了。

作者必須把評論中最重要的一點單獨挑出來敘述。

歐巴馬總統的「改變美國」不足以維持美國目前享受的全球霸權。為什麼？因為世界上不是只有美國在變，中國的改變更快、更全面、更靈活，而且在這個方向上，中國奔跑多年已經儲備了相當的動能（momentum）。

名次	國家	衰退（%）
1	韓國	-20%
2	新加坡	-16%
3	日本	-12.7%
4	德國	-8%
5	美國	-6.2%
6	泰國	-4.3%

金融海嘯對中國是件好事

金融海嘯發生在二〇〇八年的夏天。我們以二〇〇八年第四季度GDP作為評判的標準。

根據各國公布的資料，本頁上方的圖表是金融海嘯發生後經濟衰退最嚴重的六個國家。

美國受傷重當然不在話下，禍本來就是她闖的。有趣的是，另外這五個經濟受傷最重的國家，韓國、新加坡、日本、德國、泰國，有一個共同點，那就是都有美軍重兵駐紮。不知道這是不是一個巧合。

毫無疑問，中國大陸是這次金融海嘯受創最輕的國家。經濟是比較的，受創最輕，換句話說就是進一步拉近與先進國家的距離。更何況在去年第四季幾乎所有的國家都呈現經濟負成長的時候，中國卻有全球所有國家中最大的正成長，不容易。中國沒有衰退，只是成長減緩。

金融海嘯初始的影響是中國二〇〇八年第四季的增長降到六．八%，是多年來第一次沒有達到兩位數增長，但是對世界第三大經濟體的龐大基數而言，這個增長率並不壞。

再看遠一點，金融海嘯後續的影響對中國雖然嚴峻但不會加深，因為中國的輸出多半是中、低端的產品，而且是民生必需品，在經濟蕭條的時候，它們的需求量不會降低。這也就是為什麼美國很多商店倒閉，但是沃爾瑪（Wal-Mart）的生意照樣興隆。原因是什麼你只要到沃爾瑪的停車場看一下就知道了，除了原來的豐田汽車，奔馳與寶馬的汽車變多了。

金融海嘯給中國帶來的好處包括：強迫中國加強研發、工業升級、促進內銷。其中第三項尤其重要，中國的崛起必須以提高中國人民的生活水平為前提。

金融海嘯帶來全球的經濟蕭條，使得原物料的需求大幅下跌，因此價格也大跌。對手中握有太多外匯的中國而言，這是絕佳買進原物料的時候。中國在這個時候加緊基礎建設不但緩解失業壓力和改善了環境，而且還能帶動其他國家的經濟，可以說是一舉三得。

為了應對全球的經濟蕭條，中國大陸迅速提出龐大的投資計畫。大陸中央政府刺激經濟的投資額是四兆人民幣（五八八二億美元），而且是立即執行、兩年內用掉，力度非常大。大陸地方的投資額就更大了，中央加地方刺激經濟的總投資額至少是二十兆人民幣（二兆九四一一億美元），遠大於美國的重建計畫。

美國的重建計畫把錢主要用在填補由金融衍生產品所造成的金融黑洞，對經濟復甦的直接幫助不大。中國的刺激經濟方案把錢主要用在基礎建設、醫療服務、科技研發和商品開發，所以一旦全球經濟復甦，中國立刻就有新的產品進入市場。

第四節　中國崛起難以阻擋

中國人要有自信，不卑不亢

這篇文章在網上發表後，【天下縱橫談】一位大陸讀者善意地提出建議，他希望我不要像論述東南亞戰略時把中國大陸的實力過分高估，引起大陸一些網友的譏諷。

作者認為大陸的網友各色各樣的言論都有，我們本著自己的資料、分析和主觀判斷寫文章，只要言之有物就行，是否得到認同不是重點，也不能是重點，否則就成了鄉愿。取悅所有的讀者既不可能也沒有必要。

大陸很多網友的想法是不平衡的，他們在台灣和日本的議題上喊打、喊殺、喊核平對方；但是在碰到與美國有關的議題上他們就變得非常退縮，喪失自信，連分析能力都打了折扣。

中國過去在不該輸出革命的時候為了意識形態而輸出革命，所以慘遭失敗。

中國現在為了本身的利益應該輸出革命的時候卻畏縮不前，導致坐失良機。

「輸出革命」是國際政治鬥爭經常使用的手段，美國沒有少幹。這些年來東歐那麼多「顏色革命」，就是美國輸出革命的成果。

中國人要有自信，要能夠不卑不亢，才能把握機遇、做出正確的決定。

過去，我看到一篇報導，是大陸的《理財一週報》訪問經濟學家謝國忠。謝國忠批評中國在全球金融危機中的態度過分低調，不像一個有作為的大國。他說：「全球正巴望中國作主，但是我們還是丫鬟心態。」

謝國忠的形象比喻非常有趣。事實也的確如此。中國的丫鬟心態不僅表現在金融上，也更明顯地表現在政治、軍事與外交上。現在的領導人仍然奉行鄧小平的韜光養晦，不敢邁出一步有所作為。

生產力決定一切

人類自從有文明開始，生產力就決定一切。這就是為什麼遊牧民族無論多麼驍勇善戰終歸會被打敗，因為生產力無法提高。在今天這個現代化的社會更是如此。

我們用二〇〇八年的國內生產總值（GDP）前十名做例子來說明。

左頁這張表最有趣的地方，就是中國的經濟絕大部分是實際產業，而所有其他經濟大國的主要經濟成分是服務業。由於民族性的不同，中國的GDP一向偏重農業與工業的生產，是實體經濟。我們看中國的領導人幾乎都是工程出身就知道了。

中國的經濟實體成分最高，占七一．二%；

美國的經濟實體成分最低，占二〇．七%；

其他國家的經濟實體成分也很低，占二〇~三〇%。

中國的GDP排名第三，在美國與日本之後，總量大約是美國的四分之一。

但是如果只考慮農業與工業的生產值，中國排名第二，僅次於美國，而且產值非常接近美國。

排名	國家	農工GDP	美國%	總GDP	農工GDP / 總GDP
1	美國	2.9	100	13.98	20.7%
2	中國大陸	2.4	82.8	3.37	71.2%
3	日本	1.6	55.2	5.29	30.2%
4	德國	0.9	31.0	3.28	27.4%
5	英國	0.648	22.3	2.57	25.2%
6	法國	0.6	20.7	2.52	23.8%
7	義大利	0.5	17.2	2.09	23.9%
8	加拿大	0.35	12.1	1.36	25.7%
9	西班牙	0.33	11.4	1.41	23.4%
10	俄羅斯	0.32	11.0	1.14	28.1%

二〇〇八年世界主要國家農工GDP與總GDP（包括服務業）。（單位：兆美元）

一個國家的實力主要是看生產力，尤其是在戰爭時期。服務業相對而言不是那麼重要，譬如律師多對國家的幫助不大。

二〇〇八年，中國的實體生產力已經到達美國的八成，以目前這種追趕速度，作者當時預測五年之內一定超過美國。（現在回想這個預測真是太保守了！）

僅僅四年以後，中國的GDP已經達到美國的一半多一點。根據IMF公布的資料，二〇一二年美國的GDP為十六．二萬億美元，中國的GDP為八．二萬億美元，但這不是最重要的。更重要的是，中國的實質生產力已經遠遠超過美國，特別是工業生產力。

即使是按照國際匯率來計算，二〇一二年中國的工業總產值是美國的一．三倍，如果是用實際購買力（PPP）來計算，中國的工業總產值幾乎是美國的兩倍。二〇一二年，中國（不包含香港、澳門和台灣）的工業生產總值為五．八萬億美元，相當於工業生產排名在中國與美國之下的八個國家（日本、德國、印度、俄羅斯、巴西、法國、英國和義大利）的總和。事實上，中國已經毫無爭議地成為世界第一工業大國。

中國的生產能力，特別是戰爭潛力，被世人嚴重低估。

中國平均個人所得偏低的問題

是的，中國大陸的平均個人所得太低，這是政府應該努力的方向。這次的金融海嘯帶給中國刺激內銷的機會，正好改進這個問題。想想看，製造冰箱的工人買不起自己生產的冰箱，這像話嗎？

但是有兩點我們必須注意，個人所得是一個數字，跟購買力沒有絕對的關係，大陸人民的生活水平並不像平均個人所得的數字顯示的這麼差。譬如根據維基百科公布的二〇一三年各國GDP的數據，中國的個人所得為六六六〇美元，而韓國的個人所得為二五四二〇美元，韓國人的個人收入是中國人民的三．八倍，但是韓國人的生活品質真的有中國人的三．八倍嗎？我不這麼認為。韓國人的生活品質很差，一點都不值得羨慕。我也搞不懂為什麼韓國人如此高的平均所得不能表現在真實生活上，韓國人每天吃泡菜過日子比中國人豐富的菜餚差多了。

另一點是國家的實力主要還是看她的經濟總量而不是看個人平均。中國政府的採購團一出國不論走到哪裡都是當地國家的頭條新聞，因為購買的金額實在太大了，動不動就超過一百億美元。這就是一個國家的影響力。想想看，挪威的平均個人所得大於八萬美元，幾乎是美國的兩倍，但是只有五千二百億美元的挪威經濟（略高於台灣）能對世界有什麼影響？

中國走向高端工業

中國走向高端工業是必然的趨勢，這是令所有先進國家害怕的地方，因為中國人太聰明，任何高端科技只要中國決心投入一定會成為難以抵擋的競爭者。

中國的研發是全方位的，覆蓋所有的重要領域，就像一百年前的美國。在這裡我們只隨便舉幾個例子作為說明。

為了比較中美的消長，我們不得不指出美國的汽車工業已經快玩完了，電腦相關產品也岌岌可危。美國目前的民用工業只剩下兩大堡壘，一個是航太工業，另一個是醫藥。

中國汽車工業的潛力主要在因應環保要求發展出來的電動汽車，因為中國在電池方面的研發非常先進，走在美國前面。

中國的計算機工業將成為美國的主要對手。中國新研發的CPU和操作軟體都非常有競爭力。龍芯2E是四核的CPU，性能至少相當於中檔的奔騰4，若說落後美國也不過就是三年左右，在絕大部分的應用範圍都夠用了。

中國正在研發十六核的高性能CPU。中科院計算所所長李國杰表示，這個十六核的CPU有望領先世界。

擁有知識產權的CPU一出來，相應的軟體就可以發展了。Linux操作系統是一個穩定、安全和免費的系統。「中國十六核的高性能CPU＋Linux操作系統」非常可能打敗「英特爾的CPU＋微軟視窗」。作者不是電腦專家，但是對微軟視窗非常不滿意，因為它的穩定性太差。

作者估計微軟是下一個倒下的美國大公司，因為微軟的技術含量並不高，而中國人在軟體上非常厲害。去年的世界軟體競賽，第一名就是上海交大。一般來說，窮國家的人沒錢買昂貴的真實硬體來玩，所以傾向動腦不動手，特別會動腦子想抽象的東西。軟體是中國人的長項。

又據新聞報導，大陸的「中微半導體」成功研發出45奈米光刻機，這是半導體製造的關鍵設備，科技含量高，美國的「應用材料」（Applied Material）就是靠這個賺大錢的。「中微半導體」的45奈米光刻機已經打入中芯和台積電的十二英寸晶圓廠。「中微」的下一步，是研發32奈米光刻機。

想想看，之前蔡英文做陸委會主委，她否決了台灣十二英寸晶圓廠進入大陸，也否決了280奈米的晶圓廠進入大陸，其蠢無比，因為台灣只是代工，這些技術都不是台灣的，台灣根本沒有技術封鎖大陸的能力。作者為此曾經在【天下縱橫談】痛批民進黨政府的無能與無知。但是也只能說說罷了，還能怎樣？

如今不過短短十年，大陸的晶圓廠（中芯）已經壯大，大陸的半導體設備（中微）的研發能力已經可以和美國著名的「應用材料」相抗衡。大陸的半導體工業已有了獨立自主的技術形成產業鏈，而台灣還是只能做技術含量很低的代工。要知道，大陸的晶片需求占全世界一半以上，中芯要打敗台積電是非常可能的。民進黨的短視和無能從這件小事就看得很清楚。

航空、航天與電子工業

中國在航天（台灣稱太空）領域有紮實的基礎，這要感謝老一輩的科學家錢學森等人。除了大家看到的載人航天，中國的衛星技術也突飛猛進。譬如商業通訊衛星，中國從自旋穩定進步到三軸穩定，運行的時間從早期的五、六年進步到十五年以上，這是控制技術的進步。中國衛星的酬載（payload）從C波段進步到K波段，運載的信息量增加很多倍。基本上，中國商業通訊衛星的技術跟美國已經沒有什麼差別。

中國落後西方是在航空技術上，中國的航空界找不到像錢學森這樣層級的科學家。雖然發展慢一點，中國的航空技術還是穩步前進。中國研發大飛機的項目已經啟動，預計二十年後中國設計的大飛機就會加入世界航運。波音和空中巴士都將遭遇強勁的競爭。

人民解放軍正在轉型，由機械化進入信息化，中國大陸的電子工業在軍方的強力支援下，一定會全力發展，變成可怕的競爭者。軍事需求帶動的電子工業是不得了的，譬如作戰飛機三分之一的成本在航電設備（avionics）。像「華為」這種尖端科技公司在中國不同的電子領域會一家一家地冒出來。

今天「華為」已經成為美國「思科」（Cisco）的強勁對手，「思科」的每一樣產品「華為」都有對應產品。「華為」如果落後「思科」，時間上也只有半年到一年，不是某些中國人胡說的什麼八十年或一百年。

中國人不可妄自菲薄

中國的航天發射技術是世界一流的，作者記得在所有國家的運載火箭中，長征系列有最高的發射成功率。中國航天器的入軌非常準確，尤其航天器的回收技術是領先世界的。無論是返回式偵查衛星還是神舟的返回艙，落點之準確，美國與俄國都做不到。

幾年前曾經有一顆俄國報廢的（失去動力）核發電偵察衛星要落回地球，引發全球緊張，因為不確定會掉到那裡。結果以中國的預測最準確，美國與俄國差遠了。

讀者應該看過神舟七號的現場實時發射，在控制大廳前面有一個電視大螢幕顯示神舟飛行的軌道、神舟航天器和宇航員（台灣稱太空人）的活動，有一個主要指揮員在前台，後面坐著一排排百來位科學家和工程師，每位前面都有一個電腦螢幕，他（她）們在做什麼？答案是：他（她）們是子系統的專家，負責監控和匯報某一個子系統。航天工業的複雜性和整合工作的艱鉅在這個大廳中具體地呈現出來。世界上最大型的工業體系也就是這個規模了。所以用什麼「工業體系」這種新名詞把中國的科技和工業貶為落後歐美先進國家八十年純粹是譁眾取寵的瞎扯。

更何況即使中國是做同一件任務，但是中國的起點高，所以技術差距不是執行任務的年代差距。大家都知道世界第一個太空人是蘇聯的加加林（Yuri Gagarin），時間是一九六一年。但是讀者知道嗎？加加林是在極高的高空跳傘回到地球的。加加林能活著回來全靠極佳的身體素質，這能跟二〇〇三年中國第一次載著宇航員楊利偉於太空飛行的神舟五號在科技上相提並論嗎？能說中國與俄國太空科技的差距是四十二年嗎？

任何主要工業，無論是指單一產品或是工業體系，中國落後西方都非常有限，不可能是八十年，有些領域中國甚至領先。中國人不可妄自菲薄。

第五節　美國準備用戰爭化解經濟危機

前面說過，未來的變化有兩件事特別值得我們注意，我們已經討論了第一件（經濟上的大事）。第二件值得注意的大事是在政治上，那就是美國有可能通過戰爭來化解她的經濟危機。

從純粹政治的觀點來看，美國並不怕金融海嘯，也不怕經濟蕭條，尤其海嘯衝擊的是全球，蕭條也是全球性的。美國真正擔心的是美元國際貨幣的地位不保。

我們看得很清楚，在二〇〇八年金融海嘯的衝擊下，美國經濟的衰退（-6.2%）比歐洲區（-1.5%）大的多，但是美元對歐元與日圓的匯率都逆勢上升。為什麼？答案很簡單：歐元是由二十幾個中、小型的國家所組建的貨幣，這些國家打了幾百年的仗，種族、語言、文化、風俗都不同，各自尋求的利益也不同，怎麼可能團結？日本是美國管轄的附庸國，基本上不是一個正常國家，尤其欠缺外交自主權，一切要看美國臉色。這兩個貨幣平時還可以充數，一到國際關係緊張的時候就不管用了。錢永遠是流向最穩定的地方，目前這個地方就是美國。

只要美元是主宰性的世界貨幣，美國就什麼都不怕。

美元的唯一威脅是人民幣

在金融衝擊下唯一對美元堅挺不跌的貨幣就是人民幣。為什麼？答案也很簡單：中國除了有強大的生產力，還有強大的武力，足以自衛，不怕任何國家訛詐和威脅。後者非常重要，歷史上，經濟問題最後的攤牌都是武力解決。

我們仔細看看美國，不論政府的赤字多麼嚴重，軍費卻年年上升，而且是成攻擊態勢地上升。為什麼？

作者說過，美國沒有國防部（Defense Department），只有進攻部（Offence Department）。有了強大的武力就不怕外國來逼債。說穿了，我美國就不還錢你能怎樣？

譬如美國如果真的翻臉，命令日本註銷（write-off）美國所有的借款，日本能不答應嗎？

國際間就是這麼回事。近代歷史上中國這麼多不平等條約都是這麼簽的。想想看，當年日本逼迫中國賠償天文數字的銀子時會心慈手軟嗎？如今不過角色變了，老大換成美國，日本是板上的肉。美國是笑面虎，航空母艦就停靠在東京灣，日本政要一個都跑不掉。美國想個花樣叫日本人把錢掏出來還不容易？六十幾年的保護和技術轉移，日本全國人民賣身也賠不起。

中國目前還沒有強大到能夠向美國逼債的地步，但是拒絕借錢的能力是有的。這就足夠讓美國頭痛了。

事實上，這件事已經發生了。二〇〇八年十二月十七日法新社報導，中國對美國提出警告，如果美國不抓住時機進行必要的經濟改革，中國可能會停止繼續購買美國國債。

你想想，世界唯一的超級強國被中國指著鼻子教訓，這是多麼不堪，美國能不懊惱嗎？

更進一步說，美元潛在的威脅是人民幣，而且就只有人民幣。打擊人民幣是美國念茲在茲的。

打擊人民幣最有效的方法就是通過實際戰爭來弱化中國。美國不必自己出手，只要鼓動中國的周邊國家引起軍事衝突就足夠了，譬如印度、日本、韓國、越南，甚至菲律賓。美國只需要躲在後面支援這個代理人的戰爭就行了。

只要中國不斷被周遭的小國在武力衝突中纏住，中國吸引外資的能力就遭受打擊，人民幣就很難穩定。

不過當時中國的胡錦濤主席正在全球上演「和諧世界」的大戲，所有周邊小國的挑釁都被「和諧」掉了。美國想打代理人的戰爭，這個主意恐怕不能實現。

藍德公司的戰爭評估報告

美國想藉戰爭來化解它的經濟危機在歷史上曾多次上演過，並不是理論的空談，今天又傳出消息也不是空穴來風。

二〇〇八年十月，法國媒體發布新聞，美國著名的智囊（Think Tank）蘭德公司已經向美國國防部提交一份研究報告。這份報告評估發動一場戰爭來轉嫁目前經濟危機的可行性。此前美國政府已經通過了七千億美元的紓困計畫和兩千五百億美元向銀行投注資金的方案。蘭德公司的研究報告認為，用七千億美元救援證券市場的效果很可能不如用七千億美元發動一場戰爭。美國鷹派的主流觀點甚至認為，美國要擺脫衰退，目前剩下的唯一方法就是軍事掠奪。

綜觀過去數百年的歷史，一個國家面對嚴重的經濟衰退只有三個招數：

一、政府主導擴大基礎建設、增加就業機會、刺激內需；

二、研發科技，用革命性的技術帶動新一輪的經濟起飛；

三、發動戰爭，通過戰爭來帶動生產和消費，並且獲得新的資源。

第一招對美國而言已經不太管用了，因為美國是一個高度開發的先進國家，基礎建設已經相當完善，而且美國的消費已經過度了，並不是不足，根本不需要刺激。

第二招美國十年前曾經用過，就是把軍事上已開發的網路技術商業化，當年這一招獲得高度成功。目前美國的「信息技術革命」正在降溫，顯然新技術尚未成熟，遠水救不了近火。

所以第三招，發動戰爭，是美國目前避免衰退唯一可行的選擇。

美國的政治宣傳已經開始

除了蘭德公司這種帶有一點點「學術」性質的研究報告，美國實際的政治宣傳已經開始。

二〇〇八年十月九日，美國智庫「國際戰略評估中心」副主任里查．費舍在一份報告中說，美國的衰退與中國的崛起形成鮮明的對比，而遏止這種對比持續下去的唯一方法就是通過戰爭。

看到沒有？美國民間的智囊已經把話挑明。美國政府機構也開始回應這些鷹派言論。

美國國務院國際安全顧問委員會在二〇一三年十一月向美國政府提交了一分報告草案，該草案誇大中國的軍事威脅，建議美國研發新型武器系統來遏止中國穩步發展的核武力和常規軍事力量。

美國國防部在最近公布的「四年防務評估報告」中說：「在崛起的大國之中，中國最有潛力與美國軍事競爭和使用破壞性武器。美國如果不採取應對戰略，傳統的軍事優勢將在一定時間內消失。」

中國是美國的最大債務國，也是被認為唯一可以獨立破壞美國經濟的國家。如果美國要通過戰爭來解決自己的經濟危機的話，中國應該是首選目標。不論是直接或間接與中國的戰爭（譬如台海統一戰爭）一旦發生，美國會立即宣布所有欠中國的鉅額國債全部作廢，中國在美資產全部沒收或凍結，還可以通過種種不正常手段避免中國對美元的拋售。

大約兩年多前，作者就曾經跟一位美國科學家在聊天時論及台海戰爭。那位美國科學家立即就說，如果戰爭發生，美國一定會沒收所有中國購買的國債，說得斬釘截鐵和理直氣壯。

看到沒有？欠錢的比債主還神氣。普通善良的美國百姓都如此，何況政客。這就是美國文化。

作者奉勸北京政府一句話：借錢給比你強壯的人要千萬小心。

金融海嘯催生中國崛起

二〇〇八年是令人難忘的一年，因為發生太多驚天動地的大事，其中又以「金融海嘯」影響最為深遠。

二〇〇八年的「金融海嘯」提早催生了中國的崛起。

二〇〇八年毫無疑問是國家實力美消中長的分水嶺。

不管美國人民怎麼想，也不管歐巴馬總統怎麼說，美國的衰退是不可避免的。

美國的衰退並不表示（imply）美國的崩潰。

美國的衰退不過表示（imply）美國戰略的收縮、霸權變成強權、國際勢力範圍的重新劃分而已。

自願也好，不自願也罷，中國韜光養晦的時代已經結束。

喜歡也好，不喜歡也罷，中國已經被推到國際政治舞台的第一線接受考驗。

既然躲不掉，中國就要坦然面對這個挑戰，不要悶頭繼續做丫鬟。

中國人要用積極、主動、進取的精神迎接這個新時代的來臨。

記住，我們中國人等待這一刻已經等了一千年了。

一第二章一

經濟問題

歷史上，所有強大的國家它們的國力基礎都建立在富裕的經濟上，這是不變的真理。美國自然也不例外。

美國是人類歷史上唯一曾經有過的、主宰性的全球力量（a dominant global power），以前從來沒有過，以後幾乎確定也不會有了。美國之所以能成為主宰性的全球力量完全是機緣巧合，第二次世界大戰把所有傳統上有能力的國家都打爛了，而美國是唯一本土沒有遭受炮火摧毀的國家。一九四六年，美國的國內生產總值（GDP）占全球生產總值的八〇%，這在今天是不可想像的。

美國領導力的建立表面開始於龐大的戰後重建（主要是歐洲），其實更重要的是，在二戰結束前一年就推動美元的國際化，也就是一九四四年七月的布雷頓森林協定（Bretton Woods Agreements）。當美元正式成為世界貨幣的時候，一個龐大的、無可爭議的、主宰性的世界強權就誕生了。

我們可以毫不猶豫地說，美元和強大的美帝國可以畫上等號。

美元不是沒有經歷問題和考驗。美元一開始是金本位的，稱為美金，三十五美元兌換一盎司黃金。由於美國在六〇年代深陷越戰泥沼，法國首先懷疑美元的價值，於是要求把手中的美元兌換黃金，美國只好照辦，於是法國拿到黃金並且用軍艦把這批黃金從美國運回法國。尼克森總統一看情形不妙，於是在一九七一年把美元和黃金脫鉤。

為了穩定美元和擴大美元的流通量，美國用它龐大的武力控制中東，並要求所有中東的石油買賣以美元計價，於是美元就和石油掛勾了。把黃金換成了黑金，美元不但穩定，而且比以前更強勁了，強勁到迫使蘇聯解體。美國成為獨霸世界的唯一超級強國。

但是兩次海灣戰爭和阿富汗反恐戰爭令美國入不敷出，美國開始偷偷大量印刷美元，此舉再度動搖了美元，這一次的危機來勢洶洶，加上歐元的創立，美元開始有了競爭者，二十一世紀美元的國際地位變得岌岌可危。

本篇論述經濟問題就是聚焦在美元，論述美國是如何經營美元的，美元是美國的命根子，美國的一切力量都建築在美元上。

第一節　美元正面臨崩潰邊緣嗎？

這個標題可不是作者胡亂放話意圖「唱衰」美國，作者可沒那麼大的本事。這是美國保守派政治學者和作家柯西（Jerome R. Corsi），在二〇〇六年十二月十日寫的一篇文章所用的標題（U.S. dollar facing imminent collapse?）。

今天我們就來談談這個非常重要的世界經濟問題。

二〇〇五年七月作者寫了〈美國的軍事與經濟〉和〈美國經濟問題的焦點〉兩篇文章，這兩篇文章的重點都是「美元發行過量」。柯西先生二〇〇六年十二月發表的文章正好呼應了作者的這兩篇文章。呵呵呵！真理是不會變的，而且公道自在人心，不容無知者狡辯。

「美元發行過量」是一個非常嚴肅的問題，「美元崩潰」更是一個非常嚴重的問題，因為美元是世界貨幣。美元的崩潰將影響全世界每一個人，不論你手中是否持有美元。二〇〇五年作者提出簡單的數據和道理來支持這個說法，但是卻遭受一大堆人的質疑與攻擊。

有些質疑有點內容，譬如有一位署名Newyorker的網友，他指出美元是建立在四個支柱上：軍事力量、科學技術、核心價值，與民主制度。有些攻擊純屬無稽並帶有惡意，譬如有職業經濟學家用一些空洞和莫名其妙的經濟術語，譬如「結構性赤字」來嚇唬人，用專家的姿態嘲笑，然後把問題權威性地帶過。這種論述屬於沒有意義的瞎說八道與胡攪蠻纏，基本上企圖用空洞的頭銜和沒有意義的專有名詞來獲取討論問題的優勢，要求別人盲從，論述既沒有任何知識性，也沒有任何說服力。

作者的理論很簡單，屬於常識，一聽就懂。

決定貨幣價值的兩個關鍵

任何一個國家的貨幣都代表它的購買能力（buying power），不論它是一美元、一歐元、一日圓、一元新台幣、還是一元人民幣，我們拿在手上都企盼用它能夠買到某些東西，而且通過匯率我們希望能夠買到的東西是相等價值的。所以一個國家的貨幣價值與她的生產能力就緊緊連在一起了。如果出口價值大於進口價值，貨幣就要升值；如果出口價值小於進口價值，則貨幣就要貶值；如果進出口平衡，則表示貨幣匯率是合理的。你看，就這麼簡單，這是常識，即使一般老百姓都一聽就懂。

當社會越來越複雜、交往越來越密切、影響貨幣的因素越來越多的時候，那麼上一段的簡單貨幣原則就需要修改了。

譬如自有歷史以來，戰爭就是不可避免的，一個國家有強大的武力自然就帶給人民信心。所以儘管日本出超這麼多，美國入超這麼多，絕大部分的國家仍然選擇美元儲備，尤其是恐懼戰爭的時候。這就是Newyorker網友說的美元的第一根支柱。

又譬如貨物的價值主要在它的附加價值而不是原料價值。一個國家有強大的科技研發能力就能夠生產高附加價值的貨物，自然就帶給人民更大的信心。所以儘管中國出超這麼多，美國入超這麼多，但是美國的科技研發能力遠高於中國，於是絕大部分的國家仍然接受目前美元兌換人民幣的匯率。這就是Newyorker說的美元的第二根支柱。

剩下的兩根支柱我們也可以用類似的理由來解釋。謝謝Newyorker的精闢觀點。我們綜合Newyorker的四個支柱，再加上所有Newyorker沒有想到或沒有說出來的其他因素構成第五個支柱，我們就可以用一句話來概括貨幣價值：

一個國家的貨幣價值決定於她生產貨物的價值和她吸收外資的能力。

上面這個定義把貨幣價值分為「生產貨物的價值」和「吸收外資的能力」兩個部分。前者屬於實質的，後者屬於心理的。作者要指出的事實是，心理因素無可置疑非常重要，但是不可能無限延伸，終歸要回到實質的經濟基本面，兩者之間一定有一個平衡點。就像台灣的超級名模林志玲代言的衣服和化妝品可以增加商品兩倍、三倍、四倍的價值，但是不可能一直上升到無限大，終究有個平衡點。代言的廠商老闆如果不見好就收，等到過了平衡點，見壞才收也許就不堪損失了。

問題就在作者認為美元的發行量早已過了這個實質和心理的平衡點，但是美國政府不想做任何實質的改變。

美元問題的根本是「國際貿易赤字」和「政府開銷赤字」這個雙赤字所形成的壓力。「國際貿易赤字」代表的是美國人幹活太少、享受太多。

「政府開銷赤字」代表的是美國政府從事太多心有餘而力不足的活動。

這兩種赤字如果只發生一種還有救，兩者都發生，基本上就無解了。

這兩種赤字都屬於貨幣的實質價值，但是美國政府尋求解決的方法是加強美元的心理價值，根本不想做任何實質的改變。這就好像請林志玲代言的廠商老闆在面臨入不敷出的情形下，並不尋求降低生產成本，而是不斷地增加林志玲的廣告是一樣的。

赤字就是赤字，說破嘴還是赤字，管它是什麼「結構性赤字」還是什麼「非結構性赤字」，或是任何「××性赤字」。號稱因為是「××性赤字」，所以就不要緊，就不算赤字。這是真正的經濟學家說的話嗎？這就好像請林志玲代言的廠商老闆說他的入不敷出是「結構性入不敷出」，所以就不是問題，只要林志玲的廣告更性感一點兒就能提高價格，問題就解決了。這是真正的企業家說的話嗎？

太多人把自己的利益或是意識形態和美國連在一起，企圖用各種方式扭曲事實為美國塗脂抹粉，胡亂的論述連違背基本常識都顧不上了。在硬科學上，科學家和工程師就很難搞鬼。但是在經濟這種軟科學的議題上，經濟學家片面的解釋的確是可以達到一定程度的效果，因為經濟操作有很深的心理因素。

美國猶太人幾乎囊括了所有的諾貝爾經濟學獎，自然可以發明一些新名詞和新理論來為美國說項，內容自然要比什麼「結構性赤字」的無厘頭名詞要高明得多。好了，即使偉大的數學家納許（John Nash）拿了諾貝爾經濟獎，但是他得獎的「平衡點理論」再高深的數學也不能夠說服世界人民相信美國可以無限制繼續大量借錢下去而美元不會崩潰。對不對？再厲害的經濟學說也不能違背常識。

這麼說吧。如果愛因斯坦用非常高深的數學證明美國凱迪拉克轎車即使裝上金龜車的引擎也比金龜車跑得快，我即使看不懂愛因斯坦的數學公式也不會相信他的結論，因為凱迪拉克轎車比金龜車至少重了一千磅，這違反了物理的基本常識。經濟學也是如此。

美國聯邦儲備銀行為何不願公布M3數字？

今天我們就把「美元是否發行過量」與「美元是否面臨崩潰」這兩個問題做一個總結。

是的，本文開頭提到的哈佛出身的美國政治學者柯西寫的文章就對這兩個問題發出嚴重的警告，並且透露布希政府已經嚴肅面對可能發生的美元崩潰而且正式採取行動。什麼行動呢？布希政府派出了一個空前壯大的「經濟頂級小組」（Economic A-team）訪問北京，在二〇〇六年十二月十四日和十五日和中國進行經濟戰略對話。中國大陸稱這次的對話為「中美戰略經濟會議」。

美國這個「經濟頂級小組」由七個人組成。領隊是財政部長鮑森（Henry Paulson）和聯邦儲備銀行委員會主席班納科（Ben Bernanke），五名團員是商業部長谷田瑞（Carlos Gutierrez）、勞工部長趙小蘭（Elaine Chao）、健康部長李維特（Mike Leavitt）、能源部長包德曼（Sam Godman），和美國貿易代表史沃（Susan Schwab）。

根據美國資深計量經濟學家威廉士（John Williams）的結論，這個代表團去北京的目的是希望得到中國的合作來避免美元崩潰。布希政府希望美元緩慢地變弱，而不是突然地崩潰。這個「戰略經濟會議」的目標非常明確。如果各位不想看原文，作者把威廉士的說法簡單地述說於後。

經濟學裡面有一項非常重要的資料，代號為M3，這是計算整個經濟體所包含的所有可以流動的錢。M3的資料包括支票帳戶的現款、儲蓄帳戶的現款、定期存款，以及證券市場中的現款。M3是非常重要的資料，美國聯邦儲備銀行（U.S. Federal Reserve Bank），也就是美國的中央銀行，用這些資料決定美元的發行量。

有趣的是，沒有說明任何理由，美國聯邦儲備銀行從二〇〇六年三月起就不再發表M3資料。但是威廉士用各種方法把這些資料重新整理出來。威廉士的報告說，M3現在正在以九．六％的速度增長，而且增長率還在加速。相較九個月前當聯邦儲備銀行停止公布M3資料時，M3的增長率只有八％。威廉士說：「聯邦儲蓄銀行正在增加美元發行量，但是不希望市場知道他們這麼做，他們顯然不希望市場跟隨現金供應跟得太緊。」

中國現在握有一兆美元的外幣儲備，這是歷史紀錄。在今年感恩節的時候，中國的中央銀行宣布要降低美元的持有量，導致美元在國際市場上貶值。自此以後，美元兌換歐元創造了二十個月來的新低點。威廉士說：「證券市場在感恩節前後的交易冷落，這幾乎是和北京中央銀行的聲明所做的配合行動。我不知道是誰在玩金錢遊戲，但是訊號非常明確。」

美元可以安全著陸嗎？

威廉士進一步解釋說：「現在大家都在玩心理遊戲。世界各國的中央銀行都知道他們手中的美元將遭到重大損失。沒有一個中央銀行願意首先發難引發美元恐慌，但是也沒有一個中央銀行願意成為最後一個逃出美元的國家銀行。」

威廉士說聯邦儲備現在是進退維谷：「如果提升利息，那就很難避免經濟蕭條。但是美元滑落得這麼快，如果不加緊提升利息就來不及挽救美元了。」

人們不禁要問：美元崩潰已經到來了嗎？

威廉士回答說：「還沒有。我相信美元將會崩潰，但是聯邦儲備銀行在做一切努力減緩美元的滑落。聯邦儲備希望這個滑落的過程至少長達一年，甚至延長到兩年美元才會到底。」

威廉士描述美元崩潰的情景是：有一個中央銀行，最可能是亞洲的某一個中央銀行，開始逃離美元。這件事只要一發生，你就可以看到其他的中央銀行悄悄地跟進。這種「逃離美元」的行動很快就會蔓延和擴大，後來演變成全面驚慌大逃亡，在這種情形下，美元就崩潰了。

你可能要問：美元貶值會導致對中國的貿易逆差減少嗎？

威廉士回答說：「不會。即使美元對人民幣貶值三〇％，美國對中國的貿易逆差也不會有什麼改變，這是因為布希政府的貿易政策對中國有利。由於布希政府有國際貿易和政府開銷的雙赤字，聯邦儲備銀行面臨的是一個不可能的任務。現在聯邦儲備不過是在玩遊戲，用停止公布M3資料的方法和證券市場與人民群眾玩遊戲，因為聯邦儲備知道M3資料是現金供應最全面的估量，也是長期金融活動的最佳指標。」

M3資料真的這麼關鍵嗎？作者不是經濟學家，不能夠回答。但是我知道自由經濟的大師，也是諾貝爾經濟獎的得主費德曼（Milton Friedman）認為是。費德曼堅決認為現金供應是經濟成長和通貨膨脹最重要的操作手段。費德曼的經濟理論最後發展成有名的「雷根經濟學」（Reaganomics），據我所知，也就是所謂的「供應方的經濟學」（Supply side Economics）。這個專有名詞的學問太大了，作者就把它留給真正的經濟學家討論吧。

「美元是否發行過量」與「美元是否面臨崩潰」這兩個問題到此已經得到清楚肯定的回答。權威計量經濟學家威廉士對這兩個問題的答案都是肯定的，布希政府的最高經濟小組對這兩個問題的回答也是肯定的。我們有足夠的理由相信美元的確發行過量，而且美元正面臨崩潰的邊緣。

想想看，一九九七年亞洲發生金融危機，其實這些國家並沒有財政赤字和貿易赤字的問題，不過是外匯儲備的問題。美國的金融大鱷用炒匯的操作方式就把這些小國的金融搞垮了，連香港這麼健全的經濟體系若是沒有中國大陸強大的外匯儲備作為後援，她的金融也被搞垮了。沒想到九年後，美國自己面對的金融問題遠比亞洲小國的金融危機更嚴重。

中國有一句話：「十年風水輪流轉」。這不就應驗了。十年前不可一世的美國現在也有求人的時候。中國進入WTO不過才五年，當年教導中國的美國經濟高手和趾高氣昂的美國談判代表，他們盛氣凌人的氣勢都不見了。十年前那些金融大鱷何等神氣，他們現在在哪裡？

第二節　美國在世界金融體系的訛詐與吹噓

第二次世界大戰後，美國成為西方資本主義最大的代表，也是自由經濟的創立者和鼓吹者。超過半個世紀，美國的經濟理論和金融體系被捧為世界的經典楷模和全世界學習的對象，美國也以世界經濟的導師自居，到世界各處演講和推廣它這套學說與制度。

一九九九年二月十五日的《時代》雜誌，它的封面人物有三位財經專家：美國聯儲會主席葛林斯潘（Alan Greenspan），美國前後任的財政部長魯賓（Robert Rubin）與薩默斯（Lawrence Summers）。這個全球最富盛名的《時代》雜誌稱他們三人為「拯救世界的團隊」（the committee to SAVE the world），讚揚他們帶領全球金融體系度過當時的危機。

亞洲金融風暴的幕後黑手

作者不記得一九九九年有什麼世界性的金融危機，要有，也不過是一九九八年由美國投資銀行所製造的亞洲金融危機，這個危機的程度、範圍與影響遠遠沒有達到世界性的規模，「拯救世界的團隊」完全是沒有事實基礎的吹噓，《時代》雜誌號稱沒有這「三劍客」全球經濟就會融化更是無稽之談。

首先，這個亞洲金融危機完全是美國製造的，目的在打擊亞洲新興國家，拖累日本，也給中國好看。其次，美國投資銀行在亞洲國家撈了一大票後走人，把爛攤子留給受害國的政府和人民（泰國、韓國、印尼、馬來西亞等國家，還有香港）。

第三，亞洲災難造成後，由美國把持的「國際貨幣基金組織」（ＩＭＦ）出面向受害國提出苛刻的條件幫助其恢復金融秩序，再用新條約把受害國剝一層皮。於是美國的三人小組就成了「拯救世界」的英雄。

看到沒有？美國的左手作為加害者圈錢成功走人得了實惠；美國的右手作為「拯救者」成了英雄贏得美名。再由美國的寫手在美國出版的雜誌鼓吹美國的「貢獻」、美化骯髒的左手、讚美英雄的右手。這就完成了美國領導全球經濟的過程與論述。

美國在這個金融風波的遊戲中面子和裡子全拿了，受害的亞洲國家和人民是活該。這算什麼？

薩默斯在評論亞洲金融危機時，指責當時觸發危機的國家欠缺美國所擁有的東西，那就是充足的資本、妥善監管的銀行體系，以及可靠和透明的企業會計制度。薩默斯完全是一派胡言，受害國的經濟基本面並不差（尤其是香港），金融危機是美國投資銀行大量熱錢進出，利用受害國外匯儲備不足進行炒作套匯造成的。美國銀行不需要外匯儲備，不怕炒作，因為美元是世界貨幣，美國可以無限量發行美元，當然資本充足。

看到沒有？

美國左手套匯圈錢；

美國右手（由美國控制的「國際貨幣基金組織」）擺平左手引發的經濟危機；

然後美國媒體發動宣傳機器製造美國英雄；

最後美國「英雄」出面發表評論倒打一耙，指責受害國的種種不是。

好一個世界經濟的領導者！

其實，中國在這次金融事件中先破解了美國猶太人索羅斯的套匯穩住了香港，然後沒有隨著日圓貶值而貶值人民幣，這才避免了亞洲貨幣第二輪的瘋狂貶值。中國用犧牲自己的出口穩定了亞洲的金融秩序，中國才是穩定世界金融秩序的真正貢獻者，展露了一個有擔當、肯負責任的大國精神。

但是奇怪了，《時代》雜誌並沒有讚揚中國的犧牲和公平評價中國的貢獻，美國的猶太「三劍客」卻成了「拯救世界」的英雄。

圖一：《時代》雜誌一九九九年二月十五日的封面。

葛林斯潘應為金融海嘯負責

美國這種左手圈錢行騙、右手調停撫平傷口的國際金融遊戲終於在二〇〇八年製造的金融危機中作法自斃。

二〇〇八年的金融危機其基本性質和一九九八年的亞洲金融危機是一樣的，都是圈錢行騙。但是在實際操作上，二〇〇八年的騙局有兩點非常不同：

第一，騙外國人的錢，也騙自己美國人的錢；

第二，金額數目太大，導致美國作法自斃。

二〇〇八年的金融危機單是在美國造成的黑洞估計在六十兆美元，亞洲金融危機頂多是一、兩千億美元的小兒科遊戲，差了兩個數量級都不止。二〇〇八年的金融騙局不但把歐洲國家壓得哀哀叫，美國自己的金融體系也壓垮了，嚴重的程度超過一九二九年的經濟大蕭條。如果不是美國政府前所未有的紓困活動（bail out），倒閉的金融機構要比現在多好幾倍。

二〇〇八年金融海嘯沖垮美國的金融體系，也沖垮了歐盟的。

讀者看到圖一站在中間最前面、那個頭像最大的英雄人物嗎？

他就是做了十九年（一九八七～二〇〇六）美國聯儲會主席的葛林斯潘，是《時代》雜誌吹噓的拯救世界經濟美國「三劍客」的首席劍客，台灣尊稱為「葛老」的世界經濟泰斗。

讀者看到圖一站在右後方沒有笑容的人物嗎？

他就是接替魯賓（左後方帶著笑容）的前財政部長薩默斯。面對金融海嘯所留下來的爛攤子，薩默斯十年前指責亞洲金融體系的一堆重大缺點有哪一樣美國沒有犯？

想想看，二〇〇八年金融海嘯美國政府所犯的錯誤，沒有一個決定葛林斯潘沒有參與其中的決策。葛林斯潘是二〇〇八年金融海嘯的第一罪人。葛林斯潘所犯的錯誤不是一個或兩個，而是十多年來一連串的錯誤決定累積造成的。葛林斯潘所犯的錯誤不是意外或偶然，而是愚蠢和無知，再一次證明西方經濟理論基礎的薄弱與荒謬。

美國的經濟理論能聽從？金融制度能信賴嗎？

國務卿希拉蕊痛斥葛林斯潘

二〇一〇年二月二十五日，美國國務卿希拉蕊表示，美聯儲前主席葛林斯潘一派胡言的建議推動美國政府創下了破紀錄的預算赤字，使國家安全蒙上風險。

希拉蕊出席國會小組聽證會，為國務院二〇一一年三．八萬億美元的預算申請進行辯護時表示，美國的鉅額外債削弱了美國在全球的影響力。

希拉蕊說：「十年前我們收支平衡，現在我們卻一直在償還外債，想到這些就令我痛心。」

希拉蕊接著補充說：「我曾擔任參議院預算委員會成員，我清楚記得有一次我們舉行聽證會，葛林斯潘來演講作證為何需要增加開支和減稅，並說我們其實無需還債，在我看來簡直是一派胡言。」

作者做一個小補充，很多年前作者意外地在電視上看到葛林斯潘在聽證會上和某個國會議員（不是希拉蕊）的對話，九十九%的時間是「葛老」在說話。作者細心傾聽了一個小時，我承認沒有聽懂，而且是完全沒有聽懂。當時作者十分納悶，以為自己英文不好。今天看到絕頂聰明、英文頂呱呱的希拉蕊說她也沒聽懂，不禁哈哈大笑。「葛老」唬人的功夫真是爐火純青，連精明如希拉蕊都被騙倒了，作者又算得了什麼？

美國的瘋狂經濟終於作法自斃

金融海嘯沖垮了美國的金融體系，再厲害的政客也無法為失敗的自由經濟和資本主義辯駁。想想看，你再伶牙俐齒能和希拉蕊比嗎？

《時代》雜誌吹噓的「三劍客」（Three Marketeers）現在看起來不就是「三個小丑」嗎？不，他們更像「三個騙子」。

經濟學是一個各說各話的軟科學，經濟學這個領域不可能有一言九鼎的泰斗。

讀者再看一眼《時代》雜誌這個封面照片和旁邊的阿諛之詞，這是典型的美式宣傳，你不覺得自己受騙了嗎？

「三個小丑」外表道貌岸然，表現出得意和一股無可置疑的權威，其實全是胡說八道。就像聖經中耶穌臨終前所說的：神哪，他們做的事他們自己不知道。

呵呵呵，《時代》雜誌吹噓的「世界經濟泰斗」，原來是個阿斗。

是的，美國的瘋狂經濟終於作法自斃。

西方自由經濟的理論和資本主義的運作方式在二〇〇八年金融海嘯的衝擊下徹底地分崩離析。

第三節　美國財政的雙赤字

美國經濟學家避談赤字問題

作者在本章第一節「美元正面臨崩潰邊緣嗎？」中一再強調：美元問題的根本是「國際貿易赤字」和「政府開銷赤字」這個雙赤字所形成的壓力。讀者不需要讀任何經濟學，基本常識和小學算術就告訴我們：除非美國的雙赤字至少有一個消失，否則美元問題不可能得到解決。

看到沒有？經濟的問題和解決的方向就是這麼簡單。但是直到金融海嘯爆發，美國的經濟學家，包括囊括八〇％諾貝爾經濟獎的美國經濟學大師們，極少有人在這方面做出論述。這是作者最看不起美國經濟學家的地方，他們避重就輕，棄實務虛。

經濟學術的研究走火入魔倒也無所謂，經濟政策犯膚淺的錯誤就不能原諒了，到了經濟問題發生後胡亂出主意，背離基本常識使經濟學變為荒謬學，這就不可思議了。

金融海嘯爆發前，美國沒有經濟學大師敢質疑美國這種借錢消費的經濟理論，因為它是政治不正確的，不可能成為主流。

美國的國家負債鐘

美國的經濟學家不重視雙赤字並不代表美國人民都是白癡，都接受經濟大師們的見解。經濟的基本面是簡單易懂的，並不需要博士學位，所以即使是普通美國人民也有強烈反對的，他們不是盲從，其中最有名的一位叫竇士德（Seymour Durst）。

竇士德是紐約曼哈頓的一個房地產開發商。作為一個商人，他顯然不認同美國經濟學家這種靠舉債過豪華生活的經濟學。一九八九年，美國政府的負債是二．七兆，竇士德終於忍受不住了，他在紐約最著名的時報廣場（Times Square）建立了一個數字電子鐘，這個鐘顯示的不是時間，而是美國政府的負債數字。竇士德的用意是用這個鐘向美國人民提出警訊，告訴美國人民政府的負債如何像雪球一般越滾越大。竇士德這個房地產開發商顯然比美國經濟泰斗葛林斯潘更懂得經濟。

竇士德在一九九五年死了，但是他的「國家負債鐘」（The National Debt Clock）仍然繼續不停地工作。二〇〇八年，「維基百科」（Wikimedia）刊登了一張照片，拍攝的時間估計是二〇〇八年的四月。那時候美國政府的負債是九兆兩千零三十七億美元，平均每個家庭承擔的債務是七萬八千零四十八美元。

美國人很快就發覺竇士德的「國家負債鐘」有嚴重的設計疏忽，因為只要再過幾個月，美國的負債就超過十兆，這個鐘的數字預留位子就不夠用了，這一點是竇士德在他有生之年從來沒有想到的。

美國政府的負債在二〇〇八年九月三十日果然突破十兆。竇士德的後人號稱要在二〇〇九年做一個新鐘，把數字從現在的十三位增加到十六位，但是直到現在還沒有完成。

二〇一〇年，「維基百科」刊登了一張「國家負債鐘」的照片，拍攝的時間是二〇一〇年二月一日，即歐巴馬總統在國會發表二〇一〇年國情咨文後的第五天。美國政府的負債超過十二兆三千一百二十五億，平均每個家庭要分擔十萬四千兩百一十一元。

由於負債數字到達十三位，我們看到代表美元的符號「$」被取消，讓位於十兆。

隱藏在負債數字後面的政治意義

美國二〇〇八年的GDP是14,4414億，負債增加4548億，是國家生產總值的三%。

美國二〇〇九年的GDP是14,2582億，負債增加1,4100億，是國家生產總值的九·九%。

二〇一〇年二月一日，歐巴馬總統向國會提出二〇一〇會計年度（二〇一〇年十月一日～二〇一一年九月三十日）的聯邦政府預算是三·八兆美元，這個預算同時預測二〇一〇年的政府赤字是一·五六兆美元，破了去年一·四一兆美元的赤字紀錄。歐巴馬總統向國會的解釋是這個預算包含了七八七〇億的刺激經濟全套計畫，總統認為這個計畫會增加就業機會，希望國會支持這個走出經濟衰退的必要措施。

看到沒有？美國政府二〇一〇年總預算是三·八兆美元，其中一·五六兆美元是借來的，也就是說，借來的錢占到總花費的四十一%。換句話說，美國每花一塊錢，有四角一分是借來的。

想想看，預算的四十一%是借來的錢，這個比例實在太高了，作者認為美國政府的財政已經失控了。

美國二〇一〇年的GDP估計是14,6239億，負債增加1,5600億，是國家生產總值的十·六%。

歐巴馬總統預測二〇一一年的預算還要增加三%，但是政府收入由於減稅政策反而減少，這使美國將連續三年赤字超過一兆美元。

美國的負債在二〇一〇年已經超過十二兆美元，要消除如此龐大的負債必須依靠長時間的規劃，所以長期預測是不可避免的。但是未來的事誰知道？所以長期預測一定包含種種假設，其實並不可靠。尤其總統幾乎肯定是提出非常樂觀的預測才能獲得人民的支持與國會通過，長期預測就更不可靠了，這是選票的民主遊戲，不可能改變的。

問題是，即使未來一切都像歐巴馬總統所預測的那麼樂觀，美國經濟真的如期走出衰退，美國的負債也會很快就變得無法持續（unsustainable）。理由很簡單，如果把社會安全、老人醫療、各種其他政府福利和美國赤字累積的負債所必須支付的利息通通加在一起，這些是固定的和必須支付的開銷，必須先把它從稅收中扣除，剩餘下來的經費才是可以動用的錢。政府的經濟學家計算，到了二〇二〇年，能夠動用的經費只有稅收的二〇％。二〇％是遠遠不夠的，這個比例連國防開支都不夠，難道政府其他部門都喝西北風？

美國負債問題的嚴重和時間的緊迫

讀者一定會問：美國赤字增加的速度到底有多快？

答案是：二〇〇七年的估計大約是每分鐘一百萬美元；二〇一〇年的估計是每分鐘兩百八十五萬美元。這就進一步警告我們，美國赤字的加速度是驚人的。

以目前赤字增加的速度，美國國債的利息支出很快就會壓垮政府。時間不會等人。

如果我們用一個人溺水來比喻，那麼目前水已經淹到了美國胸口。

如果美國現在開始大刀闊斧地行動，那麼水也許上升到脖子就會停住。

如果美國現在沒有行動，把工作留給下一任總統，那就可能遭到滅頂了。

美國政府不但需要對赤字問題馬上展開行動，而且幅度要很大。

換言之，美國人民需要在生活方式上立即做出巨大的改變，否則就來不及了。

但是直到現在，美國人的生活一切都如常，改變並沒有發生，一點點都沒有。這就像一個債台高築、面臨破產的家庭，享樂成性仍不想工作，一方面四處打電話借更多的錢，一方面爸爸媽媽帶著孩子們照樣坐頭等艙、住五星級酒店、悠閒地豪華度假。

作者個人認為，美國這種以債養債的經濟模式不可能渡過二〇二〇年。

長期放任「雙赤字」必定導致國家財政的崩潰

前面我們敘述了美國的負債問題非常嚴重，而且解決問題的時間非常急迫。

你不需要有經濟博士學位，只要有小學程度的算術也知道，沒有限度的借貸必定會到達一個地步，那就是被利息壓垮。

美國的債務就像氾濫上漲的河水已經淹到胸口，而且大雨（大量的借貸）還在加速地降下（進行），如果不立即疏導降水，一定會導致沒頂。

美國的財政要能持續經營必須立刻開源節流，絕不能遲疑。歐巴馬如果不做，下任總統才做恐怕就來不及了。

如何開源？說白了，就是加稅。美國人答應嗎？

如何節流？說白了，就是過苦日子，少享樂，多工作。美國人答應嗎？

上面兩個問題，美國人的答案一定是：不。

加稅在美國是政治自殺

想想美國的歷史，當年美國人為什麼要打獨立戰爭？

原因就是英國人抽稅太厲害，人民不答應。不願被加稅是美國人的傳統與立國精神。

再想想，老布希總統為什麼競選連任失敗？原因就是老布希在電視上公開說了絕不加稅，而且還留下了一句令人難忘的競選名言：

「讀—我—的—唇：絕—無—新—稅—！」（Read-My-Lips: No-New-Taxes-!）

但是迫於現實，老布希巧立名目偷偷加了稅，自食其言。結果人民不答應，投票請他走路。

事實上，老布希總統加稅是正確的措施，更何況老布希是二戰英雄，而且剛剛領導美國打了海灣戰爭的勝仗，他又是白人和基督徒，老布希總統的血統與愛國心都不容置疑。但這都沒有用，加稅犯了美國大忌，讓柯林頓撿了便宜。所以政客如果加稅，就要面對落選，這是政治現實。

今天即使加稅是經濟正確，但也絕不是政治正確，所以行不通。美國政客不是傻瓜。

美國人還沒有「過苦日子」的覺悟

要叫美國人過苦日子，美國人也不會答應的，至少歐巴馬這個黑總統叫不動。

甘迺迪總統可以叫美國人「不要問國家能為你做什麼，要問你能為國家做什麼」；歐巴馬總統這種話就說不出口，說出口也沒人聽，因為他是黑人，他也沒有一個哥哥在戰場上為國犧牲。

舉個最簡單的例子，歐巴馬總統認為金融界的領導人太自私了，於是紓困的時候訂下金融界人士年薪不得超過五十萬。歐巴馬的決定是正確的，也有民意基礎，大家都痛恨「肥貓」。但是金融界的頭頭們不服，「高盛」在拼命歸還政府的紓困貸款後，首席執行長立刻給自己一億美元的紅利犒賞（bonus）。你能怎樣？

歐巴馬總統不是約翰・甘迺迪，他無法鼓舞美國人民。

說實話，二〇一〇年的美國人民也沒有一九六〇年的美國人民純樸。

這就是為什麼作者二〇〇八年在〈冷眼看二〇〇八年的美國總統大選〉（2008/03/17）這篇文章裡說美國人如果聰明就選擇短痛，把票投給馬凱（John McCain）。馬凱會帶領美國人痛快在伊朗打一仗。打贏了，美國人繼續過好日子；打輸了，美國人乖乖地勒緊肚皮過踏實的日子，過幾年尋求東山再起。

美國需要一個正統安格魯薩克遜種的白人基督徒（WASP），而且要有戰功的總統做出令人感動的呼喚，美國人民受到感召願意做出犧牲，這才推得動美國社會巨大的生活改變。這是美國媒體說不出口的政治現實。

現在美國人選擇歐巴馬，那就慢慢拖下去吧，把國力一點點地耗盡，失去了賭一把的機會，也失去了徹底改變美國的機會。美國會慢慢地、穩步地隨著經濟的惡化走向衰落。

讓我們看清時勢，拋棄對美國不切實際的幻想。歐巴馬不會有什麼作為，他不可能改變美國。

從實際基本面來說，根據普通常識，現在的美國政府形同破產，因為她已經沒有償還債務的能力；從技術基本面來說，也根據普通常識，現在的美國政府不會破產，因為她的負債都是以美元計價，美國必要時可以印鈔票還債。不過這樣一來，美國就成為她自己口中常說的「流氓國家」了，有可能變成過街老鼠。

第四節　美國應對雙赤字的旁門左道

上一節中所論述的解決之道，無論開源還是節流都屬於正道。

不過開源節流的解決方法屬於東方式的，以西方人的侵略個性絕不會這麼做。

西方人侵略性的哲學思想

西方人有一個和儒家思想非常不同的哲學，那就是：

只要我能夠得手，我做的事就是對的。（As long as I can get by, I am doing the right thing.）

上面這個哲學思想在西方非常普遍，屬於主流思想。這是一種非常具有侵略性和非常霸道的思想，中國人覺得不可思議，西方人卻覺得天經地義。

中國人跟西方人打交道經常吃虧，道理就在這裡；中國的外交經常受挫，道理也在這裡。哲學思想屬於民族性，不會變的。

所以今天的美國靠借貸過豪華的日子，美國人民覺得理所當然，一點點羞愧之心都沒有。為什麼要有？美國人認為能借到錢是我的本事。

中國人省吃儉用，甚至還有一億人在貧窮線下掙扎，卻把省下來的錢借給老美揮霍。你以為美國人有心存感激嗎？沒有，美國人認為這是你傻，有錢不會花。美國人認為借貸是一種交易，任何交易都是公平的。

若是有一天美國不願意還錢，你以為美國人會認為自己理虧嗎？不會，美國人認為你的借款要不回來那是你沒本事。（讀者把西方哲學再唸一遍就豁然貫通了。）

所以不要以為美國負債已經這麼高了，她就不再向外國借錢或有所節制。美國不會的，他照樣張大口向中國借錢，因為美國人認為只要中國借錢給他，他做的事就是對的，並且還要作書立論，把自己的行為合理化。

寅吃卯糧的消費方式被美國經濟學家論述成先進的經濟模式，對中國人而言是不可思議的，這完全不合儒家文化勤儉持家的哲學思想。美國人用前提不存在的繁雜數學論述西方的經濟理論，把全球騙得一楞一楞的，連中國人都半信半疑，半疑是因為違反中國幾千年的傳統，半信是因為美國的繁榮非常真實。直到美國經濟的泡沫破滅，中國這才恢復了自信。

二〇〇八年是人類文明發展史上非常值得紀念的一年。

想想看，經濟學的基本是非常簡單的。消費大於生產、舉新債還舊債的不可持續性是那麼的明顯，學過算術的小學生都明白，哪裡需要美國麻省理工學院的博士來做我們的老師、用高深的數學來教我們西方「先進的」借錢消費的經濟理論呢？

絕大部分的經濟理論都是違背基本常識、假設並不存在的胡說八道。

厚顏無恥地推銷美國國家債券

這些年來，美國的財政部長一上任，他的首要任務就是到各國演講推銷美國的政府公債（Treasury Bill，簡稱 T-Bill）。

二〇〇九年一月，蓋斯納（Timothy Geithner）走馬上任美國財政部長。依照慣例，他到中國來推銷美國政府公債，並且在北京大學發表演說。當蓋斯納說到「購買美國公債非常安全」的時候，整個廳堂哄堂大笑。這件事在美國引起很多評論，美國政府非常不高興，認為中國人太過自大，暗示美國官員遭到如此羞辱，以後一定會給中國好看，還以顏色。

作者看到這則新聞非常高興。美國唬弄人的把戲早被中國人看穿了，而且還不是被大人看穿，是二十歲左右的小毛頭。中國的年輕學生已經不會盲目崇拜外國的名人和學者，這是自信的表現。

早些時候，克魯曼（Paul Krugman）獲得諾貝爾經濟獎後就四處安排國外的演講會吹噓他的理論，另一方面也賺取龐大的演講費。結果在北京遭受中國經濟學家嚴厲反駁。中國經濟學家不吃他那一套，這就是自信的表現。經濟是軟科學，諾貝爾經濟獎被猶太人把持，這個獎的含金量很少，根本不值錢。克魯曼要靠這頂帽子唬人已經行不通了。

克魯曼也來過台灣賺演講費。當台灣官員向他請教台灣的經濟問題時，他回答說，他沒有對台灣經濟問題做準備。

好笑吧？那你來台灣做什麼？把台灣人當凱子？我認為他就是。

作者對克魯曼的言論非常不以為然，譬如他說：「我們與中國的貿易總算變得公平與平衡：他們賣給我們有毒玩具和受汙染的海產；我們賣給他們詐欺證券。」除此之外，克魯曼贊成美國與中國展開貿易大戰。這些都是非常輕佻的評論，說話有如小兒，沒有什麼知識性，令人更加看輕諾貝爾經濟獎。

使陰招打擊歐元

歐元從醞釀時期就是美國的眼中釘，一開始發行就成為美國打擊的對象。打擊歐元其實並不難，只要把戰火引到歐洲就行了，譬如科索沃戰爭。

不過戰爭總是費錢又死人，不是上策。這次美國玩弄金融遊戲整垮希臘的經濟，用它來拖累歐元就是高招，比直接發動戰爭要高明太多了。

高盛（Goldman Sachs）是美國最大的投資銀行，它有三大特色：

一、純美國，沒有任何外國資金；

二、清一色猶太人；

三、與美國政府關係深厚，非常多的美國財政部長都是來自高盛，譬如魯賓（Robert Rubin）和鮑爾森（Henry Paulson）。

高盛在國際金融業非常活躍，而且常幹「大事」，是玩弄金融遊戲的高手。

前不久的杜拜金融危機就是高盛集團製造的，目的就是瓦解中東的利益集團，因為這些利益集團手握石油和天然氣太有錢了，當然是下手的對象。

高盛的下一個目標就是利用希臘搖搖倒倒的金融拖累歐元和坑中國一票，因為中國太有錢了。反正那裡有金融弱點，高盛就在那裡下手，利用它到有錢的國家圈錢。

高盛使用的手法大致是這樣的：

希臘的財政狀況很差，距離進入歐盟的標準很遠。於是高盛就幫希臘政府做假帳，用貨幣互換的方式隱藏了希臘政府大量的赤字。如此瞞天過海，希臘終於成功加入歐盟，當然高盛也從希臘拿到高額的佣金。

但是高盛不是傻瓜，明知希臘有鉅額赤字，當然不可能吃下貨幣互換導致的虧損。於是高盛就把貨幣互換的證券用「信用違約互換」（Credit Default Swap，簡稱 CDS）的包裝方式賣給其他國家，逃脫了本身的責任。

同時，高盛的總裁兼首席營運長（President and Chief Operation Officer）柯恩（Gary D. Cohn）親自向中國推銷由他國銀行提供擔保的希臘政府債券，這樣就可以把禍水引向中國，希望中國吃下二百五十億歐元的有毒債券。但是中國正在歡慶春節，根本沒心情買，因此沒有上當。

高盛非常清楚希臘政府債券到期的日子，也知道希臘政府沒有償還的能力，於是時候一到就由美國控制的「標準普爾」（Standard & Poor' s，簡稱 S&P，一個評論股票與債券的美國公司）把希臘的信用降級。

希臘政府急得團團轉，被拖累的國家也哀哀叫，於是高盛為這些國家取了一個非常惡毒的綽號叫「豬群」（PIIGS，是葡萄牙、愛爾蘭、義大利、希臘和西班牙開頭字母組成的縮寫），並且降低這些國家的信用評級，使他們借錢更加困難。這一下對歐盟的聲譽，尤其是歐元的信用，做出了沉重的打擊。

於是歐元疲軟，美元自然就堅挺了。

看到沒有？美國不必開源，也不必節流，只要使手段做空幾個歐盟國家，美元就堅挺了，因為除了美元，沒有其他可信賴的國際貨幣。這就是面對雙赤字，美國旁門左道的應對之策。

唉，作者為美國嘆一口氣。高盛的運作雖然有效，但是手法實在太骯髒了！

由於高盛和美國財政部關係如此之深，作者相信這種運作是美國官方支持甚至授意的。想想看，堂堂一個超級大國，號稱自己是世界金融體系的楷模，自稱領導世界的金融秩序和經濟發展，但是做出來的事情竟是下三濫的勾當。

這是什麼價值觀？

這是什麼負責任的大國？

這是什麼樣的全球領導者？

這些美國投資銀行的齷齪小人如何代表「美國價值」？

當美國到處在全世界埋設金融陷阱來行騙，每天高呼人權的美國有沒有想到這些受害國人民的人權？

美國經濟脫困的終極選擇

前面我們論述美國不肯開源節流用正道解決它的經濟問題，而是選擇透過與政府關係密切的高盛等投資公司攪亂國際金融、打擊歐元，以此來鞏固美元，使美國能夠繼續借錢來維持自身超額消費經濟模式的運轉。

我們不禁要問：美國這種經濟運作方式能夠永續經營嗎？

答案是：不可能，美國自己也知道不可能，這些手法都是過渡的。

那麼我們不禁要再問：美國經濟脫困的終極選擇是什麼呢？

答案是：戰爭。歷史上，重大的經濟問題最後都是用戰爭解決。

二〇〇九年十月二十八日，美國總統歐巴馬首度在華盛頓的白宮簽署二〇〇九年十月一日至二〇一〇年九月三十日的二〇一〇年度國防預算，總金額為六千八百億美元。

讀者不要天真，輕易就信了六千八百億美元這個數字，美國實際的國防開銷遠比這個大。六千八百億美元是平時的國防預算，並不包括戰爭經費。而美國現在處於戰時，正同時進行兩個中等烈度的戰爭，它們的開銷是另外算的。

伊拉克戰爭美國有十四萬軍隊在作戰，花費是每個月一百億美元。

阿富汗戰爭美國已經打了九年，歐巴馬總統二〇〇九年十二月一日宣布要從伊拉克撤出三萬軍隊開到阿富汗作戰。增兵後，阿富汗的戰爭花費估計是每年七百五十億美元。

作者依照比例把撤兵三萬後的伊拉克戰場花費減為每年九四三億美元。兩個戰場加起來的總花費是每年一六九三億美元，這個戰爭經費是必須支出的。

前面說過，二〇一〇年美國政府的總預算是三兆八千億美元。

所以如果我們把戰爭經費算進去，美國二〇一〇年真正的國防開銷是八四九三億美元，占美國政府總預算的二十二%。

想想看，在經濟不景氣和失業率高漲的時候，美國即使借貸一兆五千六百億美元也要維持八四九三億美元的國防預算，比去年的國防預算增加了十一%。美國走向戰爭的決心是堅定的，即使是拿了諾貝爾和平獎的歐巴馬總統也不可能改變。

伊拉克和阿富汗的戰爭不過是個引子，主要打擊還沒有開始。美國的設計，戰火最終必定會引導到中國，打亂中國的經濟。

有一點讀者不用懷疑：美國只要打了勝仗就不用還錢了。這是最基本的「叢林原則」。

第五節　美國的財政懸崖

歐巴馬政府在財政規劃上並沒有積極的作為，而美國的財政並未像歐巴馬總統在二〇一〇年預測的那麼樂觀，該來的終於來了，美國政府的負債在二〇一三年九月三十日達到法定舉債上限，於是，部分政府機構被迫關門，八十萬相關的政府員工被迫回家放無薪假。

美國國會在二〇一三年十月十六日終於達成協定放寬政府舉債上限，結束了為期十六天的政府關門，但是問題遠沒有得到解決。我們來為美國政府做一個簡單的算術，讀者就能對美國財政問題的嚴重性一目瞭然了。

二〇一三年六月三十日，二〇一三年會計年度結束時，美國的國債達到16.7T（T＝trillion，萬億），這是美國國會設下的舉債上限。

二〇一四年二月二十八日，美國的國債＝17.384T，美國聯邦政府的稅收收入＝2.863T。

上面這兩個數字是從「美國國家負債鐘」實時抄錄下來的，應該準確可靠。所以，美國在二〇一三年十月一日到二〇一四年二月二十八日這一段時間（五個月，一百五十一天）國家負債增加了0.684T，也就是說，美國負債的增加率是每年1.653萬億。

財經專家的公認標準是：

如果政府必須支付的利息達到總收入的四分之一，這個財政將難以為繼；

如果政府必須支付的利息達到總收入的三分之一，這個財政將會崩潰。

我們就用這個標準檢驗美國的財政。

下面是我們計算的假設：

一、美國的國家負債是以每年三%的成長率做線性增長（linear growth）；

二、美國聯邦政府的稅收是以每年三%的成長率做線性增長；

三、美國用年利率三%支付國債利息。

我們所做的假設是非常樂觀的，因為美國國家債務的增長並不是線性，而是成加速狀態，我們為了方便，這個加速度忽略不計。

那麼，簡單的計算告訴我們：

二〇一六年十二月三十一日，也就是歐巴馬總統卸任的時候：

美國國債＝22.623T，美國聯邦收入＝3.113T，美國聯邦支付的利息＝0.6787T。

二〇一七年，任何上任的新總統（第四十六任總統），他面對的財政問題是：

利息支出／財政收入＝0.6787T/ 3.113T＝21.8%

第四十六任總統也許可以混過這屆任期，但是非常危險，他可能無法連任。

二〇二〇年十二月三十一日，也就是第四十六任總統卸任的時候：

美國國債＝30.371T，美國聯邦收入＝3.504T，美國聯邦支付的利息＝0.9111T。

二〇二一年，任何上任的總統（第四十七任總統），他面對的財政問題是：

利息支出／財政收入＝0.9111T/ 3.504T＝26.0%

第四十七任總統當然可以做完他的任期，但是他的日子很不好過，國會的預算委員會將吵成一團，神仙也擺不平各方搶錢。下一任的總統多半是另外一個黨來做。

作者沒有興趣計算到二〇三〇年，如果一切照舊的話，美國政府在二〇三〇年所需要支付的利息肯定超過總收入的三分之一。

美國的國債中三十四．二％是外國擁有，只占大約三分之一。美國的國債叫Treasury Bill（簡稱T-Bill），是在國際市場自由販賣的。所以，美國是很難賴賬的，因為國債三分之二的購買者是國內，要區別對待也不容易。更重要的是，如果美國賴帳，一大堆基金，特別是各種退休和保險基金，會立刻完蛋，引起的風暴不是任何總統可以承受的。

但是美國也無法改變它花錢的習慣，國債一定會像雪球一樣越滾越大。由於美元是世界貨幣，最容易拖下去的方法就是大量印鈔票把利息壓下去，後果由全世界來分擔。這件事，利率是最重要的關鍵，跟日本的情形一樣。目前美國國債的利率很低，只有長期（譬如三十年）的利息才超過三％，短期的都非常低，這是美國今天還能混得過的原因。

美國擺明了是以債養債，美國這樣做能拖多久呢？會引發什麼樣的問題呢？如果引發戰爭又會有什麼變化呢？沒有人知道。

我們唯一確定的是，美國的財政問題會給全世界帶來不確定感和不安定感，國際經濟的激烈爭執和全球高度的緊張關係會發生在二〇二〇年左右（除非全世界對美國濫印鈔票麻木不仁），二〇三〇年以前肯定會演變成全面攤牌。

第六節　中國解決美元霸權的方法

歐元、日圓與英鎊的地位

除了美元以外，國際間流通的主要貨幣還有歐元、日圓與英鎊。

英鎊在第二次世界大戰以前是最重要、占主宰地位的世界貨幣。二戰後，隨著殖民地一個個地獨立，英鎊也跟著英國一步步地沒落，英鎊的地位逐漸被美元取代。

一九五六年第二次中東戰爭後，英國正式淪為二流國家，奉美國為大哥。以英國現在的資源與生產力，英鎊不可能成為主要世界貨幣。

二戰後，日本在國際上沒有獨立的政治和外交地位，基本上是美國附庸，日圓也不可能成為主要的世界貨幣。

歐元成立時，全世界曾經寄予厚望，現在證明歐元是經不起考驗的，因為歐盟二十多個國家基本上除了德、法，其他都是烏合之眾。這個現象在前面第四節我們敘述得很多了，讀者不要忘了，「高盛」創造的「豬群」（PIIGS），最後一個字母「S」代表的國家是西班牙，是歐盟最重要的成員之一。歐盟可以不要希臘，但是歐盟不能沒有西班牙。

呵呵，你說美元你不放心？美國叫你沒有其他的選擇，美國可以把其他貨幣搞得令你更不放心。繞了一個大圈，你還是得回到美元。

人民幣成為世界貨幣

前面第四節我們說過，在最壞的情形下，美國可以印鈔票還債，這是有可能發生的，美國也因此有恃無恐。美國甚至可以印「限美國境外使用」的美元票子還債來避免引發本國的通貨膨脹。只要美國的軍事力量強大，變個花樣賴帳的方法多的是，人是活的，債卷是死的。

中國是最大的美元資產債權國，美元貶值對中國的衝擊太大了。解決美元貶值最根本的方法就是減少使用美元，中國人民銀行行長周小川已經對此發表了多篇文章，提出「超主權的國際儲備貨幣」。周小川建議對國際貨幣基金組織（IMF）創設的「特別提款權」（SDR）進行改進和擴大，秉承「大處著眼，小處著手，循序漸進，尋求共贏」的基本精神進行改革，逐步創建「具有穩定的定值基準並為各國所接受的新儲備貨幣」。

周小川的建議引發全世界的關注和討論，當然也引起美國的激烈反對，因為這是在要美國的命根子。「超主權的國際儲備貨幣」太過理想化，細節的爭議性必定很高。作者個人認為只要有美國在過程中攪局，任何「超主權的國際儲備貨幣」是辦不成的，至少在可預見的未來不可能。

目前美元唯一的潛在威脅是人民幣。

你一定會問：為什麼？

道理很簡單，中國政治的獨立、軍力的強大、經濟總量的巨大為人民幣提供穩定的基礎。

首先，中國的經濟量夠大，在二〇一〇年第四季度的GDP已經超過日本，成為世界第二經濟體。

其次，中國的經濟主要是實體經濟，二〇〇八年服務業只占總經濟的三成。中國的實體經濟已經非常接近美國。到了二〇一二年，中國的實體經濟就大幅超過美國成為世界第一。

第三，中國在國際上有真正獨立的政治與外交。事實上，能夠做到這一點的國家目前只有中、美、俄三國，而俄國的經濟規模分量不夠。

上面第三點其實才是最重要的，沒有遼闊幅員與強大武力支撐的經濟是不穩定的，不可能成為世界貨幣。

但是人民幣目前只是深具潛力的貨幣，人民幣成為世界貨幣的時機尚未成熟。

中國加入並擴大貿易組織

中國大陸的策略是逐步加入並擴大貿易組織。二〇一〇年元旦生效的「東協加一」不過是第一步，類似的組織很快會擴張到其他地區，譬如與南美洲某些國家建立自由貿易區。這種逐步擴大的自由貿易組織是非常重要的商業策略，影響極為深遠。

中國在每一個自由貿易協定區內可以施行貨幣互換或是用人民幣計價，以此避開美元。這對解除美元霸權是一個非常緩慢但是非常確定（slowly but surely）的途徑。中國不必心急，兩、三年是看不出成效的，但是二、三十年以後一定看得見豐碩成果。

中國人是非常有耐心的民族。等到二、三十年後，人民幣在每個貿易區建立了良好的信譽，那時候人民幣成為世界貨幣自然就水到渠成了。

結論

二〇〇八年美國發生的金融海嘯，埋葬了西方的自由經濟和資本主義，就好像一九八九年柏林圍牆的崩潰，埋葬了共產主義。

在全球一片蕭條中，中國的經濟是唯一的亮點，全世界對中國又羨、又妒、又恨、又想分一杯羹。

二〇一〇年二月，連索羅斯這個資本主義下最典型的猶太國際金融炒作者，也公開表示北京近幾年來在實施經濟政策方面一直比美國做的成功。索羅斯說，美國和中國大陸需要密切合作，管理全球經濟，兩國近日呈現緊張的關係令人擔憂。

算了吧，不勞你猶太人擔憂。自私自利、一肚子壞水的猶太人根本不值得信任，由此而引發的「G2論」基本上不懷好意，已經被中國拒絕。

讀者閉上眼睛，想想下面這幅場景：

中國手中有全世界最多的現款；美國手中有全世界最先進的武器。

美國一面眼睛盯著中國手上的現款，一面展露手臂上強壯的肌肉。

中國能跟美國玩「G2」的遊戲嗎？神經病！

經濟上，中國和美國手牽手是全世界最可笑的荒唐配（mismatch）。

「中美密切合作、管理全球經濟」是國際上最大的笑話。

說這種鬼話，猶太人以為中國人是傻瓜。

別忘了，中國手中的現款是中國人民每年斷掉五萬根手指賺來的血汗錢；美國的債台高築是因為美國人民不知量入為出、過奢華的生活。

中國是為生存而掙扎；美國是為霸權尋找馬仔。

這兩種人民能攜手合作嗎？

幸虧胡錦濤和溫家寶有自知之明，沒有自我膨脹、糊塗到配合美國扮演「Ｇ２」中的凱子和馬仔，否則必會成為中國歷史的罪人。

中國經濟發展的模式其中包含了中國的傳統與民族性，西方人既不瞭解也無法模仿。

中國經濟的崛起引發美國的恐慌，中國拒絕Ｇ２稱號的自信更引發歐洲國家的嫉妒、挫折和憤怒。但是恐慌、嫉妒、挫折和憤怒所造成的傷害，都遠不及自由經濟和資本主義的倒塌給所有西方國家帶來的徬徨和無依，因為西方國家連重新站起來和中國競爭的基礎都沒有了。

西方國家是不可能改變的，也不願改變，這是民族性。

西方國家如果放下屠刀、放棄掠奪、腳踏實地的幹活、規規矩矩的拼經濟，那麼他們不是中國的對手，因為中華民族聰明又勤勞，這也是民族性。

現在看得很清楚，中國已經站穩中端和低端產品的世界市場，並且向高端市場邁進，譬如航空。這場經濟大戰，西方國家是贏不了的。

歷史上，重大的經濟問題都是戰爭解決。美國的赤字問題是一個定時炸彈，大約只剩下十年的時間。

美國需要打一場二十一世紀的鴉片戰爭。

美國發動戰爭要趁早，十年後恐怕就太晚了。

—第三章—

中美博弈

導言

在論述經濟問題之後，我們進入本書最重要的話題，那就是「中美博弈」。

經濟問題是核心，也是一切問題的誘因，中美博弈則是所有誘發問題中最重要也最現實的政治表象。

如果你還不能體會到「中美博弈」的重要性的話，那麼我們就把話說得白一點：

「中美博弈」將導致世界政治從單極進入多極。

所謂「多極」絕不是指只有中美二極，而是中、美、歐、俄、巴西、印度等的多極世界。

如果你仍然不能感覺到本主題的重要性、認為與自己無關的話，那我們就說得更白一點：

「中美博弈」必定會導致這個世界財富的重新分配。

這並不奇怪，「中美博弈」的起因是經濟，最後導致的結果當然也是經濟，中間的過程不過是手段而已。

「中美博弈」將改變未來政治的遊戲規則和經濟的結構秩序，它的範圍是全球性的，它的影響將觸及這個世界的每一個人。

台灣吵翻天的ＥＣＦＡ與統獨問題，不過是「中美博弈」驚濤駭浪中的一個小漣漪，屬於典型的「茶壺裡的風暴」。

胡溫政府沒有意識到國際政治的劇變和中國掩藏不住的突出角色，把中國繼續陷在韜光養晦的夢幻裡而無所作為（其實內政做得也很糟），導致中國的國際環境急速惡化。

中美博弈是一場驚心動魄的馬拉松比賽。海外華人看得最清楚了，如果不是賓拉登大叔驚天動地的一撞，轉移了美國的焦點和行動，中國能不能全身混到今天很有問題。即使如此，胡溫政府交棒的時候，是新中國開國以來最危險的時候，因為精氣神沒有了。胡溫政府如果再做十年，中國將不堪設想。

第一節　美國的盛極而衰

美國一超獨霸的基礎

美國是目前世上唯一全方位、真正意義上的超級大國，她的政治、經濟與文化的力量無遠弗屆，即使沒有控制到也滲透和輻射到全球每一個地方。就影響力而論，在人類的歷史上，美國的霸權是空前的，超過羅馬帝國，也超過漢唐時期的中華帝國，更超過嗜殺的、沒有文化的蒙古帝國。

我們不禁要問：美國獨霸全球的力量基礎是什麼？

答案是：作為唯一世界貨幣的美元。

有一位署名Newyorker的網友對美元有非常精緻的論述，他指出美元是建立在四個支柱上：軍事力量、科學技術、核心價值，與民主制度。

作者認為後兩項是軟實力，軟實力的效果並不具有很大的說服力，更重要的是，軟實力都是依附在硬實力上的，並不真正構成美元的基礎。譬如美國一旦戰敗，它的核心價值就會受到質疑；譬如美國經濟在全球競爭中一旦落後，它的民主制度立刻就站不住腳。後者正是現在正在發生的事情，也是西方國家最大的憂慮。美式的民主制度效率低下，龐大的律師團阻撓科技的進步，龐大的遊說團阻撓社會福利的公平分配。美式民主的效率性、公平性與合理性已經受到深深的質疑。

所以嚴格說來，真正構成美元基礎的是軍事力量與科學技術，這兩樣都是硬實力。我們也可以把大美國帝國看成是建立在美元、軍事力量與科學技術這三個柱子上。其中美元是最粗的一根，軍事力量與科學技術其實是靠雄厚的美元財力發展出來的。

要知道美國的GDP占世界二十二%，而且其中只有二成是實體經濟，這個經濟規模不可能建設出獨霸全球的軍事力量與科學技術。半個世紀以來，美國能夠達到一超獨霸的境地全靠美元是唯一主宰性的（dominant）世界貨幣。想想看，唯一的世界貨幣使美元幾乎可以無限量地發行而由全球來承擔，這是何等力量！

美國一超獨霸的基礎毫無疑問是建立在美元這個世界貨幣上。

美元世界貨幣基礎的動搖與改變

唯一的世界貨幣固然是美元的優點，但同時也是美元的軟肋，因為這不是美元應得的地位，不但老牌的強國（譬如法德俄）不服，就連新興的強國（譬如中國與印度）也不服。這些年來，美國在處理國際事件時太過自私自利，使得各強國更加質疑美國的霸權和美元的地位。

想想看，美元的地位是建立在一九四四年七月的布雷頓森林協定（Bretton Woods Agreements）上，當時美國經濟在世界經濟的比重遠比現在高，所以各國才同意授權美元為唯一的世界貨幣，況且美國還用黃金作為美元價值的保證（三十五美元兌換一盎司黃金）。

尼克森總統在一九七一年把美元和黃金脫鉤，美元作為世界貨幣的基礎就已經動搖了。然後美國憑藉強大的軍事力量說服中東國家用美元作為石油交易的計價貨幣，於是美元作為世界貨幣基礎就從黃金變為石油。但是中東的石油並不是美國擁有的，之所以同意用美元計價只不過是因為這些石油生產國畏懼美國的軍事力量。

換言之，七〇年代以後，美元作為唯一世界貨幣的基礎是美國的軍事力量。

美國開始衰落

今天的美國已經拿不出足夠的貨物來兌換流通的美元，而是用槍桿子逼迫其他國家用它們的貨物來流通美元。美元與美國軍事力量成為一體的兩面，可以畫上等號。

貨幣的價值原本是以發行國的物產為基礎，這是正常狀態。當美元的價值必須依靠美國的軍事力量支撐時，美元的地位就太不正常了，這是美國開始衰落的強烈徵兆。

相信讀者看到這裡就能徹底明白為什麼美國的軍費開支占全世界總軍費的一半、占美國國內生產總值的四％，遠超過其他國家，譬如中國的一．六％，因為美國必須擁有最強大的軍力來保衛美元。中東任何產油國如果想用美元以外的貨幣從事石油交易就會引來殺身之禍，譬如伊拉克的薩達姆．海珊。

美元是美國的命根子。如果美元在世界貨幣的霸權一倒，那麼美國什麼霸權基礎都倒了，美國就必須退回到與它的實際生產力相配的地位，那就是一個地區性的強國。

美國的霸權是強撐住的。事實上，美國今天的一超獨霸是站在借來的時間。

二〇〇八年的政治分水嶺

二〇〇九年三月，作者寫了三個系列文章，其中一個系列談「美消中長」的世界新局勢是最重要的。作者認為西方價值體系的崩潰影響最為深遠，它不但清楚地發出美消中長的訊號，而且必將導致東方壓倒西方的世界政治新格局。未來的世界，政治中心將從華盛頓轉移到北京。

這個系列，也就是本書的第一章，是作者所知道所有媒體中最早論述「美消中長」的政治評論，幾個月後才出現大批此類論述，到了二〇一〇年「美消中長」已成共識。所以二〇〇八年的金融風暴就是「美消中長」的分水嶺，這個走勢太明顯了。

「美消中長」這個非常關鍵的政治走勢很清楚地被傳播出去，而且被廣泛接受，多極世界即將到來。二〇〇九年的政治發展正如我們所預料，「美消中長」的政治現象進一步被證實，政治中心逐漸向亞洲大陸轉移，美國已經進入desperate的階段。作者估計美國的霸權無法維持到二〇二〇年。美國必須有所行動，根據美國的傳統與現況，美國採取的將是軍事行動。

一個有中國特色的經濟體

二〇〇八年爆發的金融海嘯埋葬了西方的自由經濟和資本主義，就好像一九八九年柏林圍牆的倒塌埋葬了共產主義。

最令西方國家難堪的是，一個前所未見的中國經濟體在金融海嘯的衝擊下屹立不搖，只不過受到短暫的挫折，但仍然繼續維持正成長，而且調整一年後，中國在全球經濟一片蕭條中率先恢復正常的經濟運作。西方國家自封的經濟導師面子掛不住了，這才是西方國家遭受的最大的打擊。

即使西方匆匆頒發了諾貝爾經濟獎給美國猶太人克魯曼，也無法解釋西方自由經濟理論的脆弱與荒謬，它同樣也無法挽回西方資本主義在全球競爭中的失敗。諾貝爾經濟獎的含金量很小，它就跟諾貝爾和平獎一樣，是西方人搶奪話語權的工具而已，基本上一文不值。事實上，克魯曼說話的水平和達賴喇嘛差不多，他們都是諾貝爾獎的獲得者。

即使美國國會通過法案把中國列為「匯率操縱國」並施壓人民幣升值，也無法挽回美國經濟的下滑，因為問題的本身出在美國的不知儲蓄與過度消費，根本與人民幣的匯率無關。

想想看，經濟本來就是一個軟科學，誰都可以朝自己有利的方向胡亂說。不知檢討自己和一味指責別人是美國國會的老把戲，其實美國自己濫印美元並且配合對歐亞國家進行各種金融狙擊才是最大的「匯率操縱國」。美國有什麼資格扮演世界裁判？

事實上，美國可以壓迫日圓升值，因為日本是美國附庸；中國人愛面子又有實力較勁，美國壓迫人民幣升值肯定會踢到鐵板，壓力越高越不可能成功。

讀者必須明瞭，每次美國財政部（Treasury Department）拍賣不出去的政府公債就由美聯儲來購買，其實就是由美聯儲印鈔票補上。也就是說，美國政府花錢能借就借，借不到就自己印。呵呵呵，天下的好事都被美國占盡了！

美國經濟已經進入靠借貸和印刷鈔票來維持，這是不可能持久的，美國衰落的徵兆非常明顯。

經濟崛起必然帶動中國的科技與軍事發展

經濟是人類一切文明的基礎。想想看，只要有了穩定的經濟基礎，憑著中華民族的聰明與勤勞，什麼科學技術發展不出來？什麼先進武器研發不出來？

我們要明白，直到明朝，中國的科學技術是長時期領先世界的。今天中國的崛起只不過回到幾千年來中國在世界上應有的位置而已。

中國的發展是全方位的，美國贏不了這場經濟戰。

從經濟的觀點出發，「美消中長」已成定局，唯一可能的變數是戰爭。

是的，一個更健康的多極世界即將到來，全球財富將會得到更合理的分配。

第二節　美國政治操作的精髓

美國的政治操作是承襲英國的帝國主義，但是手法更加精緻與細膩。

讓我們回想一下，英國是個領土只有二十四萬平方公里的島國（大約是廣東省加海南島的面積），人口不過六千一百萬（二〇〇九年的統計），但是英國曾經擁有全世界最大的殖民地，面積和人口都超過本身領土和人口的數十倍，而且遍布全球，是真真實實的「日不落國」。英國能夠做到這一點單憑武力是不夠的，必須有策略。

我們不禁要問：英國在全世界殖民的策略是什麼呢？

回答是：盡量在全世界製造糾紛和衝突，使自己有插手干預和出面調停的機會。

英國這個擴張和控制殖民地的策略是非常聰明的，靠著分化與挑撥就可以控制遠比自己遼闊的土地和遠比自己眾多的人口，靠著調停就可以獲取龐大的利益。

檢驗英國的外交國策

讓我們用歷史檢驗英國的作為：

一、一八九三年阿富汗與巴基斯坦劃分國界的時候，英國人使壞，故意把一部分普什圖族（Pashtun，阿富汗的主要民族）居住的地方劃歸巴基斯坦，這就是有名的「杜蘭線」（Durand Line）。「杜蘭線」造成巴基斯坦西北省嚴重的分裂傾向和巴阿兩國的心結。

二、一九一四年英國外交部長麥克馬宏（Henry McMahon）不顧中國的反對，強行與西藏地方政府簽約，把大片藏人居住之地劃歸印度，這就是惡名昭彰的「麥克馬宏線」（McMahon Line）。「麥克馬宏線」直接造成一九六二年的中印戰爭和中印之間六萬平方公里的長期邊界糾紛。

三、一九四七年，英國最後一任印度總督蒙巴頓（L. Louis Mountbatten）正式公布了印巴分治方案，也就是後來人們所說的「蒙巴頓方案」。「蒙巴頓方案」的核心是按宗教，而不是按語言、文化和民族的區別來劃分自治領域。這個方案立刻造成無窮的後患，尤其是使查莫和喀什米爾的歸屬成為懸案，造成印度與巴基斯坦在獨立後立刻圍繞喀什米爾的問題兵戎相見。

四、英國統治馬來西亞期間讓華人經商、讓馬來人當兵，馬來西亞獨立時英國沒有給予充分的調整時間，造成華人有錢、馬來人有槍的局面。傻瓜也知道會發生什麼。

五、英國眼看中國收回香港之勢已成定局，立刻在香港進行「民主運動」（政治地雷）和超大規模的工程建設（金錢掠奪），刻意放寬銀行貸款，使香港已經價格過高的房地產攀升到了瘋狂的天價，表面上製造英國人統治香港的繁榮，暗地裡為回歸後的香港埋下經濟泡沫的地雷，真可謂一舉兩得。還記得西方媒體在回歸前集體唱衰香港、預測香港末日的交響樂大合唱嗎？

左宗棠怒斥英國使者

作者再說一個可能很多中國人都不知道、發生在清朝末年的歷史故事。

一八七〇年，中亞浩罕王國的軍事強人阿古柏已經侵占新疆的大部分土地，並自立為王，俄國侵占新疆省的伊犁地區，日本派兵窺視台灣，西北的邊防和東南沿海的海防同時告急，清廷內部引發了「海防」與「塞防」之爭。李鴻章認為二者不能兼顧，主張放棄塞防，把省下來的錢來加強海防。左宗棠堅決反對，認為西北領土在國防上非常重要，如果「自撤藩籬，則我退寸而寇進尺」，將更加招致英、俄的滲透。

一八七五年（光緒元年），清廷任命左宗棠為欽差大臣，督辦新疆軍務。左宗棠深刻地瞭解補給問題對戰爭的重要性，尤其新疆的補給線特別長，於是提出了「緩進速戰」的作戰方針。在準備工作尚未完成時，不宜速進；在做好一切準備後，就要速戰速決。

一八七六年，在完成後勤保障的工作後，左宗棠出兵伐寇，大軍進駐肅州（今甘肅酒泉）。新疆地形北廣南狹，因此「北可制南，南不可制北」，左宗棠根據這個特點定下了「先北後南」的作戰方針。左宗棠的大軍先進軍北疆，攻克烏魯木齊之後，再分兵兩路南下，越天山，收復吐魯番，打開了通往南疆的門戶。阿古柏逃到庫爾勒，服毒自殺。

英國看到中國軍隊即將收復南疆，於是出面「調停」，要求清廷允許阿古柏的殘部在喀什建立獨立王國。左宗棠駁斥道：英人要為他們立國，可以割英國的土地給他們，憑什麼拿我們的沃土做人情！

左宗棠大將軍說得好，中國打了勝仗反而要割讓土地給敗軍立國，天下有這種「調停」嗎？

想想看，浩罕王國的殘兵在喀什繁衍，新疆此後還能有安寧嗎？

英國人居心的陰毒在這種外交「調停」中再明顯也不過了。

英國在國外到處種下動亂的種子，這是英國外交的基本國策。

讀者一定會問：英國為什麼要這麼做？

呵呵呵，道理就在有了動亂，英國才有機會出面「調停」。

美國接手英國的帝國主義

美國是英國帝國主義的繼承者，不但深得英國真傳，更把手法發揚光大。當然，無論財力或軍力，美國的本錢都比英國大得多，因此美國能用的手段自然多得多，但是基本策略和操作精神是一樣的。

美國的高明處是她的格局比英國大得多。我們舉兩個第二次世界大戰的例子來說明。

第一個例子是亞洲戰場。

中國對日抗戰從一九三一年的「九一八事變」就開始了，但是美國加入對日戰爭是一九四一年。如果沒有「珍珠港事件」，美國是不會參加對日戰爭的。不但不會參加，美國在一九三一～一九四一這十年中還販賣戰略物資給日本，其中最重要的就是鐵和石油。美國不但發戰爭財，而且在等待時機。

你一定會問：美國在等什麼？

答案是：美國在等中國的戰敗和投降，然後她可以出面調停。美國絕不會主動出兵幫助中國，但是也絕不會讓日本獨吞中國，後者對美國是非常不利的。美國只要等到中國投降或完全失去抵抗力，她就可以出面調停，不費一兵一卒地分到一杯羹。美國分這一杯羹是十拿十穩的。想想看，以美國的實力要分一杯羹，日本不敢不給，而中國已經亡了，根本沒有說話的力量，只能聽天由命。

美國等待出面調停是一個穩賺不賠的無本生意，這就是國際政治的現實。這個現實之所以沒有兌現，是因為中國拼死抵抗，奇蹟式地居然沒有倒下。這才打破了日本的野心和美國的精明盤算。

第二個例子是歐洲戰場。

二戰後期當聯軍準備反攻時，羅斯福考慮從諾曼地登陸，史達林也贊成從諾曼地登陸，但是邱吉爾建議從巴爾幹半島登陸。羅邱史三個人都是了不起的戰略家，他們非常清楚登陸點不同的選擇所導致的後果。如果登陸點是巴爾幹半島，那麼二戰後東歐就納入聯軍的勢力範圍；如果登陸點是諾曼地，那麼二戰後東歐就落入蘇聯的勢力範圍。

英國在二戰時差一點亡國，靠著強大的海軍才避免步上法國的後塵，所以說話的力量不足。外交是憑實力說話的，最後的決定當然是諾曼地。

史達林的選擇容易又自然，因為他是直接獲利者。

那麼，羅斯福為什麼要選擇諾曼地，把東歐送給史達林呢？

答案是：只有把東歐劃入蘇聯的勢力範圍，西歐才離不開美國的保護。

羅斯福是一個真正高瞻遠矚的戰略家。他非常清楚因為意識形態的不同，戰後的歐洲一定會形成東西兩個陣營。如果單憑蘇聯的實力是敵不過整個歐洲的，那時候美國就變得多餘了，沒有可能主導歐洲的事務。如果蘇聯擁有東歐，那麼西歐單獨對抗蘇聯領導的東歐集團是不可能的，必須仰賴遠隔重洋的美國。

看到沒有？

隱藏在羅斯福戰略中的核心思想就是製造全球的動盪、不安與恐懼，如此這般，美國才能成為世界的平衡者和領導者。

美國這個戰略的基本精神其實和英國是完全一樣的，只不過格局要大很多。

第三節　島國悲哀與和諧世界

傳統意義上的島國

作者記得大約二〇〇七年呂秀蓮大談台灣的海洋文化，不斷地誇耀台灣的地理環境和海洋立國的優越性。

呂秀蓮是一個沒有見識的人，喜歡逞口舌之快，自以為有國際觀和外交上的天才，其實她連最基本的地緣政治都不懂。

在二十一世紀的今天，任何島國是完全沒有前途的，這是島國的悲哀。

未來主宰世界的，不論是全球強權或是區域強權，一定都是擁有漫長海岸線的大陸國家，譬如中國和印度。

你一定會問：為什麼？

這個答案實在太簡單了。任何島國，不論是英國還是日本，大陸國只要派出一個艦隊就困死它。島國是不經打的，島國的海軍一旦被殲滅，全國人民無處可逃。

你一定會再問：島國也可以建立強大的艦隊呀！

答案是：島國的資源都很差，要比建設海軍是比不過對岸的大國的。戰爭一久就進入消耗戰（war of attrition），島國必敗無疑。

地球最大的陸地板塊就是歐亞大陸，不但面積大，而且人口眾多，後者尤其重要。與歐亞大陸這個巨無霸的塊頭相比，其他像北美洲這樣的陸地都是「島」，一個非傳統意義上的島。因此我們可以把美國看成一個很大的島國，一個非傳統意義上的島國。

人類有史以來的文化中心都在歐亞大陸，因為地廣人多。美國的崛起不過是最近六十年的事，而且是戰爭下的偶然，這就像香港因戰爭而偶然發跡一樣，不會長久的。世界的中心必定會從美國轉換到歐亞大陸，就好像亞洲的金融中心必定會從香港回到上海。

從全球的觀點來看，美國這片土地與歐亞大陸相比，不過是比英倫三島大很多的島國而已，這種情勢和英國與日本都非常相似。

美國的人口也不比傳統的島國日本多了多少，人口是經濟發展非常重要的因素，全球化後的經濟更是如此。

美國成為世界中心違反歷史規律

美國被兩個大洋隔開，本身是孤立的，一個三億人口的孤立小世界不足以成為世界中心。美國必須在歐亞大陸不停地製造意識形態的對立、各種戰亂、各種恐懼、各種不安、週期性的金融動盪等，然後美國派出強大的海軍艦隊、陸戰隊士兵和金融專家把這些問題擺平，這就把勢力範圍伸延到歐亞大陸了，不但獲取豐厚的利益，而且調停的身分使地處偏遠的美國成為全球中心。

在全球製造矛盾和衝突是美國霸權必須施展的生存之道。

所以我們看得很清楚，今天的美國成為世界中心是違反歷史規律的，就好像香港在冷戰期間成為亞洲金融中心違反歷史規律是同樣的道理，這些都是戰爭造成的偶發事件，是不可能持續的（unsustainable）。這種「不可持續性」正考驗著美國。美國在中東和中亞的戰爭、對亞洲和歐洲的金融襲擊、在歐亞大陸處處點火和製造對立、占全球軍費一半的國防預算、研發各種非常先進的武器、推銷各種牽強附會的人權與民主論述等，這些都是「先製造問題、再『調停』問題」所必需具有的手段與能力。

擺在眼前的是，六十年下來，美國已經力不從心了。

在前面我們說過，美國現在處於 desperate 的階段，她必須賭一把才能走出目前的困境，譬如發動伊朗戰爭。但是如果這一把賭輸了，美國就必須做出戰略收縮，譬如考慮放棄在歐亞大陸的勢力範圍。

讀者不要對美國的強大存在不切實際的幻想，以為現在的一超獨霸是天經地義。目前的政治情勢正在醞釀劇變，美國的霸權其實非常脆弱。

作者把話說白了。孤立在北美洲的美國要輻射她的全球影響力全靠海軍，中國只要建立六個航空母艦戰鬥群就可以保證把美國勢力逼退到夏威夷。什麼第一島鏈、第二島鏈，除了台灣，都是沒有後勤保障能力、非常小的孤島，有些甚至是無人居住的礁石，在中國航空母艦戰鬥群的威懾巡弋下，它們都是紙糊的籬笆。

中國擁有六個航空母艦戰鬥群不是夢想，這一天很快就會到來。為什麼？

回答是：中國的經濟發展很輕鬆地（不需要節衣縮食）就可以支持每年增長十%的軍事預算。六個航空母艦戰鬥群算什麼？

想想看，如果美國的勢力範圍收縮到夏威夷，美國就真的成了邊緣國了。美國能不著急嗎？

胡錦濤的和諧口號

好幾年前胡錦濤高調提出了「和諧」這個觀念，叫出的口號是「和諧社會」。作者對這個口號沒有異議，因為這一向是儒家的哲學思想，我們可以把它看成一個理想。

但是從實際的觀點出發，作者認為「和諧社會」的推廣與應用要非常謹慎，問題就出在「社會」這兩個字的含義有多大。「社會」是一個非常模糊的用詞，它通常指人們日常生活的天地，範圍可以小到一個城鎮，也可以大到整個世界。

作者認為我們對「和諧社會」必須根據社會的範圍做出區別待遇：

「和諧家庭」是最沒有問題的，要大力提倡；

「和諧中國」雖然有點問題，但是說得過去，因為到底是在同一個法治體系內，也應該提倡；

「和諧亞洲」就有大問題了，但從睦鄰的角度看，也勉強說得過去，可以作為頻繁交往時的「潤滑劑」，但是不可以認真，不能以犧牲國家利益為代價；

「和諧世界」則根本不可能，只能當作口號，而且是和帝國主義鬥爭的有力工具。

所以「和諧社會」是一句很容易誤導人心的口號，尤其在國際間用「和諧社會」來合理化本身的「好人政治」是非常糟糕的，誤國又誤民，弄得外國人都騎在中國人的頭上胡作非為。胡溫政府就有這種強烈傾向，在國際上犧牲自己做爛好人，非常不可取。

「和諧世界」的宣傳必須帶有攻擊性

歷史上，西方國家的民族行為具有強烈的掠奪性，他們倡導的資本主義其基本定義就是利益的極大化，這就很自然地使他們走向壟斷的途徑，而壟斷最直接和最快的手法就是戰爭，於是戰爭成為國家政策，這就是帝國主義了。所以西方帝國主義的形成不是偶然而是必然。就像日本，一旦脫亞入歐仿效西方的資本主義，也必定走上帝國主義的路。這種極度自私又極具侵略性的國家政策在美國維持全球霸權的努力過程中看得特別清楚。

中國為了維護自身的利益，必須對美國的霸權行為做出堅決的抵抗，這是生存權的問題，沒有任何妥協的餘地。

讀者一定會問：如何做出堅決的抵抗呢？

回答是：除了發展硬實力（經濟與軍事）做出對抗，還要發展論述，在理論上搶奪制高點，尤其是道德的制高點。

胡錦濤的「和諧世界」就是一個與美國的霸權主義爭奪道德制高點非常有力的工具。所以中國喊出

「和諧世界」的口號必須是攻擊性的，它不是宣揚自己有多麼的和諧，而是攻擊對手是多麼的破壞和諧。

中國要隨時用實際的例子斥責美國製造動盪、違反一個應該很完美的和諧世界。前面說過，製造動盪是美國維持自己是世界中心的必要措施，如果不這麼做，美國就被邊緣化了，美國不可能改變的。「和諧世界」是壓迫美國勢力離開歐亞大陸板塊最有力的理論工具，中國大陸必須有高人在這方面不斷地做出論述，而且這些論述必須是攻擊性的、有特殊針對性的。

所以胡錦濤的「和諧世界」看似平凡，甚至是空洞的高調，其實卻是挑戰美國霸權最有力的理論基礎。由於美國遠離歐亞大陸板塊，「和諧世界」是在挖美國霸權的根，這是棉裡藏針，非常、非常的高明。

想想看，一旦美國不得不和諧，美國目前世界中心（也就是世界老大）的寶座就要讓位，退回到北美洲這個孤立的角落，變成一個三億人口的區域強權。你想想，美國會甘心這麼做嗎？

最丟臉的外交辭令：將心比心

胡溫政府的外交官員在很多國際場合的演講都用了「將心比心」這個詞彙來表達中國對列強的不滿和自身所受的委屈。「將心比心」應該是溫家寶總理首先使用的，於是上行下效，一時蔚為風氣。作者認為這個用詞不但非常不恰當，而且非常丟臉。

一個堂堂大國怎麼可以用如此軟弱，幾乎是乞求的態度爭取自己的生存權？

「將心比心」的用詞好像是一八九五年李鴻章和伊藤博文在簽訂「馬關條約」時和日本人討價還價用的詞句，令人覺得彷彿回到了滿清末年。

中國外交部這種腔調令中國人民顏面盡失，令海外華人心冷，令反華勢力譏笑，也令西方列強更加趾高氣昂。

養這麼多解放軍是做什麼的？

兩萬億美元的外匯儲備是做什麼的？

能這樣韜光養晦嗎？

能這樣和諧世界嗎？

對弱者講「將心比心」是感化；對強者講「將心比心」是乞求。

對弱者講「和諧世界」是仁慈；對強者講「和諧世界」是懦弱。

「將心比心」的外交政策導致中國滋生了一大批漢奸，讓外交部變成賣國部。

第四節　美國對中國的試探與挑釁

無論從經濟、軍事、綜合國力或任何一方面，中國都對美國的霸權構成威脅。除非中國分裂成好幾塊，美國對中國的打擊是不會停止的。因此美國對支持中國的分裂活動特別熱心，無論台獨、藏獨，還是疆獨，都被美國用做制裁中國的手段，一到有求於中國而中國不買帳的時候就會拿出來要脅，屢試不爽，沒完沒了。

二〇一〇年也不例外，而且美國有求於中國的項目特別多，經濟上需要向中國借錢，軍事上需要中國更加「透明化」提供進一步的「合作」，政治上無論在朝鮮半島或是中東與中亞，沒有中國就不可能解決問題。尤其伊朗問題已經到了火燒眉毛的地步，於是歐巴馬政府又對中國打出了「分裂牌」作為施壓的手段。

歐巴馬的「中國分裂牌」有兩張，一張是台灣牌，另一張是西藏牌。我們在下面將分別論述這兩張牌。

除此之外，作者不得不提的是，歐巴馬還有一張對付中國的老牌，那就是「武器禁售牌」。

台灣牌

歐巴馬政府的台灣牌就是對台軍售。

二〇一〇年一月三十日，美國政府通知國會，決定向台灣出售「黑鷹」直升機、「愛國者三」反導彈系統、「魚叉」導彈、「魚鷹」級掃雷艇，以及「博勝」系統，總售價為六十四億美元。

作者對這個軍售內容做一個簡單的點評。

「黑鷹」直升機

「黑鷹」直升機是一種性能非常卓越的直升機，尤其它的爬升能力和巡航高度非常出色，主要得力於它非常出眾的渦軸發動機。

「黑鷹」直升機主要作為運輸之用，但是如果架上武器也可以有點攻擊力量。

「魚鷹」級掃雷艇

「魚鷹」級掃雷艇是美國第一種設計作為掃雷專用的船隻，一九九三年服役，二〇〇六年除役。

「魚鷹」級掃雷艇滿載排水量只有八百多噸，有兩部柴油發動機，每部發動機有八百匹馬力，航速為十節（大約每小時十九公里），只能作為近岸掃雷。

「魚鷹」的武力是兩挺12.7毫米機關槍，基本上屬於自衛之用。主要設備是聲納系統和掃雷系統，賣給台灣的兩艘「魚鷹」是經過全面翻修的，上面的聲納與電子系統很可能會被升級。

「魚叉」導彈

「魚叉」導彈是一種亞音速的反艦導彈，性能還不錯，它的有效射程根據不同的型號可以從幾十公里一直到遠達兩百多公里。

「魚叉」的性能屬於中上等，在反艦導彈中不算特別先進，唯一值得注意的是它可以從潛艇發射，這是「魚叉」最具威力的攻擊方式。

國軍兩艘荷蘭製的潛艇的魚雷發射管是533毫米，可以用來發射「魚叉」。如果美國把需要的附件和控制系統都賣給台灣，那麼國軍海軍就有能力潛射「魚叉」，攻擊力量何止倍增。

「愛國者三」反導彈系統

「愛國者三」英文名稱為「Patriot Advanced Capability-3」，簡稱「PAC-3」。

「愛國者三」反導彈系統是美國最新研發、效能最好、最先進的反導彈系統，是這次軍售最受矚目的項目，所以值得我們特別討論，在下一個論述主題，我們會把「愛國者三」的功能做詳盡的介紹，此處只做結果的敘述。

「愛國者三」的主要用途是攔截敵人的彈道飛彈，當然也可以用來攔截敵機，但這是比較容易的工作，不是「愛國者三」的主要用途。「愛國者三」的導引系統非常先進，所以採用直接撞擊而不是近炸引信，撞擊時巨大的動能產生的高溫不但能摧毀常規彈頭，也能夠摧毀生物彈頭和化學彈頭。

台灣購買「愛國者三」目的就是攔截東風-11與東風-15。

但是大陸對付台灣的東風導彈實在太多（超過千枚）了，台灣重金買來的一百一十四枚「愛國者三」，即使百發百中也只能攔截一百一十四枚東風導彈，對整個戰爭無足輕重，更何況愛國者飛彈基地承受不住飽和攻擊，實戰的攔截效果很低。

實際上，如果大陸發動對台灣的統一戰爭，首波攻擊最可能使用的是對台灣的軍事基地（雷達和飛彈基地排在最前面）發射遠程火箭彈，這種非常便宜的大面積殺傷火箭彈一旦發動絕不是一、兩枚，也不是一、二十枚，而是排山倒海而來，「愛國者三」對這樣的攻擊一點辦法都沒有。兩波火箭彈下來，飛彈基地連同周圍一平方公里的所有建築物都飛灰煙滅了。

把「愛國者三」放在全世界人口密度最高的台灣，恐怕帶來的人口傷亡比沒有「愛國者三」更大。

讀者一定會問：美國為什麼會賣「愛國者三」給台灣，而台灣也願以高價購買呢？

答案是：「愛國者三」反導彈系統真正的意義不在軍事，而在政治。

「愛國者三」是一個反彈道導彈系統，重點就在「系統」二字。這個反彈道導彈系統的重點是搜尋、發現與追蹤系統（surveillance, detection and tracking system），這是偵查衛星的功能，百分之百操在美國手中。偵察衛星把偵察到的資料傳送到飛彈發射站，飛彈發射站的雷達才知道往那個方向搜索，找到目標後才能發射「愛國者三」去攔截。

所以擁有偵察衛星的美國是主子，擁有「愛國者三」的是主子手下的打仔。

美國把「愛國者三」賣給台灣後，就等於把台灣納入自己的防衛系統；

台灣買了「愛國者三」就等於接受進入美國的防禦圈。

所以「愛國者三」事實上是一種不公開的軍事同盟，屬於軍事同盟的灰色地帶。美國和台灣當然一拍即合。

你想想，這種「不公開的軍事同盟」中國大陸能忍受嗎？

「博勝」系統

「博勝」系統是一種通訊和數字傳輸系統，非常先進，技術含量很高。「博勝」系統使國軍的通訊系統和美軍與日軍的系統成為同一個制式，為美日台聯合作戰奠立非常良好的信息傳輸基礎。這個影響是重大而且深遠的，除了軍事也有政治成分，絕不可以忽視或輕視。

西藏牌

歐巴馬政府的西藏牌就是在白宮接見達賴喇嘛。

歐巴馬總統完成訪問中國回到美國後就宣布要接見達賴喇嘛。歐巴馬總統說到做到，二〇一〇年二月十八日，歐巴馬總統果然在白宮與達賴喇嘛會面。

由於中國大陸強烈抗議，激烈的程度非常罕見，歐巴馬把這次會面低調處理，會面的場所不是象徵總統權力的橢圓形辦公室，而是低調的、白宮西側地下的地圖室。白宮發言人說：「這是總統和白宮團隊認為最好的會晤地點」。

歐巴馬總統與達賴喇嘛在地圖室閉門會談了七十分鐘，拒絕任何媒體進入，所以外界沒有人知道他們兩個說了那些「悄悄話」。

會談結束後，達賴喇嘛興高采烈地告訴守候在白宮的美國媒體：「歐巴馬總統非常支持我」。

真好玩，他還能說什麼？

奇怪的是，作為引發全球高度關注的一位貴賓，達賴喇嘛離開白宮時居然是被主人安排走後門。二月的華盛頓積雪未化，門邊還有幾個黑色垃圾袋，達賴老先生赤著腳穿著拖鞋，小心翼翼地繞過這些垃圾袋，顯得有些狼狽，很難不讓人聯想到是被主人扔出去的垃圾，好事的記者把這個景象立刻拍攝下來，這張照片很快就紅遍了世界。

美國報紙的標題是：「White House Sends the Dalai Lama Out the Back Door with the Trash.」這個標題既諷刺又刻意用詞曖昧，它的意思可以是「白宮從堆滿垃圾的後門送走達賴喇嘛」，但也可以是：「白宮把達賴喇嘛像垃圾一樣從後門送走」，後者的羞辱就遠大於前者了。不論是哪一種，這個標題都充滿侮辱。

美國前恭後倨，如此安排實在有點缺德，也有點狠過頭，其實對美國造成的形象並不好。作者看到這張照片實在想不出白宮葫蘆裡到底在賣什麼藥。如果最後羞辱一下達賴喇嘛是做給中國看，那大可不必，中國也不會領這個情。這種「彌補」方式是完全沒有意義的，只是更顯露出美國的反覆無情和不懂待客之道的凶狠與粗魯，因為不管怎麼說，達賴喇嘛到底是美國自己邀請來的客人。

美國的「西藏牌」是無力的，因為藏人只有兩百五十萬，不可能造反成功。美國中央情報局訓練的藏人游擊隊（一九五八～一九六〇，科羅拉多州的高山上）全部在西藏慘遭殲滅，無一倖免，下場非常淒涼，艾森豪總統在一九六〇年主動下令停止空投藏人游擊隊回西藏進行武力造反活動。自此以後，美國在西藏問題就已經沒有任何籌碼了。

美國的「達賴喇嘛牌」更是無用，因為達賴喇嘛鬧了這麼多年都沒有任何結果，現在已經垂垂老矣。對中國大陸而言，西藏已經完全有效控制了，治理的問題非常小，並沒有任何急迫性，中國政府不需要做任何事，二十年後就沒有達賴喇嘛了。

是的，達賴喇嘛是美國的一枚棋子。但是這枚棋子比雞肋還不如，因為它會引發反效果。政治非常現實，也非常殘忍。美國想利用達賴的時候，可以動用國家力量壓迫瑞典和挪威政府頒發諾貝爾和平獎給達賴喇嘛；美國認為達賴沒有利用價值的時候，也可以把達賴喇嘛像垃圾一樣丟出去。在達賴喇嘛這個例子，美國的笑臉和翻臉前後不到兩小時。

台灣人看到這張照片尤其應該心生警惕，美國今天可以把達賴喇嘛像垃圾一樣拋棄，美國明天也可以把台灣像垃圾一樣拋棄。台灣需要思考自己最美好的歸宿在哪裡？不要告訴我是日本。台灣人看看琉球姐姐就知道歸附日本的下場是什麼了。

武器禁售牌

美國領導的西方國家集團對中國一直是深懷戒心的，因為中國深具潛力足以成為一個超級大國。因此，西方國家集團不停地以人權與民主為藉口來遏止中國，其終極目的就是促使中國分裂。西方國家的努力在一九八九年的「天安門事件」中差一點成功。

「天安門事件」功敗垂成後，西方國家採取了集體一致的行動，對中國頒布了軍售禁令，這對中國武器現代化的進程產生了嚴重的影響。中國政府曾經做了很多次的抗議與說明，但都沒有產生效果。

美國軍售制華的四招

二〇〇五年，美國國會發表《國防授權法案》，其中特別有一個補充條款說，美國國防部不得從任何向中國出售武器的外國公司購買國防設備或零件。國會人士說，這是美國在全力阻止國際軍火公司與中國合作。

美國國會這個立法只不過是形式之一，比這個厲害的招式早就用過了。美國全面封堵中國的軍購渠道至少有四招：

一、外交施壓：外交施壓第三國，禁止它對自己的對手國家進行貿易，這是典型的帝國主義。在對華進行貿易干預方面最著名的例子就是美國施壓以色列，阻止以色列向中國出售預警機。

二、利用馬仔出面遊說：美國最現成和最好用的馬仔就是日本。譬如日本首相小泉就多次親自出馬，奔波在歐盟各國之間，要求歐盟不要解除對華的武器禁售令。

三、經濟制裁：美國經貿力量強大，所以這一招最好用，上面美國國會發布的《國防授權法案》就屬於經濟制裁的大棒。作者手上的老資料：從二〇〇一年一月到二〇〇五年四月，美國制裁了一百一十五次，其中八十次是對付中國。

四、法律訴訟：凡違法私自販賣武器和零件給中國的美國公民都會被政府起訴，華裔和韓裔的美國人都有被告和判刑的。

中國的態度

二〇〇五年，溫家寶總理表示，中國要求歐盟解除對華武器禁售令，絕非急於購買歐洲的武器，而是反對這一歧視性的政策。

溫家寶總理說的是實情，西方國家的「對華武器禁售令」不可能致中國武器現代化於絕境，也不可能造成不可跨越的困難，重點是，它是一種歧視，這令中國不能接受。

事實的確如此，沒有什麼武器中國需要但研發不出來的。最顯著的例子就是預警機，中國在購買以色列的產品受挫後決定自行研發，結果中國研發出來的預警機功能遠超過當年以色列提供的。

西方國家和反中人士有一種錯誤的觀念，那就是沒有西方的幫助，中國武器不可能現代化，因此對武器禁售特別重視。台灣人特別有這種觀念，所以作者要在這方面說幾句話：

一、武器禁售促使中國全方面自行研發，培養出大批國內人才，尤其是超大系統的人才。

二、自行研發的武器可以保密，買來的武器不行。這一點在電子系統上尤其重要。譬如預警機的電子參數如果洩露，那麼效果會打很大的折扣，甚至在干擾嚴重的情況下變得一無用處。美國現在甚至追問以色列當初要賣給中國的預警機上面的雷達和電子參數細節，以作為參考。

三、完全自行研發的壞處是近親繁殖，這對長期的科研工作不太健康。

四、適度的進口外國產品作為比較與參考是需要的。

五、西方國家的武器禁售令給中國帶來的好處多於壞處，造成中國的武器自成系統，有非常明顯的中國特色。

六、武器與武器之間要有兼容性，否則很難整合（integrated）。由於中國的武器已經自成系統，今後中國進口國外武器的需要將越來越少。

七、西方國家的武器禁售令已經形同雞肋，解不解除對中國都無所謂。

總結地說，作者認為：由於西方國家的「武器禁售令」對中國而言已經形同雞肋，中國損失的是面子（歧視）。西方國家今後能夠銷售給中國的武器已越來越少，西方國家損失的是裡子（銀子）。

第五節　美國對台軍售的意義

「美國對台軍售」代表的絕不是它表面這六個字的意義。

讀者一定會問：為什麼？

回答很簡單：「美國對台軍售」是中美外交問題核心中的核心。

政治意義大於軍事意義

台灣問題是中美關係中的核心問題，也是最重要的問題。中美建交不過是中美關係表面的正常化，實質上，如果台灣問題沒有徹底解決的話，中美關係是無法落實的，中美外交隨時可能觸礁。

那麼台灣問題的核心又是什麼呢？

答案就是：美國對台軍售。

軍隊代表一個國家的主權，而國家軍隊最重要的外部特徵來自武器，尤其是複雜的現代化武器，它代表一個國家行使主權的力量，除了實際力量，更有非常大的象徵意義。

所以上個世紀八〇年代鄧小平提出兩岸和平統一，開出的條件其中有一條是台灣可以擁有自己的軍隊，這是非常令人吃驚的，因為如此一來，大陸要求的只不過是形式上的統一。只有鄧小平這樣的開國元勳和軍事強人敢開出如此寬宏的條件，這絕對是中國大陸的統一底線，作者不認為現在的中共領導人還能開出這個條件，也不認為中國大陸還願意履行這個條件，因為當初台灣沒有接受而現在情勢也已經完全改變了。

但即使是鄧小平開出台灣可以保留軍隊的優厚條件，大陸也不會允許美國任意販售武器給台灣。鄧小平開出的條件不過是給兩岸的和平統一一個真正的、有形的、可控制的緩衝時間，以安定台灣人心，這是偉人的遠見與氣魄。如果大陸允許台灣可以自由地購買武器，那麼兩岸的最終統一就屬於不可控制了。

所以對美國而言，能夠販賣武器給台灣是最重要的，有了武器就實際上有了一切，至於表面上大家說什麼並不重要，譬如大陸可以號稱台灣是中國的一部分，台灣可以號稱中華民國是獨立自主的國家，美國可以號稱它堅守了「一個中國」的原則，表面上大家可以各說各話、皆大歡喜，實際上美國控制一切，這是美國的如意算盤。

美國唯一沒有想到的是，中國有一天軍事力量會超過美國，至少在東海這個局部戰場是如此。就好像美國對中國劃定的「東海防空識別區」，表面上抗議，私底下不得不接受，美國的對台軍售也會在中國大陸的武力干涉下不得不停止。

「美國對台軍售」是中美外交發展中最大的障礙，自然也成為中美外交中最重要的問題。中國大陸、美國和台灣三方面都明白，只要「美國對台軍售」這個政策仍然被執行，中華民國就實質上存在。「美國對台軍售」的政治意義遠大於軍事意義。這就是為什麼中國大陸對軍售這個問題絕對不肯鬆手，也絕對不肯鬆口。

華人看「美國對台軍售」

這本書主要是寫給華人看的，華人分布全球，大致可分為中國大陸、台灣、港澳和海外四個地區，而以大陸地區為主體，因為大陸人口占華人總人口的九十五%以上。華人的組成分子、意識形態、牽涉的利益集團等都非常複雜。美國對台軍售是一個政治上非常敏感的話題，它牽涉到太多不可調和的利益，所以對華人而言，不可能有統一的、公正的、絕對客觀和一言九鼎的看法。華人論述「美國對台軍售」要考慮到下面五方面的問題：

一、國際正義問題

這個問題最簡單，不論你是那門那派，是非對錯都一目瞭然。由於各種利益與利害關係的糾結，中美關係是非常複雜的。但是不管怎麼說，中美關係由全面對抗演變到既對抗又合作，其複雜性的基礎是建立在中美的三個聯合公報，依照時間順序，它們是《上海公報》、《中美建交公報》和《八一七公報》。

《上海公報》是一九七二年尼克森總統打破冷戰僵局的傑作，其主要目的是能夠體面地從越南撤兵，結束越南戰爭。所以美國不得不給中國一點甜頭，譬如美國認識到（用的英文字是acknowledge）海峽兩岸都堅持一個中國，並對這一立場不表異議（not to challenge）。

《中美建交公報》生效於一九七九年一月一日，主要內容除了建立正式的大使級外交關係，美國在這個公報中更進一步首次「承認」中華人民共和國政府是中國的唯一合法政府，這個「承認」在英文中用的是「recognize」，與《上海公報》的「認知」（acknowledge）大不相同。

美國為了彌補《中美建交公報》所造成的外交損失，隨後就在國會快速通過了《台灣關係法》，並在一九七九年四月十日由總統簽署生效，這樣就為日後干預台灣事務建立了「法理基礎」。中國則認為《台灣關係法》是干涉中國內政，違背《上海公報》和《中美建交公報》的內容與原則，向美國表達強烈反對，但美國並不理會。

一九七九年十二月，蘇聯入侵阿富汗，震驚了世界，特別是美國。為了阻止蘇聯勢力控制這個中亞戰略要地，美國不得不與中國合作，聯合對付蘇聯。由於有求於中國，於是美國在一九八二年八月十七日與中國大陸簽訂了《八一七公報》。

《八一七公報》的主要內容就是規範對台軍售，美國向中國承諾逐年減少對台軍售的數量和不升高售台武器的性能直到完全停止。《八一七公報》是國際上最常見的利益交換，等於為了阿富汗出賣了台灣。

等到一九九〇年蘇聯軍隊戰敗，蘇聯分裂，美國認為中國已經沒有利用價值了，於是就不想履行《八一七公報》，美國以《台灣關係法》為藉口，三十多年來我行我素、自由行事，基本上完全否定了《八一七公報》。

有趣的是，美國政府一提到它的兩岸政策時一定會說：「美國的兩岸政策是基於一個中國原則、三個聯合公報和台灣關係法」。事實上，最沒有法律效力的《台灣關係法》否決了外交上中國最看重的「一個中國原則」和國際法上價值最高的「三個聯合公報」。美國面子和裡子全拿了，中國吃了啞巴虧。折騰了三十幾年，中國幫了美國這麼多忙，結果美國過河拆橋，然後美國是我行我素、予取予求，中國自己什麼都沒有得到。三個聯合公報在美國霸道的解釋下成了一紙空文，呵呵呵！

你一定會問：美國為什麼要這麼做？

回答：美國認為自己武力強大，中國拿她無可奈何，不做白不做。

當然，中國也不是那麼好欺騙的，當陳水扁政府鬧獨立鬧得實在太不像話的時候，二〇〇五年三月十四日，中國大陸在第四屆全國人民代表大會上通過了《反分裂國家法》，當天就由國家主席胡錦濤簽字立刻生效。《反分裂國家法》為兩岸的武力統一立下了法理基礎，徹底壓制了台灣猖狂的獨立運動，並且與美國的《台灣關係法》形成針鋒相對。

就事論事，美國對台軍售嚴重違反了中美三個聯合公報，特別是《八一七公報》的原則。想想看，《台灣關係法》是美國的國內法，而《八一七公報》是美國與外國簽訂的國際條約。如果美國的國內法可以否決美國對外簽訂的國際條約，那麼美國的國內法就成了「世界憲法」，任何國家與美國簽訂條約都是沒有意義的。因此我們得到清楚的結論，那就是「美國對台軍售」是一種違反國際法和國際準則的霸權行為，毫無正義性可言。美國每次口口聲聲地拿《台灣關係法》說事，其實是拳頭大下的無賴之言。

二、政治立場問題

這個問題最複雜，也最困難，基本上是無解的，只能各說各話。華人的立場可以是中國大陸（中華人民共和國）立場、台灣（中華民國）立場、台獨立場、獨台立場、日本立場、美國立場等，端看個人的政治信仰是什麼，非常複雜，所牽涉的利益自然非常不同，決不可能調和，所以是無解的。

任何人談論政治，尤其是政治人物，非常重要的一點就是他的中心思想。中心思想是一個人在政治上的核心價值，這是不能隨意改變的，否則就亂了套，不成章法了。我們用蔣介石、蔣經國、李登輝、陳水扁和馬英九這五位中華民國總統舉例子來說明中心思想的問題。

蔣介石是一個民族主義者，他的中心思想最有力，堅持中國只有一個，那就是中華民國，蔣介石跟大陸的政權（他認為是叛逆）真刀真槍頂著幹，他要反攻大陸，要逐鹿中原，他宣誓漢賊不兩立，他要剿滅叛賊。蔣介石言行如一。

蔣經國的中心思想就比較複雜了，最先是中國人和中華民國，晚年又強調自己也是台灣人，開始有偏安的思想，這「一個中國」就叫得有點心虛了。

李登輝的中心思想非常清楚，他認為自己是日本人，仰望和崇拜日本，認為台灣回歸日本最幸福，李登輝把台灣的一切定為日本的利益。

陳水扁的中心思想是堅持自己是台灣人，不是中國人，走台灣獨立的路。

馬英九最可憐，他沒有中心思想。馬英九只要做總統，其他什麼都可以，所以一下子說自己是中國人，一下子說自己是台灣人；一下子高呼中華民國萬歲，一下子又說台獨也可以是選項；一下子討好美國，服從美國利益購買了一大堆無用的美國武器，一下子又隨著獨派人馬高呼「台灣第一」和「台灣優先」，一下子又為自己的歷史定位（諾貝爾和平獎）和大陸虛與委蛇談和平統一。除了他自己個人的利益，馬英九不知道把台灣帶向何方，他其實也不在乎卸任後台灣的去向和下場。

沒有中心思想的人沒有資格談論政治，當然就更沒有資格做國家領導人了。作者雖然是小人物，但是政治的中心思想非常明確和堅定，那就是世上只有一個中國，兩岸的政權不過是爭中國的代表權。這個中國一九七一年以前是中華民國為代表，一九七一年以後是中華人民共和國為代表。作者論述國際政治不以任何一個國家或國號為主體，而是以中華民族的利益為前提，作者用同樣的原則批評大陸和台灣。

無論中華民國還是中華人民共和國，在中國的歷史長河中不過是一個朝代，短則數十年，長也不過數百年，它們都是過客，但是中華民族源遠流長，它繁衍昌盛直到永遠。

作者論述「美國對台軍售」是以中華民族的利益為最高原則，在中華民族的復興過程中，其他的一切利益都必須讓道，這自然包括台灣利益。說實話，在這個原則下，今天的台灣已經成了中華民族偉大復興的絆腳石。看看二〇一四年二月，發生在台南惡意破壞孫中山銅像的事件，這絕不是一個孤立事件，這些年來惡意破壞蔣介石銅像的事件太多了，這些都是「本土化」的一部分。

我們知道今天的中華民國早就不是當年孫中山創立的中華民國，依附在台灣、變了質的中華民國，從歷史的角度看，已經沒有存在的價值。

馬英九懂什麼大是大非，他是一個沒有中心思想的人，比陳水扁還不如。現在都什麼時候了，人各有志，各奔西東，要做漢奸的就去做漢奸，要賣國的就去賣國，要認日本為「母國」的儘管去認，要認同自己是中國人的也到了該下定決心的時候，大家各走各的道。台灣人這時候要自己拿定主意，不要聽名嘴瞎說八道而隨波逐流。

三、國家政策問題

「美國對台軍售」清楚顯示美國的外交政策，就是前面我們說的：「只要我能得手，我做的事就是對的。」這是西洋人根深蒂固的侵略性哲學，這是民族性，不會變的。所以「美國對台軍售」是美國在外交上的國力展示。我就不講理，你能怎樣？中國不應該對美國存有任何幻想，譬如死盯著白紙黑字的《八一七公報》要求美國遵守諾言。呵呵呵，美國信奉的是「叢林規則」（rules of jungle），除非中國主動升高緊張態勢，否則美國無需在對台軍售上做任何讓步。

台灣問題是一個由軍事實力劃分勢力範圍的現實問題，非常清楚地擺在中國面前：

如果中國有足夠的軍事實力，台灣就是內政問題，中國劃下自己的勢力範圍，用武力切斷美國的對台軍售；

如果中國沒有足夠的軍事實力，台灣就是國際問題，中國只能在國際強權下低頭。

美國是個笑面虎，以羅斯福為代表；日本是個惡面狼，以伊藤博文為代表。

笑面虎後繼有人，以柯林頓為代表；惡面狼也後繼有人，以安倍晉三為代表。

面對叢林裡的虎與狼，習近平主席說得好：打鐵還須自身硬！

國際政治和國際外交就是這麼回事。

四、國家能力和領導人意志的問題

江澤民時代中國沒有能力解決「美國對台軍售」問題。胡錦濤時代中國有這個能力解決「美國對台軍售」，但胡錦濤沒有這個意志和決心。胡錦濤的軟弱不僅表現在台灣問題，也表現在東海和南海問題，導致中國的國際環境空前的惡劣，非但不能達成和諧社會的目標，反而使中國陷入被圍毆的危險境地。習近平時代中國有這個能力解決「美國對台軍售」，習近平也表現出有這個意志和決心。習近平上任才一年，中國國內士氣和國際情勢就改觀了。

五、國際時機問題

中國應該把「美國對台軍售」看成是一種機會，是中國主動壓迫美國做出戰略收縮的機會，把台灣正式納入自己的勢力範圍。

解決「美國對台軍售」的時機已到，就是現在。

大陸攔截美國售台武器有五大好處

大陸武力攔截美國售台武器不但是唯一可行的有效手段，而且承擔的軍事風險很小，但是好處太多了，作者一一敘述如下：

一、武力攔截美國對台軍售就是逼迫美國做戰略收縮的切入點。

今天的東亞亂紛紛，每一處動盪和不安背後都有美國的影子。如果大陸要選一處作為壓迫美國做出戰略收縮的切入點，那就是攔截美國的對台軍售。原因有二：

一是正當性最高，台灣是中國的一部分，美國必須遵守《八一七公報》；二是距離最近，大陸不但執行攔截最容易，而且軍事優勢也最明顯。

大陸武力攔截美國對台軍售，表面上它看似傷害台灣，其實是真正的愛台灣。

二、台灣可以節省軍費，不必再送錢給美國。

台灣人，特別是台獨人士，看了上面這個小標題一定會大叫：這怎麼行？不買美國武器，對岸的共匪打過來，我們怎麼辦？

作者的回答是：如果對岸的解放軍真的打過來了，買與不買，差別頂多就是兩天，值得嗎？讓我們把話說白了，買美國武器與不買美國武器的差別就是，台灣在與大陸開戰後是七天投降還是五天投降，有什麼差別嗎？

確切地說，差別還是有的。對台灣而言，七天投降面子上比五天投降要好看一點，但是付出的傷亡和財產損失可能要多很多。這可不是作者胡亂說，台灣有價值的戰略目標大概三百多個，這些目標一旦被攻擊，周圍一公里之內的人員和建築恐怕不能倖免，美國的軍事術語叫「collateral damage」，作者將它翻譯為「附加損毀」，意思就是，它不是做為目標的有意摧毀，而是不得已無法避免的附加損壞，也就是中國人說的池魚之殃。

想想看，交戰七天對台灣人民的傷亡和對台灣財產的破壞肯定比交戰五天大得多。那麼，除了面子上好看一點，台灣大量買來的美國武器能為台灣帶來更多實際的好處嗎？恐怕正好相反。

台灣不需要這些美國武器，它們不可能抵擋中國大陸的武力攻擊，連一個星期都支撐不住，這是對國軍非常客觀和非常給面子的說法，實際情況很可能更糟。台灣花這麼多錢買這些武器做什麼？

解放軍的火力配置超過美軍。根據作者對軍事的瞭解，統一戰爭一開打，最可能發生的情況是，在大陸兩輪火力覆蓋以後，台灣兵將一哄而散，不會有什麼有組織的抵抗，特別是地面戰鬥。這場戰爭多半三天就結束了，作者的七天估計是加了百分之百的安全係數。

不相信嗎？看看下面台灣的募兵紀錄你就相信了。

三、逼迫台灣思考政治問題而不是軍事問題。

台灣現在推行募兵制，所付的薪資即使是二等兵都超過大學畢業生的起薪薪資。但是二〇一三年募到的兵遠遠不足，尤其戰鬥部隊連十％都募不到。譬如裝甲兵預訂召募一〇七七人，結果只募得七十五人，最後實際向軍方報到的僅有四十一人，不到需要兵員的四％。

看到沒有？台灣人即使沒有工作，即使日子再苦，也不肯當兵。說什麼愛台灣，誰相信？

台灣人不願意當兵的理由很清楚，一是怕苦，二是怕死，這是人的天性，並不奇怪。

台灣人不傻，裝甲兵是一個又苦、又累、又高危險的兵種。平時通炮管、換電瓶、調整履帶等都是力氣活，非常辛苦，戰時真打起仗來，裝甲車輛，尤其坦克，是最吸引敵人炮火的，表面上說是有裝甲護身，其實交戰中，裝甲兵遠比步兵危險。

你一定會問：為什麼有的軍隊會肯吃苦又不怕死呢？

回答：不怕死是假的，肯吃苦和願意犧牲是真的，因為他們心中有信仰。

從這一點就可以看出來，台灣人的意識形態是假的，說著玩的，可以妥協的，誰也不當真，平時用它爭官做，大難來時各自逃。

國際政治鬥爭比的是真刀真槍的真功夫。台灣人連當兵都不肯，還好意思說愛台灣、要獨立和爭尊嚴。湯曜明（前中華民國的國防部長）「戰至最後一兵一卒」的場面話、國民黨「中華民國獨立自主」的夢幻話、民進黨獨立建國騙選票的鬼話、台灣電視名嘴們追求個人私利的虛假話通通都不要說了，台灣人要老老實實地面對無情的現實。

台灣軍隊的問題主要是政治問題，不是武器問題。自從獨派人物當政和獨派思想流行和氾濫，政治的中心思想就沒有了，這在軍隊可是致命的，因為嚴重傷害了軍隊的士氣和戰鬥力。台灣政府若是不解決政治問題，向美國購買再多的武器也沒用，因為武器是給人用的。

台灣人已經被政客和名嘴麻木，不會自發自省。大陸攔截美國對台軍售將迫使台灣政府認真思考兩岸政治解決的問題。

四、台灣人非常勢利和眼皮子淺，認為美國和日本遠比中國強大和先進，所以一直緊抱美日大腿，有恃無恐，並且以一種虛驕之氣毫無理性的蔑視大陸。

大陸攔截美國對台軍售，這是震懾台灣分裂分子的當頭棒喝，更是從根本斷了台灣人尋求獨立和做漢奸的歪念。

五、大陸現在攔截美國對台軍售是省得將來大動干戈傷了兄弟和氣。想想看，把「南京模式」化為「北平模式」，這是真正的愛台灣。

綜合上面所述，大陸武力攔截美國對台軍售可說是一舉五得，化「陸台對抗」為「中美對抗」。更重要的是，要美國自己付出霸權的代價，而不是利用台灣人替美國霸權當炮灰。

你想想，若是亞洲人民都對美國說：打中國嗎？您這點武器實在不夠看，又這麼貴。小弟賺錢要緊，要上大哥您先上！

美國最害怕的就是這一天，美國高調誇耀的什麼「巧實力」，其實說穿了就是挑撥離間的小算盤，這些伎倆在中國展現軍事實力後將全部落空，到這時候，美國不縮回北美洲都不行了。這才真正令美國失望和叫苦不迭。

結論

美國遵守國際規矩的時候已經到了

中美的博弈從上個世紀五〇年代的韓戰（中國大陸稱為朝鮮戰爭），到這個世紀一〇年代的「亞太再平衡」，已經經歷了六十多個年頭。這六十年的變化太大了，世界權力的天平從美國漸漸傾斜到中國。

美國在過去六十年的這段期間，毫無疑問是世界霸主，但說也奇怪，不論是在戰場上（韓戰和越戰）或是商場上（中美的貿易戰和香港的金融狙擊），美國和中國的較勁美國卻從未贏過。

進入二十一世紀的一〇年代，中美的博弈變得更加白熱化，而美國的優勢也顯得更為脆弱。有趣的是，美國的對華外交卻變得更為強勢。美國一方面用達賴喇嘛羞辱中國，一方面用對台軍售實際干擾中國，這兩件事都嚴重違反了《八一七公報》。

美國的對台軍售無論是數量還是質量都呈現增加和提高的趨勢。馬英九政府購買的美國武器遠比陳水扁政府多得多。

二〇一四年二月二十二日，歐巴馬總統在白宮第三次會晤達賴喇嘛，這是一個損人而不利己的行為。想想看，達賴喇嘛是一個對中國完全無法有所做為的人，美國利用達賴喇嘛只有一個目的，那就是羞辱中國。美國這種作法是非常可惡的，比玩弄對台軍售更可惡。

我們要從兩個方向看中美關係：

一、美國一再用達賴喇嘛來羞辱中國，所以美國基本上並不認為中美關係那麼重要。歐巴馬總統並沒有履行他和習近平主席在安娜伯格莊園會議中有關「中美新型大國關係」的承諾。

二、今天美國有求於中國多，中國有求於美國少。所以對中國而言，中美關係並不是那麼重要，至少不應該比美國認為的更重要。

想想看，美國都不認為中美關係這麼重要了，中國有什麼理由堅持中美關係這麼重要？

作者認為中國應該把中美外交關係從大使級降為領事級。

大國做事要有頭有尾，在出手前就定下收手的條件。

中國在決定中美外交關係降級之前，就要先定下中美恢復全面關係的條件，表現出有禮有節。

中美外交關係降級是因為美國總統會晤達賴喇嘛，所以中美外交關係在下列兩個條件有一個滿足之下可以恢復全面關係：

一、美國公開簽署保證，美國總統和內閣成員不再會晤達賴喇嘛；

二、達賴喇嘛死亡。

中國必須表達和堅持不能被羞辱，要讓美國認識到它的嚴重性，不可任意妄為。

在台灣問題上，我們必須清楚認識，台灣只有在排除美國干預的幻想下才會考慮和平統一。

所以大陸處理兩岸統一的問題必須一手軟、一手硬，同時進行。

軟的一手是放出各種惠台和讓利措施，在經濟上優待台灣；

硬的一手是截斷所有流向台灣的武器，在軍事上孤立台灣。

大陸在經濟上惠台和讓利，因為台灣和大陸同屬一個中國。

大陸在軍事上孤立台灣，同樣因為台灣和大陸同屬一個中國，而這個中國目前是由大陸來代表，這一點不能有絲毫含混不清。

中國人說：打人不打臉。

「美國擴大對台軍售」是打在中國的胸口；

「美國總統白宮會晤達賴喇嘛」是打在中國的臉上。

讀者一定會問：達賴喇嘛和美國對台軍售都是老問題了，為什麼這次中國大陸特別強硬不答應？

答案是：美國國力衰退，中國國力崛起，美國應該在外交上做出調整，這是國際規矩。

外交是一種「給與取」（give and take）的平衡藝術，美國在實力下降、處處有求於中國的時候霸氣反而膨脹，變得予取予求，是一種反常的瘋狂行為。江湖上，這種行為叫做「不上道」。

美國的「不上道」必然招來懲罰。

美國今天的霸氣屬於外強中乾，是有求於人和窮途末路時表現的虛張聲勢，並不是君子行為。中國現在既然有能力不再忍受美國的霸權，就應該給予適當的教訓。美國也需要一點教訓才會守規矩。

是的，美國遵守國際規矩的時候已經到了。

膽敢一戰，才能避戰

歐巴馬總統訪問中國，他送了胡錦濤主席一副圍棋，似乎在鼓勵胡主席多用計謀、多思考。作者也相信軍國大事要深謀遠慮，但是中國和美國的這盤大棋也下了半個多世紀了，中國的軍事準備已大致完備。

軍事準備是不可能百分之百完備的，根據中共元帥林彪的名言：「軍事行動有七分把握就要動手，因為等到有十分把握的時候，戰機已經消失了。」

想想看，美國已經圖窮匕現了，現在的中國還有什麼時間下大棋？

中國只要問自己：我有沒有七分把握？

是行動的時候了，大陸說了半個世紀台灣是中國不可分割的一部分，是中國的核心利益，可惜美國和日本都不把它當一回事，連台灣人都嗤之以鼻。

今天美國擴大對台軍售給了中國一個絕佳的機會，如果大陸成功攔截美國售台的武器，那麼台灣的歸屬問題就什麼爭議都沒有了。

如果中國現在張口露牙齒，可保未來很長一段時間的和平；

如果中國現在低頭當孫子，到頭來反而會被逼到牆角，不得不打一場大仗。

第四章

南海問題

導言

今天中國面對海洋有三處熱點：東海、台海與南海。東海問題聚焦在釣魚台列嶼，對手是日本；台海問題是中國國內的統一問題；南海問題是中國與越南、菲律賓、印尼、馬來西亞和汶萊等國家的島礁爭奪與資源劃分所產生的矛盾與衝突。這三個問題有兩個共同點，一是突顯海上武力的重要性，二是它們的後面都有美國的影子，美國在這裡充分玩弄她的海洋霸權。

不過就仗著幾艘航空母艦，美國什麼混話都敢說，什麼橫事都敢做，利用多重標準，在不同的場合引不同的標準說不同的話，把所有國家玩弄得團團轉，利益和正義全包了，面子和裡子也全占了。這就是超級大國仲裁國際紛爭的特權。

你想想，美國這樣瞎調停，這個世界怎麼不越來越亂？而亂正是美國想要的，不亂誰還需要老大來調停？

目前大陸與台灣關係緩和，台海問題並不迫切，不是本書的主要論點。東海問題雖然迫切，但是容易控制，因為整個東海都在大陸陸基飛機的覆蓋範圍，中國擁有東海的制空權，也就有了制海權，美國與日本不敢輕舉妄動。

南海問題就複雜了，它牽涉許多國家，民族性和地緣政治都大不相同，這些國家雖然弱小，但是後面有美國支持，需要各個擊破，並不容易。最重要的是，南海有爭議的海域主要在南沙群島，它們距離大陸本土太過遙遠，超出陸基飛機的戰術作戰距離（一千公里），所以在投射武力上，中國處於劣勢，特別是面對美國這樣的海洋強權。

本書的主要論述在南海問題，因為它最複雜，也最困難，戰略問題最重大，形勢也最嚴峻。南海是中國崛起過程中必爭的戰略要地，但它也是中國的軟肋，因此才有了南海問題。

南海是一個美麗富饒之海。說它美麗，因為它有很多珊瑚礁而且水質清澈；說它富饒，因為它海水中有豐富的漁業資源，海底下蘊藏有巨量的石油、天然氣和其他礦產。

隨著中國工業的蓬勃發展，海外資源和海外貿易開始不斷擴張，它們絕大部分是通過南海，於是南海就成了中國崛起過程中必爭的戰略要地。

南海是中國對外交通的咽喉，中國大部分能源和礦產的進口來自非洲、中東、澳洲和東南亞，這些物資必需通過南海，這是地緣經濟，不可能改變。所以南海一旦受制於人，中國的經濟運作將陷於癱瘓。

中國要保護自己的海外貿易就必須擁有強大的海軍。不幸的是，海軍是中國三軍中相對最弱的，特別是遠洋海軍。於是南海就成了中國的軟肋，不但美國頻頻運用海軍進行武力威懾對中國施壓，就連東南亞的小國都可以對中國所屬的島礁進行掠奪。

建設海軍，尤其是強大的遠洋海軍，是中國今天的第一要務。

有道是：三十年陸軍、五十年空軍、百年海軍。建設一支強大的海軍不但需要大量經費、優秀的科學技術人才，還需要漫長的時間和優良的傳統，談何容易。

海軍是高科技軍種，在所有軍種中，建設海軍是最困難的，它有三要件：資金、人才和科技儲備。幸運的是，今天的中國這三樣都具備了，中國需要的只是時間。但是中國的敵人和競爭者也知道中國需要的只是時間，這正是他們害怕和不允許的。上個世紀的三〇年代，日本不肯給中國時間，今天的美國，也不會給中國時間。

中國在和時間賽跑，中華民族正處在最關鍵和最危險的時候。

今天的中國已經進入造艦高潮，二〇一三年中國至少有十七艘嶄新的軍艦服役，震驚世界，噸位更大和性能更先進的軍艦正在船塢中和工程師的圖紙上。中國二〇一四年三月二十一日服役的052D型導彈驅逐艦昆明號，它的電子設備（特別是四面相控陣雷達）其性能已經超過美國目前所有的伯克級神盾驅逐艦和神盾巡洋艦。

052D型驅逐艦的火控雷達是有源相控陣雷達，美國目前所有神盾級驅逐艦和巡洋艦的雷達都是無源相控陣雷達，它們的性能比起有源相控陣有相當大的差距，特別是在可靠性和電子戰方面，而且美國的神盾雷達發射的時候是每面輪流發射，不能四面陣同時掃描，比中華神盾差遠了，中華神盾是四面陣同時運作的。

美國的戰艦只有剛下水的第一艘 DDG-1000 級朱姆沃爾特號和未來的伯克III級的驅逐艦才裝備有源相控陣雷達，但是朱姆沃爾特號只有一個外殼，還在造船廠的港口安裝內部設備，伯克III還在工程師的設計圖紙和造船平台上，要過好幾年才能下水。這告訴我們，中國的軍事工業已經有能力局部超越美國。

更有甚者，中國最新 055 型驅逐艦已經接近定型，排水量超過一萬噸（據說達到一萬兩千噸），配備更先進的電子系統、動力系統和武器系統，性能逼近美國的DDG-1000，超過全球任何其他型號的導彈驅逐艦。驅逐艦是海軍的骨幹，也是海軍的萬金油，在海軍中的意義具有指標性。中國海軍在驅逐艦的裝備上處於坐二望一的地位。

中國兩個自研型號的航空母艦已完成定型設計，排水量超過八萬噸，也進入實際建造，作者認為這兩艘航空母艦大約在二〇二〇年左右可以服役。這時候，中國的航空母艦戰鬥群將處於第二梯隊之首。

在水下武力方面，裝備ＡＩＰ（不依賴空氣推進）系統的元級常規潛艇和094型戰略核潛艇已經服役，而且都進入戰備巡邏。除此之外，更先進、載彈量更大、靜音效果更好、攜帶威力更大的洲際彈道導彈的096型戰略核潛艇至少已經在生產中，有照片顯示已經服役（沒有官方宣布），是否進入戰備巡邏不得而知。如果靜音的096戰略核潛艇一旦進入戰備巡邏，中國海軍在二次核打擊的能力上將進入世界第一梯隊。

中國海軍超過日本海上自衛隊已成定局，中國和美國爭霸海洋則已經白熱化。

第一節　南海問題的遠因

國共內戰和兩岸的長期軍事對峙

作者對南海的古老歷史沒有太多研究，絕大部分的瞭解是從二次大戰結束後中華民國的林遵將軍率領艦隊到南海諸島命名立碑、宣示主權開始的，但是對隨後的發展倒是十分關注。

作者認為今天南海問題變得如此複雜和處境艱難，根本的原因就是國共內戰和兩岸的長期軍事對峙。

二戰結束後，日本海軍被美國強迫瓦解，日本倖存的軍艦全部被美國沒收，一部分分配給盟軍，國軍海軍就分到好幾艘驅逐艦。但由於日本使壞，將海水注入鍋爐與冷卻系統，把整個動力系統燒壞，無論怎麼修，航速都上不去，成為瘸腿的半殘廢，沒有什麼軍用價值。基本上，二戰後日本海軍已經不復存在，亞洲諸國都在陸地上忙，南海成了一個權力真空的地方。

一九四六年八月，林遵將軍從美國接收了八艘艦艇，包括兩艘一千一百五十噸的護衛艦，取名「太平」與「太康」。一九四八年後又陸續接收了同級的五艘護衛艦「太和」、「太倉」、「太湖」、「太昭」、「太原」。這七艘護衛艦就是所謂的「太字號」，在六〇年代接收「陽字號」驅逐艦以前，「太字號」是中華民國海軍的主力。

一九四六年林遵率領這批軍艦回國後，立即在十月率艦赴南海收復西沙群島和南沙群島，十二月完成對南海所有島、礁、灘的正式命名，南海的最大島就是以林遵的旗艦「太平」號命名。當時中華民國的海軍在東南亞是最強大的，南海周圍的諸國還在鬧獨立，根本無暇顧及海權和南沙群島。如果沒有內戰和後來兩岸長期的對峙，中國控制整個南海完全沒有問題。

五〇年代和六〇年代台灣海軍的實力都優於大陸，但是國軍海軍除了守住太平島外並無大志，導致南海的島礁遭到四周國家的侵占，此事民國政府要負很大的責任，尤其一九七一年被菲律賓占了中葉島更是不可原諒，蔣介石政府要負全部責任。

七〇年代兩岸的海軍力量開始向大陸傾斜，八〇年代大陸海軍已經形成顯著的優勢，進入二十一世紀後，兩岸的海軍力量變成一面倒的局面，這種不平衡的情勢在未來只會更加嚴重，不可能逆轉。海軍是最耗費錢財的高科技軍種，連日本都沒有條件和大陸競爭，何況台灣。

台灣在南海問題上的消極態度很容易理解，五〇年代和六〇年代準備反攻大陸，七〇年代以後雖然放棄反攻大陸，但是海軍的重點是保衛台灣這個小朝廷，如果不是早年就占領了太平島，台灣根本不會理會這個遙遠的、沒有什麼經濟價值的小島，至少李登輝和陳水扁的台獨政府是不想守太平島的，守下去不過是面子問題。你想想，台獨政府連金門與馬祖都不想要了，還會在乎太平島嗎？

台獨政府和獨台政府都不想要太平島，但是出於意識形態和美日的同盟關係也不會把它拱手讓予中國大陸，更不會與大陸合作共禦南海主權。

今天的南海問題中國只能靠自己解決，台灣不扯後腿就謝天謝地了。

中國從七〇年代起在南海已經具有海軍力量的絕對優勢

其實到了七〇年代，大陸的海軍已經頗具規模，作者不明白的是為什麼一九七四年的海戰中共只派出兩艘獵潛艦，對付南越一千多噸的大船？

六〇年代，大陸從前蘇聯購入四艘「鞍山」級驅逐艦，號稱是中共海軍的「四大金剛」。大陸這四艘軍艦避開台灣的四艘陽字號驅逐艦還有道理，對付南越的軍艦還不用就沒道理了。

更何況七〇年代大陸自行設計製造的「旅大」級驅逐艦已經服役。第一艘「旅大」級驅逐艦是「濟南」號（舷號105），一九六八年開工建造，一九七〇年下水，一九七一年交付海軍，一九七三年首次成功發射導彈。

七〇年代的大陸海軍已經進入導彈驅逐艦時代。「旅大」級驅逐艦標準排水量三千二百五十噸，滿載排水量三六七〇噸，速度很快，最高航速達到三十二節。「旅大」級驅逐艦火力強大，有兩座雙聯裝一三〇毫米炮、兩座三聯裝「海鷹2號」反艦導彈、兩座三聯裝三二四毫米魚雷發射管，如此強大的火力對付南海周邊國家的任何海軍都綽綽有餘，是不成比例的、壓倒性的優勢。中共為什麼不出動？

中國大陸在七〇年代和八〇年代缺乏積極作為

一九六五年以後，蔣介石已經放棄反攻大陸，是不能也非不為也。所有的軍事力量都開始向大陸傾斜，大陸事實上有本錢在七〇年代搶占南海所有的島礁。為什麼不做？

作者的回答是：沒有眼光，缺乏海洋意識。

令人感到奇怪的是，即使解放軍只出動小艦，由於士兵的奮勇作戰，中共和越南海軍的兩次海戰都取得輝煌的勝利，但是大陸都沒有擴大戰果，反倒是讓越南繼續占領了很多島礁，為什麼？

文化大革命是阻撓大陸政府在南海有所作為的最大原因。但是即使如此，這段時期大陸政府大量援助北越政權從事越南戰爭從未停止，而且援助的武器和實際參戰的人員都是數量驚人。

大陸有能力援助北越打越南統一戰爭，有三千多噸的導彈驅逐艦，卻沒有能力搶占南海所有的島礁，這說得通嗎？

所以文革不是理由，沒有遠見才是真正的原因。

其實，中共並不是沒有注意到南海周邊國家搶占南海島礁的狀況。一九八一年，鄧小平曾詢問當時的國防部長耿飆，南沙島礁被外國大量侵占，我們如何應對？耿飆的回答很有意思，他說：「搶回來也守不住」，於是鄧小平也就算了。

耿飆是個驍勇善戰的將領，但也許是陸軍將領，他並不那麼瞭解海權的重要性以及海戰和島嶼的爭奪，說話有點似是而非。想想看，如果中國搶回來也守不住，那麼同樣地外國搶了中國的島嶼也守不住，所以外國也許就不搶第二次了。更進一步說，譬如越南這個搶占南海島礁最多的國家，它的本土和中國是接壤的，如果它侵占了中國的島礁，造成中國士兵的傷亡，中國很有可能對它的本土陸地進行大量報復，這個它是吃不消的，所以它很可能不敢做這種事。所以歸根結底，中國領導人和陸軍出身的將領不重視海洋和沒有遠見才是真正的原因。

毛澤東醉心於意識形態，所以對外輸出革命，對內搞階級鬥爭，卻把爭取國家和民族的海洋利益放到一邊去了。中共的開國元勳們都是陸軍出身，沒有海洋意識。所以當時中共最高層的決策人士對南海的重要性缺乏認識，更談不上瞭解，對越共、馬共、印共、印尼共這些革命同志和階級同志倒是有過多的支持與不切實際的幻想。

一九七四年的中越海戰是被南越政府逼出來。想想看，越南民族在還沒有統一的時候都不忘記自己的國家利益，毛澤東卻為虛無飄渺的意識形態幫別的國家打民族統一戰爭。「毛神仙」的政治智慧從何說起？

一九七四年中共海軍打敗南越海軍收復西沙群島後，北越領袖立即致電中共，感謝中共為他們收復西沙群島，氣得中南海那批人說不出話來。這就是在毛澤東領導下意識型態掛帥的後果。毛政權把越共當同志，越共外表用「同志感情」來利用中國，內心把中國當成頭號敵人。今天越南同志占領的南海島礁數量最多，越南同志在南海對中國的威脅最大。

國家和民族的利益超越一切

讓我們面對事實：國家和民族的利益是超越一切的，包括任何意識形態。

新中國最早吃意識形態的虧就是打贏了韓戰、救了金家父子的命、犧牲了三十多萬解放軍的生命、挽回了金家的半壁江山，結果中國非但沒有從北韓（中國大陸稱為朝鮮）弄到一個日本海的出海口作為回報，反而割讓長白山上半個天池幾百平方公里的領土給金家父子。這算什麼？

更令人氣結的是，今天的北韓政府把韓戰的勝利果實全部歸功於金日成領袖的偉大領導和北韓人民的英勇作戰，完全不提中國志願軍在戰場上的貢獻與犧牲。這就是毛偉人意識形態作祟所得到的後果，但是他並沒有覺悟。

「浪漫的」毛澤東對同樣是第三世界又長期受到帝國主義壓迫的印度深表同情，因而對印度在邊界的挑釁和蠶食處處忍讓，於是情況惡化到不可收拾，結果引發了一九六二年的中印戰爭。原因很簡單，印度人非常實際，一切以國家利益掛帥，看到中國「大躍進」的錯誤政策導致大饑荒當然認為有機可乘。印度對中國絕不會有任何浪漫的、意識形態的幻想。

但是毛澤東仍然沒有從印度學到教訓，同樣的錯誤又發生在對越南的政策上。

美國在越戰早期的國防部長是麥納瑪拉（Robert McNamara, 1916-2009，在一九六一到一九六八年這段時期擔任國防部長），他說了一句有名的預言：「越南一旦統一，中越必定反目」，結果完全應驗。

麥納瑪拉雖然打了敗仗，但是眼光卻比毛澤東看得準。

毛澤東雖然打了勝仗，但卻是為別人做嫁衣裳，到頭來不但一場空，而且多了一個更強大的敵人。

今天的中國領導人必須深刻地自我檢討。毛澤東的影子和思想並沒有從中國人的身上拿掉，北京政府還在搞對北韓的無償援助。我們希望大陸領導人能夠吸取越南的教訓，不要在朝鮮半島的問題上重蹈覆轍。

一個分裂的朝鮮半島對中國和中華民族是最有利的。朝鮮半島一旦完成統一，這個統一的半島國家不論是「大韓民國」還是「朝鮮民主主義人民共和國」，必定覬覦中國東北的領土，引出更大的、沒完沒了的麻煩，作者可以保證，美國在這個問題上一定會加油添柴和搧風點火。

這就好像越南統一後立刻覬覦中國廣西的領土，道理是完全一樣的。事實是，統一後的越南還不到三年就引發一九七九年的中越戰爭。我們從越南的利益方向去思考原因，想想看，一個統一的越南看到不斷進行無產階級鬥爭而內耗變弱的中國能不見獵心喜嗎？

想想看，中國周圍的國家哪個不想咬中國一口？哪個不在等待中國的內鬥和混亂？

停止鬥爭讓中國改頭換面

想想看，「把無產階級鬥爭進行到底」這個「浪漫」的毛澤東思想和使用粗糙的、近乎瘋狂的破壞手段來追求社會平等把中國害得還不夠慘嗎？

今天面對南海問題，中國領導人最需要把握的就是確切執行「國家和民族的利益凌駕一切」的外交方針，南海周邊國家的任何抗議都不足取，因為這是一個叢林世界。

我們必須認清，所謂「和諧」是指在中國主導下的和諧，而不是滿足別國需要的和諧。

作者個人認為胡溫政府沒有這個魄力，還不如江朱政府，因而導致中國政府的外交處處被動和處處受制，南海問題不過是其中的一個小節。

第二節　解決南海問題的手段

兩岸合作完全不可能

作者個人認識很多國軍的老海軍，他們不但軍事素養非常優秀，而且國家和民族意識更是濃厚。舉個例子，有一位國軍資深軍官就曾經對我說，一九六二年中印邊界戰爭時，他們一見面彼此的招呼就是「今天打到哪裡了？」，那種無法割捨的民族感情在今天的國軍裡已經蕩然無存。

今天的國軍，無論是國民黨當政還是民進黨當政，都不可能在南海問題上與中國大陸合作，台灣絕對不會放棄與美日的聯盟。大陸領導人對馬英九的幻想是非常不切實際的，對於這一點我非常懷疑大陸領導人的智商。

為了維護中華民族的利益，大陸唯一的選擇就是獨自幹，忘了太平島。

作者不認為太平島有那麼重要，想多了反而會分心。我的看法是經營南沙群島和解決南海問題唯一的手段就是填海造陸。

填海造陸

其實，從二〇〇〇年開始，就是大陸在南海填海造陸的絕佳機會，不但技術熟練，而且海空力量已經達到一個程度，足以保衛工程的進行和建設後的成果。

要做大事就不要怕別人說話，大陸領導人的畏首畏尾和他們喊出的崛起口號完全不相配，特別是胡溫政權，真是一代不如一代，這才是最令人感到憂心的。要知道，除非大陸放棄自己的利益，否則無論做什麼事，西方國家和四周的國家都會反對。如果大陸要以和諧為先決條件，那就什麼事都不要做了，天下沒有和諧而能崛起的大國。

想想看，有了洋山港的經驗，在南海填海造陸還有什麼問題嗎？

無論金錢和技術，對今天的大陸都是輕鬆勝任的事情，而時間已經不能再拖了。

我們首先要在觀念上澄清一個事實，那就是一個島礁露出海面的面積固然重要，但是它底下礁盤面積的大小更重要，因為後者是填土造島的基礎。如果我們瞭解這個事實，那麼太平島就不那麼重要了，因為太平島雖然是面積〇．四九平方公里的南沙群島第一大島，但是它底下的礁盤面積不到一．五平方公里。大陸占領的幾個島礁，它們的礁盤面積遠比太平島的大，所以它們未來發展的潛力也遠比太平島大。

大陸填海的重點是在美濟礁與永暑礁，因為它們開發後的價值最高。作者的看法如下：

美濟礁

美濟礁是一個環形礁石，位於菲律賓巴拉望島的普林塞薩港正西方約三百二十公里處。美濟礁東西長約九公里，南北寬約五．二公里，中間有潟湖，四周礁石在退潮時露出六英尺（約一．八公尺），有一大一小兩個出入口通往圍著的潟湖。美濟礁潟湖的面積約三十六平方公里，水深二十～三十公尺，是一個天然避風良港，即使遭受熱帶暴風，潟湖外波濤洶湧，潟湖內也是水平浪靜。

美濟礁夠大，礁盤面積四十六平方公里，比太平島的礁盤大多了，它的環形礁石特別吸引人，作者個人認為美濟礁的價值遠高於太平島。

美濟礁非常適合發展成為一個商業城，作為中國南海的漁業中心。礁環中的潟湖不但水深，而且面積非常寬廣，水淺的部分可以發展養殖業，非常淺的部分可以改造為淡水湖，水深的地方作為港口碼頭，只要加以疏濬，停泊二十萬噸的巨輪和兩個航空母艦戰鬥群是沒有問題的。

美濟礁當然也可以發展軍事用途，機場與港口本來就可以軍民通用，但是作者認為美濟人工島以商業用途為主比較適當。這個環形礁石精心計畫後可以發展成一個超過五千常住人口的漁港和水產中心，漁船停靠後漁獲直接進行各種不同的加工，然後由巨輪和飛機運往全世界。

美濟礁也可以發展為旅行度假的觀光城，只要比照中東的杜拜建幾座時髦的、超現代化，甚至帶點科幻性的高大六星級觀光飯店，有漂亮的沙灘，有好吃的海鮮，有好看的表演，有好玩的運動（譬如潛水、滑水、駛帆、衝浪），不愁找不到數以千計的觀光客。想想看，澳門的陸地面積也不過二十九平方公里，填土造地後的美濟礁再不濟也是半個澳門，但卻比澳門更具特色，是中國的加勒比海渡假城，東北和內蒙古的同胞會搶著到「美濟人工島」度假避寒。

永暑礁

永暑礁的礁盤面積為一〇八平方公里，夠大，地理位置比美濟礁還要好，並在南海的主航道上，而且周圍附近沒有其他礁石和外國軍隊，這些都比太平島強，特別適合成為軍事基地。

中國要控制整個南海就必須不計成本把永暑礁盡量填海造陸成為一個大島，打造成中國在南海的軍事中心。中國要確保南海的主權與利益主要就靠這個永暑島軍事基地，這是絕對不能客氣或心存顧忌的。

永暑礁的南端是一塊三．五公里長、一公里寬的礁石，水深不足一公尺，填海造陸並不難，很容易就可以填出三～三．五平方公里的土地，這就已經是太平島的八倍了。

但是三～三．五平方公里是遠遠不夠的，作者心中的永暑島軍事基地的規模至少要相當於美國在印度洋的軍事基地：迪戈加西亞島（Diego Garcia）。

迪戈加西亞島的面積為二十七平方公里，有一條長達三千六百公尺的跑道可以起降諸如B-52、B-1、B-2這樣的重型戰略轟炸機，停機坪的面積達到三十七萬平方公尺，可以停一百多架各式軍用飛機。我們必須清楚認識，一個現代化的軍事基地只有在達到這麼大的規模下才能鎮懾住南海的周邊國家。

如果肯下大本錢，永暑礁可以填出三十~六十平方公里的人工島，所以中國在南海的正中心建設一個龐大的海空綜合軍事基地是沒有問題的。中國可以一步一步地來，但是總體規模最後要達到迪戈加西亞基地或者更大。這個工程在最初的設計就要有明確的整體規劃，建設可以慢慢來，但是計畫要一次到位，不能在後期把前面的工程推倒重來。

迪戈加西亞是孤懸於印度洋中的一個小島，平均海拔高度只有一．八公尺，而且遠離大陸和主要航道，遙遠的程度連鳥都飛不進，後勤補給比較困難，做為軍事基地的位置並不好。迪戈加西亞只能駐紮戰略部隊譬如戰略轟炸機與核子潛艇，不能駐紮戰術部隊譬如F-16與F-22。

永暑礁如果能填出四十五平方公里的人工島（取中間值），那麼它的價值比迪戈加西亞島高太多了，因為它在主要航道上。想想看，一個能運作包括重型戰略轟炸機的空軍基地加一個航空母艦戰鬥群的海軍基地，威懾的半徑基本上覆蓋了所有東南亞國家，它的軍事價值是無價的。

永暑礁大型綜合軍事基地建成以後，尤其對越南的金蘭灣和菲律賓的蘇比克灣形成重大的威懾，這是極為重要的。金蘭灣是整個東南亞最好的海軍基地，它的地理位置特好，又是天然良港，外面還有小島作為天然屏障，裡面港闊水深，可以停泊多艘航空母艦和大型船隻，一向被美國和俄國垂涎。越南曾多次想把金蘭灣租給美國，這個交易一旦達成，會成為中國很大的麻煩和無法解決的困難。永暑礁基地建成後，距離金蘭灣不過六、七百公里，完全在解放軍的空中打擊範圍之內。

至於東南亞最重要的海運孔道——麻六甲海峽，也在永暑島基地的打擊範圍內。永暑礁距離麻六甲海峽不過一千四百公里，重型戰機譬如Su-30、J-11B、J-16和飛豹戰鬥轟炸機，它們的作戰半徑都超過這個距離，像H-6這種轟炸機就更不是問題了，即使中型戰機譬如J-10經過一次空中加油到麻六甲海峽執行任務也是沒有問題的。

第三節　中國在赤瓜礁填海造陸

中國對南海問題的態度開始主動進行質變

這兩年南海表面很熱鬧，其實沒有什麼實質意義，主要就是菲律賓的挑釁與鬧事。但是，無論是槍殺台灣漁民、拘捕大陸漁民和扣押大陸漁船、還是與大陸的海警在南海島礁對峙，它們對南海島礁的主權都沒有任何影響，一丁點都沒有。唯一的實質改變是菲律賓又把美國這尊大神請回來，在南海軍力的布局上產生了變化。我們看得很清楚，不論是用火炮驅逐對手出局，還是用實力慢慢擠壓對手出局，南海問題的解決最後還是要由海上武力來決定。

這些年來中國大陸對南海問題的態度只有一個，那就是遵循鄧小平的韜光養晦，換言之，就是用一個「拖」字來累積國家實力。其實，在東海問題上，中國大陸的態度也是一樣的。

二十多年後，歷經江朱政權和胡溫政權，到今天的習李政權終於開始有所做為了。

在東海，中國劃下了「東海防空識別區」。

在南海，中國做了兩件有實質意義的大事：

一是開始在赤瓜礁填海造陸；二是開始在西沙群島鑽井打油。

這是中國隱忍多年後，在東海和南海打出的連環拳。中國厚積薄發，不鳴則已，一鳴驚人，氣得越南和菲律賓近乎瘋狂的憤怒和不知所措。

所以，折騰了這麼多年，中國終於回到我們老早就建議它應該採取的方法。

我們不禁要問：為什麼中國要等到現在才開始填海造陸？為什麼選擇赤瓜礁？

作者認為中國等到現在開始填海造陸是因為各項長期的準備工作都在這個時候成熟了，這就跟二〇一一年一月十一日中國的隱形戰機閃亮出場一樣，是各項長期研發的科技在這個時候成熟與結合。

首先，在各項指標工程中，最重要的一項就是「北斗導航系統」，它不但完成從裡海到國際換日線這個區域的覆蓋，而且各種支援系統（譬如差分系統）和應用系統都達到完善，產業鏈漸趨完備，滿足了民用與軍事的雙重要求。

其次，空軍與海軍的作戰能力已經突破第一島鏈和進逼第二島鏈，作戰力量覆蓋南海地區不成問題，第二炮兵的對海攻擊已經形成對美國海軍的實戰威懾。

其三，中國海警船隻大量興建，已經在南海地區形成絕對優勢。

其四，中國的深海石油與天然氣鑽探船和管線鋪設船已經技術成熟，深海勘探與作業能力進入世界第一梯隊。

看到沒有？軍事力量在後面壓住陣腳，民用的填海造陸和鑽井打油就可以在前台開始作業了。中國採取的是穩紮穩打的策略。

中國外交態度的轉變

在習近平和李克強上任之前，中國的外交一直被批評為過分軟弱，外交部經常收到民眾寄來的鈣片，自然引發部分外交部官員極度的不滿。中國外交部副部長傅瑩終於發話了，二〇一三年，她在國防大學的演講中對在場的軍官和學生說道：「你們在座都是軍人，我想向你們表達的是，你們軍人在戰場上拿不到的東西不要指望我們這些外交官們用嘴巴給你們拿回來。」

傅瑩的話非常在理，這話應該不是她的發明，好像最先出自外國的一位名人。其實，自古以來就有「弱國無外交」這句名言，傅瑩的話不過是另外一種從外交角度和人性角度的說法。想想看，中國的外交軟弱，能比李鴻章時代更軟弱嗎？後人恥笑李鴻章，只曉得一味地責備李鴻章，很少有人企圖瞭解李鴻章的難處，他也不是天生就想賣國的。

隨著中國國力和軍事力量的增長，中國的外交也變得越來越強硬，中國外交部官員的發言也越來越有底氣。記得歐巴馬總統二〇一四年四月下旬的亞洲之行，他訪問了日本、韓國、馬來西亞和菲律賓，卻在中國旁邊過門而不入。好事的媒體記者以此詢問中國外交部，企圖用此來責難甚至羞辱中國的外交，但是中國外交部發言人秦剛回答得非常有力，他面容嚴肅、一個字一個字地說：「你來，或不來，我就在這裡」。

想想看，秦剛這句話是何等氣派與自信、透出了何等底氣與氣勢，中國外交的風貌在習李政權完全改變了。

中國軍事態度的轉變

外交的底氣來自軍事力量的強大，那麼，中國在軍事上對美國的態度又是什麼呢？

回答是：在軍事上，中國對美國的態度變得更強硬、更坦率和針鋒相對，也就是說，立場堅定、寸步不讓，而且把話挑明了講。

二〇一四年五月十三日，中國解放軍總參謀長房峰輝上將應美國參謀聯合會主席鄧普西上將的邀請訪問美國。經過兩日交流，五月十五日，兩人在五角大廈舉行聯合記者招待會，房峰輝上將在這個記者招待會的發言最能表現中國軍方對美國的態度，我們對此重點分段說明如下：

一、美國戰略的虛偽性

房峰輝認為美國現行的軍事戰略和中美元首在二〇一三年六月加州莊園會議在政治上所達成的「新型大國關係」是矛盾的。房峰輝呼籲美方客觀認識和看待東海與南海發生的一些問題，防止讓這些問題干擾和影響兩國與兩軍關係的健康穩定發展。

二、美國利用「亞太再平衡戰略」製造東亞的亂局

房峰輝說，美方實施亞太再平衡戰略後，多次強調不針對中國，但周邊一些國家借再平衡的機會做了一些不該做的事情，使本來很平靜的東海和南海變得不平靜。日本演出購島鬧劇，試圖占有本來屬於中國的釣魚台，「這是中方堅決不能答應的」。

「南海問題也是如此」，房峰輝說，十五年前菲律賓把一艘軍艦擱淺到仁愛礁上，當時答應會很快把船拖走，後來不但沒有拖走，現在還要進行加固，使船永久待在仁愛礁上，目的就是想把仁愛礁變成菲律

賓的島嶼。

三、祖宗留下的土地一寸也不能丟

房峰輝指出，在南海和東海問題上，主要的責任不在中方，一些國家認為中國要維護戰略機預期，就藉機占便宜、鬧事、挑釁中國，「我們是絕對不能容許的」。

房峰輝進一步說，中國不惹事，但也不怕事，在維護自己主權、安全和領土完整上是堅定不移的。他最後強調，「在這個方面，我們說得到，做得到。老祖宗留下的土地，一寸也不能丟！」

四、中國在西沙群島的石油鑽井一定要打成

房峰輝表示，五月二日以來，越南對中海油田服務有限公司在中國西沙群島海域開展的正常鑽探活動進行強力干擾，中方深感意外和震驚。南海地區很多相關國家打了很多井，但中國沒有打一口井。這些年來中國保持著極大克制，目的是要維護南海穩定。我們一直主張擱置爭議共同開發，但是一些國家擅自在這一區域打井。在這樣一種情況下，中方最近在西沙群島的中建島開始進行鑽井勘探。

房峰輝說，中國在打井問題上非常慎重，現在想不通的就是為什麼其他一些國家打了這麼多井，外界沒講什麼，而中國打一口井，馬上就有這麼多橫加指責。他強調，「中國在自己的領土領海上進行鑽探作業是堅定不移的，這個井我們一定要打成，不會受任何外來的干擾和破壞。」

中國軍方對美國劃下紅線

作者認為房峰輝的談話是經過高層授意的，代表的是中國的國家意志，不可小覷。中國清楚地指出美國的虛偽，並且對美國製造的國際事件劃下紅線。

根據媒體的報導，當房峰輝指出美國戰略的虛偽性和它唆使他國的本質時，鄧普西顯得「略被激怒」，稍作停頓後，他說「謝謝給我時間，讓我構思回應」，「我們將會繼續實施亞太再平衡戰略，是因為我們可以、應該也必須這樣做，我們將會對威脅予以回應。」報導稱，儘管這個回應措辭有些強硬，但是鄧普西在他大多數的發言裡，再次堅持他的一貫主張：美國必須同中國建立更好的軍方關係，以避免這一地區出現任何可能導致衝突的誤判。

不管怎麼說，中國撂下狠話，讓美國看著辦。這個策略是正確的，因為美國的戰略就是要中國退讓、一步步把中國逼入牆角。所以，如果中國不這麼做，美國領導的亞洲小嘍囉們必定會得寸進尺，東亞局勢將一發不可收拾。

當然，房峰輝這一番大道理美國也許不聽，繼續接著幹。但是要知道，南海這些小國是不經打的，不可能形成美國希望的代理人戰爭，反而使中國可以趁機收復所有失去的南海島礁。美國如果不甘心，那就只能自己赤膊上陣，正式引發中美的軍事衝突，這個戰爭責任不在中方，中國除了應戰也別無選擇。

大陸填海造陸為什麼選擇赤瓜礁？

如果你打開地圖，就會發現南海的南沙群島有兩處島礁特別密集，一個叫鄭和群礁，一個叫九章群礁。鄭和群礁在九章群礁的正北方，兩者相距二十二公里。台灣控制的太平島在鄭和群礁的西北角，大陸控制的赤瓜礁在九章群礁的西南角。太平島是南沙群島的第一大島，赤瓜礁是九章群礁中礁盤最大的島礁。

赤瓜礁的價值就在它的礁盤大，它是一個梨子形狀的礁盤，南北長四公里，東西寬約兩公里，填海後，陸地面積可以達到五平方公里，超過永興島二．二五平方公里面積的兩倍。赤瓜礁的東北角有一個大約四百公尺的開口、面積大於一平方公里的潟湖，水深超過十公尺，非常有價值，開發成港灣後連航空母艦都可以停泊。

赤瓜礁最大的價值就在它的地緣位置配上八平方公里的礁盤面積，使它的戰術價值在南沙群島中無可取代。

赤瓜礁位於南沙群島的正中央，我們以赤瓜礁為中心，檢查一下它和其他重要島礁的距離和方位：

赤瓜礁—東門礁：三十九公里（東北）

赤瓜礁—南薰礁：五十五公里（北）

赤瓜礁—渚碧礁：一百三十五公里（北）

赤瓜礁—美濟礁：一百四十公里（東）

赤瓜礁—永暑礁：一百五十公里（西）

赤瓜礁—華陽礁：一百七十五公里（西南）

所以你看，中國大陸在南沙群島實際占據和控制下的所有七個島礁，距離赤瓜礁最遠的也只有一百七十五公里，完全在直升機的攻擊和運輸範圍之內。

目前，在南沙群島可以起降常規固定翼飛機的機場有四個，它們是太平島機場、中業島機場、彈丸礁機場和南威島機場，它們都具有很高的軍事價值，而中國大陸在南沙群島一個機場也沒有。我們把這些機場的擁有國、與赤瓜礁的距離、與赤瓜礁的方位和機場跑道長等資料敘述如下：

赤瓜礁—太平島（台灣）：七十公里（北）：跑道長一一五〇公尺，寬三十公尺

赤瓜礁—中業島（菲律賓）：一百五十六公里（北）：跑道長一千五百公尺

赤瓜礁—彈丸礁（馬來西亞）：二百五十三公里（南南西）：跑道長一千一百公尺，寬四十公尺

赤瓜礁—南威島（越南）：二百六十公里（西南）：跑道長六百公尺

我們一看這些資料就明瞭在赤瓜礁只修建港口和直升機平台是不夠的，必須建設可供固定翼戰機起降的機場。我們再看這四個機場，跑道最長的也不過一千五百公尺，只能起降戰鬥機和中型運輸機；跑道短的只有六百公尺，只能起降輕型飛機。

那麼，他們為什麼不建更長的跑道呢？

答案非常明顯：他們擁有的島礁礁盤太小了。

你看，赤瓜礁有八平方公里的礁盤，其優勢立刻顯露出來，上面這四個擁有機場的島礁完全沒法比，連太平島都差遠了。想想看，中國大陸非常輕鬆地就可以在赤瓜礁建設一個跑道長三千公尺、寬一百公尺的飛機場，可供重型戰鬥機、重型轟炸機和大型運輸機起降。只要這個機場建設完畢，重型戰機和大型運輸機一進駐，中國解放軍在南沙群島的戰力立刻壓垮周邊國家。

愚蠢的越南把竊占中國的南威島作為南沙群島的作戰指揮中心，在只有〇．一五平方公里、平均海拔二．五公尺的小島上進駐了六百名軍隊，號稱「固若金湯」。事實上，一個沒有縱深、不可能隱蔽的彈丸之地，在沒有空優的情形下，只可能成為戰爭絞肉機中的一塊肉，連一小時都撐不住。

赤瓜礁除了建設上必須克服的天然障礙，還得面對一些人為的小障礙和小麻煩。赤瓜礁附近有幾個越南軍隊盤踞的島礁，最近的一個是鬼喊礁，距離赤瓜礁只有三公里，解放軍首先就必須拔掉它。中國在南海動用武力是遲早的事，赤瓜礁一旦建成規模，九章群礁所有的外國（目前只有越南）軍隊和設施就必須

全部清理和拔除。

中國大陸已經開始行動了，只要赤瓜礁的建設完成，把外國軍隊慢慢擠出南沙群島是指日可待的。

大陸赤瓜礁填海引發台灣擔憂

二〇一四年五月十九日，台灣立法院外交及國防委員會召開會議，大陸在南沙赤瓜礁填海造陸的活動成為關注點。國民黨立委林郁方稱，大陸從去年九月起開始在赤瓜礁進行大規模填海作業，已經填出了十二萬平方公尺的陸地、大約十七個足球場大小，而赤瓜礁距離太平島僅七十公里，已經在大陸軍用直升機的航程內，建議國軍應該在太平島部署防空導彈。

台灣國防部回應稱，依據台灣軍方分析，大陸在赤瓜礁進行大規模填海的目的，現階段是以建造可供大型船艦靠泊的碼頭為主，目前還沒有修築成機場跑道的跡象，未來中共是否進一步修建跑道，也不能完全排除，國防部會持續觀察。國防部副部長夏立言稱，太平島由海巡署駐守，國軍有各種應援計畫，包括經常演練「衛疆計劃」一號、二號，「在太平島的部屬不是不堪一擊」。中央社稱，國軍可以從海空增援太平島，空軍四小時可抵達，海軍需三十六小時。夏立言還說國防部嚴密監視所有大陸公務船泊和軍艦，不讓其越過「中線」。

林郁方和夏立言的發言都十分可笑，都在把握機會表達反中保台的思想，這已經成為台灣制式的、政治正確的行為模式，非這麼說不可，不這麼說就是不愛台灣。

林郁方和夏立言的發言是胡說八道和胡亂吹噓。

想想看，台灣政府在一九七一年七月二十九日丟失了中葉島，此後一直被菲律賓軍隊占領，怎麼不見國軍去把它拿回來？

想想看，台灣政府本來是有軍隊駐紮在敦謙沙州的，一九七四年，駐守敦謙沙洲的國軍到太平島躲避颱風，越南就趁機派軍隊占領了敦謙沙洲，直到現在一直有效占領著。國軍在丟失國土的情形下，為什麼不派兵把敦謙沙洲從越南手中奪回來？

丟失敦謙沙洲沒什麼，軍事上，誰沒有大意失算的時候？但是，丟失了國土卻不去奮勇奪回來，這就不對了。作為軍人，還有沒有榮譽心？

台灣見到外國軍隊就軟弱，見到大陸解放軍就吹大氣，擺出拼命的姿態，這是什麼心態？沒有見識又沒有榮譽心，林郁方和夏立言還好意思在國人面前誇耀吹牛。

大陸從來沒有占領太平島的意願，如果想占，早就占了，台灣不可能守得住。事實上，大陸是有心幫助台灣協防太平島，免得它落入越南之手。

讓我們把話說白了，自從李登輝在二〇〇〇年一月二十八日成立海岸巡防署，用海巡署人員取代海軍陸戰隊接管太平島，太平島的防禦就變得非常脆弱，和周邊國家的正規軍相比確實不堪一擊，自然成為周邊國家覬覦的目標，其中越南垂涎太平島是人盡皆知的事實。

二〇一三年，海巡署招募六十四位士官兵，結果只有一人報到，最後有三名女性士官自願到太平島服役，於是海巡署就這樣草草了事。如此低落的士氣，能打仗嗎？能打勝仗嗎？恐怕不需要我們多做分析吧。

越南之所以一直不敢攻占太平島，就是因為對旁邊的解放軍十分忌憚，越南知道如果它攻占太平島，中共必定出手。太平島一旦落入中共之手，在中共的經營下，越南在南沙群島的據點就動搖了。今天中華民國之所以還能保住太平島，不是中華民國的海巡署有多厲害，而是越南害怕旁邊的解放軍。

林郁方委員顛倒黑白、信口雌黃，是一個投機者，專說台灣人愛聽的政治語言。

太平島非常重要，至少目前它還是南沙群島的第一大島。如果越南攻占了太平島，解放軍是一定會把它奪回來的，到時候看台灣怎麼面對這種尷尬的情勢。是厚著臉皮去要回來？還是有點自尊心就不要了？無論是哪一種選擇，國軍都沒法做人。

林郁方委員的政治表演太做作了。

夏立言副部長的發言就更搞笑了，太平島與赤瓜礁的中線在哪裡？

夏立言知不知道太平島在鄭和群礁的北端，赤瓜礁在九章群礁的南端，兩個群礁都圍繞成環型。太平島與赤瓜礁中間除了二十二公里的海水，還隔著兩串島礁，這個「中線」怎麼劃？

夏立言知不知道，同是位於鄭和群礁的北端，由西向東分別是南熏礁、太平島和敦謙沙洲，三個軍事據點成弧形排開。南熏礁在太平島西南方二十三公里處，敦謙沙州在太平島東南方十二公里處，敦謙沙州是越南軍隊駐守，南熏礁是大陸解放軍駐守，夏立言的「中線」又怎麼劃？還是在這裡不需要中線了？

想想看，七十公里外的赤瓜礁算什麼？二十多年來，中共解放軍就駐紮在太平島西南方二十三公里處的南熏礁，為什麼台灣國防部從來不緊張？難道南熏礁的解放軍戰鬥力還不如敦謙沙洲的越南軍隊？或是敦謙沙洲的越南軍隊比南熏礁的解放軍對太平島的國軍更友善？

台灣的民代和官員令人搖頭，他們不知道自己在做什麼，也不知道自己在說什麼，這種政府和軍隊能守土衛國嗎？

回到美濟礁與永暑礁

赤瓜礁固然好，它的底子和潛力遠優於其他國家與地區所擁有的島礁，但是說到底，它只能成為中國大陸在南沙群島的戰術作戰中心，它沒有戰略能力，也沒有這個基礎和發展潛力，因為它的礁盤還不夠大。

一個軍事基地要成為戰略中心，單是能夠起降重型戰機和停泊大型戰艦是不夠的，它必須具備維修保養、補給供應、訓練教育、足夠的防禦體系和生活支持等的能力。這些是赤瓜礁不可能具備的條件。

赤瓜礁填海造地是一個應急的措施，在很短的時間內（譬如三年）和不需要太大的經費（譬如三百億人民幣）下建設一個戰術上足以抗衡和壓制區域對手的軍事基地。赤瓜礁無論怎麼修建是不可能威懾周邊國家的，它的自持能力不足。

赤瓜礁不過是一個戰術運作點，它太小，不能形成戰略支撐點，所以無法取代永暑礁的地位。

如果中國要在南海地區札根，如果中國要有威懾南海周邊國家的能力，那麼全力開發美濟礁和永暑礁是必須的。當美濟礁開發成四十六平方公里的美濟人工島，成為漁業和度假旅遊中心，中國就在南海地區札根了；當永暑礁開發成一〇八平方公里的大型海軍與空軍綜合基地的時候，中國的軍事能力就直接威懾南海的周邊國家，連關島都會有所忌憚，沒有任何地區國家能夠挑戰中國在南海的主權和利益。

第四節　永暑人工島的戰略意義

永暑人工島的海空基地一旦完成，整個東南亞的戰局將完全改觀。

上面這句話可不是一句空話，我們舉例說明。

永暑人工島的基地只要形成規模，多年來因為天高皇帝遠而一再胡鬧的印尼就必須收斂了。印尼政府如果再屠殺華人將付出非常沉重的代價。從永暑島基地到納土納島（Natuna islands）的距離比雅加達到納土納島還近。如果印尼政府再屠殺華人，中國正好可以用人權作為理由奪了納土納群島，然後把受壓迫的印尼華人移一部分到納土納群島成立一個親中國的華人國家。這樣，中國在南海的勢力就更穩固了。

看到沒有？這就叫做「威懾」。

「威懾」不是一個空洞的名詞或口號，「威懾」是表面要你聽話、後面已經準備好武力行動的一種國際態勢，也就是羅斯福所說的「手中拿著大棍子，說話輕聲細語」。一個國家要做到這種程度才能不怒而威，才算得上是一個崛起的大國。

有了永暑基地，印尼排華是中國求之不得的機會。崛起的中國總要找一個國家來試刀，印尼是最佳選擇。你不排華我都要製造一個好報以前的仇，印尼這筆血債是一定要算的。

今天的中國到處「嚴重抗議」，看看有什麼國家理你？

當然沒有，因為中國沒有「威懾」的實力。

你想想，如果中國在美濟礁和永暑礁填海造陸都畏首畏尾，這種國家還有什麼出息？

這種國家任何崛起的口號也不要再叫了。中國的漁民被抓、被關、被罰錢也是活該，因為他們的政府沒有能力保護他們。

我們要認清現實，沒有任何東南亞國家會看到解放軍在天安門踢正步而害怕的。

中國的領導人必須認清永暑礁的戰略價值。永暑礁的地理位置太優越了，礁石的面積特別大，周圍附近又沒有其他國家的島礁，永暑礁可以建成一個比迪戈加西亞島還要完善的大型海空軍綜合基地，使之成為中國在東南亞的軍事指揮中心，它威懾的範圍豈止是南海。當中國的戰略空軍、航空母艦與核子潛艇進駐永暑基地的時候，整個東南亞都將為之震動。

填海造陸的費用

作者是不贊成挖當地附近的礁石來造島的，因為這兩個人工島都必須足夠大才能產生戰略效益。除非在不需要填海的地方（譬如水深超過十公尺）可以很容易地從海底抽砂，否則填海造陸的材料最好都從大陸運來。

如果大陸把美濟礁發展成中國在南海的漁業中心，這些投資很快就可以得到回收，而且是邊投資邊回收，對國家的財政不會造成壓力。

永暑礁的建設應該是純軍事的，它的價值也只有從戰略意義上才能有正確的評估。作者個人認為永暑礁的戰略地位無可取代，因此它的戰略價值就是南海的價值，更正確的說，是保證東南亞是中國後院的價值。讀者認為它值多少錢？

造人工島和造航空母艦的比較

根據大略的估算，建造一個高出水面三公尺、面積為五平方公里的永暑人工島需要一百～五百億人民幣。我們取其中間值，就算三百億人民幣。這個工程所需要的時間不應該超過十年。

我們用美國最大的核動力航空母艦做比較。一九九八年服役的「杜魯門」號，排水量九萬七千噸，可載八十架戰機，耗時九年完成，耗資四十五億美元。一九九八年的匯率大約是一比八．二，所以「杜魯門」號的造價大約是三百七十億人民幣。

現在很清楚了，建造一個高出水面三公尺、面積為五平方公里的永暑人工島所需要的時間和費用都和製造一艘十萬噸的核動力航空母艦相同。

請問：在南海中心一個五平方公里的永暑人工島和一艘十萬噸的核動力航空母艦，那個價值高？

作者相信即使是小學生都知道永暑人工島的價值遠高於航空母艦。五平方公里的人工島是無法擊沉的，上面修建的飛機場可以起降重型轟炸機和大型運輸機，這些都不是任何航空母艦可以做到的。

一些省錢的辦法

作者對填海的事很早就有想法，並且認為這是一件簡單又費不了什麼錢的事。填海造陸有兩種材料，一是沉箱，二是砂石。沉箱是用特殊材料所製成的堅固箱子，把它沉入海中用來固定人工島的邊界。砂石是邊界固定好後人工島內的填充物。下面是兩種省錢的辦法。

沉箱

作者從照片中看過中國大陸生產的沉箱，鋼筋水泥建造，非常巨大，估計高十公尺、長二十公尺、寬五公尺，中間有水泥牆隔開，重量起碼在四、五百噸以上。如果把它用在填海造地，十公尺深的海水放置一個沉箱就把海水隔開了，非常有效率。

不久前有新聞報導，雲南和廣西水泥生產過量，沒處銷售，水泥廠又不能不開工，否則工人生活將成問題。中國的鋼鐵生產目前也是同樣狀況。所以現在是填海造陸的好時機，南海的填海工程一旦啟動，沉箱的需要量是天文數字，中國大陸水泥和鋼鐵的銷售問題都能同時得到大幅緩解，一舉三得。

中國大陸有很多超級油輪來回於中國和中東之間，回中國的時候都是滿載，去中東的時候都是空船。空載的油輪由於吃水變淺導致重心不穩，因此都在油艙中注水，稱為壓艙水，用來升高吃水線。一艘二十萬噸的油輪壓艙水少說也有兩萬噸，可以改運沉箱代替壓艙水，也是一舉兩得，不過技術上需要研究。

砂石

大規模長期運載砂石可以不用砂石船而用拖船代替。很多年前，美國紐約市把堆積成山的垃圾用拖船拖到其他國家掩埋處理。垃圾山可以在海上拖運，砂石山為什麼不可以？

退一萬步，中國每年從澳洲、印度、非洲、巴西等國家進口的礦石以億噸計，回國是滿載，出國的時候都是空船，為什麼不能順便運砂石？這些船幾乎都是國營公司的，只需要總理的一句話就夠了。永暑礁和美濟礁都在主航道上，根本不必繞路，為什麼不做？

除此之外，距離美濟礁和永暑礁不遠的地方（譬如一百海里內）有可能找到很容易抽取的海沙，這就比從千里之外的大陸運砂石便宜多了。現代的海洋工程技術非常高超，只要找到適當的海域就可以建大型海沙挖掘船，填海造陸的成本會大幅降低。

結論

一、在南海周圍的小國幾乎完成搶占島礁後，中國的南海問題已經到了火燒眉毛的時候了。

二、今天的南海問題是中國過去長期的放任不理所造成，尤其是七〇年代和八〇年代，現在補救已經有點晚了，但仍然可以有所作為，絕不可遲疑和拖延下去，否則情況會更加惡化。

三、二〇一三年九月，中國開始在赤瓜礁填海造陸，時機拿捏得非常好，以中國的建設速度和洋山港的經驗，三年之內必有小成，十年之內必有大成。中國在南海的不利局面將及時得到扭轉。

四、赤瓜礁的建設屬於戰術性質，戰略性的改變必須依靠美濟礁和永暑礁。

五、如果中國政府大刀闊斧地進行美濟礁和永暑礁的人工島計畫，十～十五年之後，一定可以把南海的情勢全面改觀。

六、十五年後，美濟礁可以變成一個至少有五千常駐居民的漁業中心。美濟島漁業中心帶來的經濟效應和觀光價值將是天文數字，是中國在南海的澳門。

七、十五年後，永暑礁可以建成一個至少媲美甚至超過迪戈加西亞島的海空軍大型綜合基地，時間上正好可以迎接中國的第四代戰鬥機、新的戰略轟炸機、新型核子潛艇和航空母艦戰鬥群。

八、永暑基地與美國的關島基地是有對抗性質的。永暑礁的戰略位置遠優於美國的關島，關島雖然有五百四十九平方公里，但是所處的位置非常孤立，距離任何有戰略價值的目標都超過兩千公里。由於關島的面積有顯著的優勢，永暑礁必須不計成本地擴建，使永暑基地的設備完善、效能滿足戰略目標，也使駐軍的生活足夠舒適（非常重要），最終建成一個超過四十平方公里的人工島，足以壓制關島帶來的軍事威脅，這是建設永暑軍事基地的一個必要條件。

九、永暑島軍事基地完成後，就是開始立威的時候了。中國必須動手清除非法占領南海島礁的一切外國勢力，確實執行中國擁有全部南海主權的歷史宣示，這是不能有絲毫客氣的。中國不能再老是笑臉做爛好人，這時候要拉下臉來、露出牙齒做惡人，立威就是要小人害怕。中國這個時候要清楚地告訴南海諸國誰是他們的主人，要告訴全世界東南亞是中國的勢力範圍。成功達到這個目的才是真正的「崛起」。

十、永暑島軍事基地完成後，日本也不要成天老是嚷嚷什麼「生命線」了。所有東北亞國家的戰略和經濟運輸都掐在中國的手裡，他們最好聽話，因為他們只能在中國的主導下求發展。和諧東亞是這樣達成的。

十一、永暑島軍事基地將成為威懾所有東南亞國家的鎮國寶器，把整個東南亞納入中國的後院。東南亞有了無可爭議的單一主導力量，於是東南亞也和諧了。

十二、歷史上，中國從來沒有殖民他國，從來不是一個剝削外國資源的國家，即使最強盛的時候也是如此。一個中國主導的和諧東亞與和諧東南亞不但是中國的利益，也是全東亞和東南亞的利益。

第五章

中美的軍事對抗

導言

在論述了「經濟問題」和「中美博弈」之後，讓我們把問題的重心轉移到軍事，前面兩個題目討論的是國家的氣勢，經濟是基礎和底氣，軍事則是手段，是國家氣勢的表面化，所以軍事問題是我們談天下大勢的自然延伸。

作者準備了三個題目：

一、中美的軍事對抗；

二、不對稱戰爭；

三、彈道導彈攻擊大型海面船隻。

乍看之下這個論述的安排不太合理，因為他們不是平行的題目，而是在涵蓋範圍上逐漸縮小，上一個題目的內容其實包含了下一個題目。是的，的確是如此，「不對稱戰爭」是在中美的軍事對抗中，中國以弱擊強所採用的戰略，而「彈道導彈攻擊大型海面船隻」是解放軍在「不對稱戰爭」和美軍作戰時所使用的一種革命性的創新戰術。

本書論述的方式雖然安排得有點不合常理，但是把上一個題目的關鍵項目單獨挑選出來作為下一個題目將更能突顯重點。這是老美常掛在口中的「從上而下的設計」（Top-Down Design），希望讀者不要見怪，或者見怪不怪。

這個系列有科普的味道，尤其是第三個題目，它牽涉比較高深的知識和非常複雜的系統。不要害怕，本書所有的內容都是深入淺出，一看就懂，一懂就會恍然大悟，原來現代的武器系統如此簡單有趣。

希望讀者看完以後能對現代軍事的瞭解有進一步的認識，也對中國大陸的科學家與工程師艱苦卓絕的奮鬥精神有更多的敬意。

本章是論述軍事問題的第一個題目：中美的軍事對抗。

讓我們進入正題。

第一節　躲不過的中美軍事對抗

在人類的歷史中，任何大國的崛起都必須打敗一個比它更強大的國家，這幾乎是大國崛起的定義。如果沒有這一戰，崛起是假的、是不能服人的、是不穩固也不能長久的。

作者個人不相信和平崛起，願意也好，不願意也罷，這一戰總是要來臨的，越是不願意就越是躲不過，我們要有心理準備。

就像歷史中所有強權的誕生，中國的崛起開始於經濟的崛起，經濟的崛起為軍事的崛起打下根基，歸根結底，為的就是迎接西方帝國主義最後的武力挑戰，這是一道必須跨過、無法避免的門檻。所以軍事問題對中國的崛起屬於必要的關鍵。

我們說過，西方列強天天掛在嘴上的「自由貿易」是最大的謊言，看看加勒比海的海盜歷史，資本主義從一開始就是壟斷和戰爭，這是五百年來資本主義的本質，不可能改變的。所以我們看得很清楚，無論是兩岸問題，還是中東與中亞的問題，西方列強考慮的全是圍繞著戰爭，導致中國面對自己的問題其核心考慮也不得不是戰爭，南海問題就是最佳的例證，大陸四艘最先進的導彈驅逐艦全部放在南海艦隊，未來的第一艘航空母艦一定也是編入南海艦隊。

戰爭這一關誰都躲不過，現在的和平運作都是在為未來的戰爭布局。最好的結局就是在戰爭的壓力下對手會低頭認輸，這就是和平了。

軍刀下的和平是我們最高的期盼。

決定戰爭的因素

戰爭是人類面臨最複雜的事務，它的起因複雜、過程曲折、結局與長期影響也很難預料，但是這些都不是本文要討論的。這篇文章我們要論述的是在二〇一〇年全球熱點劍拔弩張的時候決定戰爭的主要因素，他們是時機、時間、裝備、外交、士氣和後勤補給。

這些熱點的交戰雙方是西方先進國家和發展中國家，但是我們把焦點聚集在中國和美國，因為它們是決定性的主角。

時機

從種種跡象看來，美國的經濟問題已經走投無路，必須尋求軍事解決，而且軍事解決的時機越早越好。

戰爭的需要一向取決於遠因（譬如經濟），近因不過只是藉口（譬如發展核武），隨時可以編一個，這不是問題。引發戰爭的近因通常是最不重要的。

譬如前幾年美國藉口「天安艦事件」要和韓國舉行聯合軍事演習，宣布要將航空母艦「華盛頓號」駛入黃海進行反潛演練。這完全是瞎說八道，航空母艦是一個純攻擊性的武器，反潛是驅逐艦的工作，更確切地說，應該是護衛艦的工作。把一艘十萬噸的核動力航空母艦開到黃海不是對付北韓，而是向中國展示武力，這是美國在中國首都北京家門口耀武揚威，看你膽敢怎麼樣？

如果北京政府下令開火，美國政府就有理由以武力教訓中國，甚至可以發動戰爭；如果北京政府裝孫子，美國政府就贏得了政治宣傳，不戰而屈中國，以後在國際談判上可以予取予求。

看到沒有？這就是航空母艦好用的地方，美國非常確信解放軍不敢開火。

美國這種跑到別人家門口耍橫的做法屬於流氓行為，是典型的軍事挑釁，但是那又怎樣？這是強國對弱國的特權。

是的，美國目前把中國看成不聽話和不安分的弱國，所以一有機會就進行公開的壓制。歐巴馬總統已經說了：「美國不做老二」。仔細想想，美國的做法是非常自然的，美國必須這樣做，才能向世界宣示「我是老大」，才能讓全世界相信美國仍是老大，也才能夠維持美國全球老大的地位。美國卯足了勁展示肌肉，比的就是氣勢，必須壓制住中國的也是氣勢，美國沒有必要放第一槍。

時機對美國有利，美國有發動戰爭的主動權，因此處處對中國挑釁，中國人不必生氣，美國的確有這個本錢。我們必須認清現實，除非中國有本事武力打敗美國，否則不可能改變這種態勢。

時間不站在美國那一邊

時間

無論是兩岸問題、中東問題，還是朝鮮半島問題，越拖對美國都越不利，原因是國際實力美消中長。

作者認為在時間上有兩個關鍵點，一個是二〇一二年，另一個是二〇二〇年。

二〇一二年，中國的北斗衛星導航系統在亞洲及附近開始運作。

二〇二〇年，北斗衛星導航系統開始全球運作。

北斗衛星導航系統是中國未來十年最重要的軍事工程，其次是航空母艦，再其次才是第四代戰機。這三樣工程都將在二〇二〇年完成，北斗衛星導航系統是重中之重，是第一優先的項目，它的影響深入到幾乎所有的飛行器、地面車輛、海面船隻和智能武器。北斗系統由三十多顆衛星組成，目前已經進入高密度發射組網期。

二〇二〇年，中國將會擁有覆蓋全球的北斗衛星導航系統，除了「瓦良格」，應該有兩艘自行設計的航空母艦正式服役，至少有兩種第四代戰機和一種長程戰略轟炸機。

從軍事觀點來看，中國只要撐過二〇二〇年後就立於不敗之地，北斗系統是關鍵。

如果沒有重大改變（譬如降低政府開銷和加稅），二〇二〇年美國的財政將進入無可挽救的境地，美國的稅收扣除必要的固定開支（譬如社會安全和老人醫療），有可能連借貸的利息都無法支付，整個財政系統面臨收縮或瓦解。作者推想，削減政府開銷與加稅都不可能，十年後借錢也會非常困難，美國的做法是一面印鈔票，一面尋求戰爭的機會，最終用戰爭手段來擺脫負債。

時間對中國有利，美國拖不起。美國發動戰爭要趁早。作者不懂美國在等什麼？

裝備

軍事裝備是美國最大的優勢，至少在未來十年內不會改變。二〇三〇年後就難說了，作者認為在航空和航天方面中國這時會局部超過美國，美國在裝備上的優勢只剩下海軍，我們將在下一節進一步討論。

外交是美國的強項

外交

孫子兵法說，伐兵之前先伐交，美國精通此道，美國在發動戰爭之前一定對目標國進行外交孤立的活動，而且非常成功。美國在中國的四周點火，朝鮮半島、台灣海峽、東海的釣魚台、南海的南沙群島、南亞的印度、中亞的阿富汗和塔吉克等，美國的火種無處不在。

美國在外交的運作上遠勝中國，中國在國際上是孤立的，幾乎可以說沒有一個朋友。中國唯一的軍事結盟國是北韓，但是即使這個朋友都是靠不住的，金正日父子一心一意要和美國邦交正常化，北韓一旦跟美國搭上線就會拋棄中國。今天中國和北韓維持表面的友好，那是因為美國不要北韓。中國整天誇口「鮮血凝結的友誼」其實是一個笑話，金正日父子可不這麼認為，他們二人巴結美國遠比心向中國嚴重。胡溫政府的外交運作非常失敗，事實上，中國已經陷入四面受敵的狀態。

士氣

美國軍隊的士氣在越戰後開始江河日下，主要原因有四個：

一是男女混編

作者認為男女混編是非常傷害軍隊士氣的，特別是像美國這種政治工作做得很差的軍隊。根據美國自己的新聞報導，美國女兵被同僚或長官強姦的比例大約是十分之一，被同僚或長官性騷擾更是司空見慣，可能高達九成，絕大部分的女兵都有被性騷擾的經驗。

二是募兵

從徵兵變募兵，這項措施導致目前美國是窮人當兵，他（她）們基本上是為了優厚的退伍福利打仗。

三是政治覺醒

資訊的發達導致美國人民的政治覺醒，使美國政府在鼓舞戰爭士氣上越來越困難。現在要說服美國士兵為正義而戰是有問題的。作者甚至在電視上看到美國水兵公然表示對美國的中東政策不滿，譬如有一位女性軍官對美國的雙重標準表達無法同意，她甚至說出如果以色列擁有核武器為什麼伊朗不能擁有核武器？這個電視訪問使我極度震驚，美國軍隊是非常保守的，仍然強調一切服從領導。作者個人認為這位女性軍官的軍中前程已經完了。

四是軍中同性戀

美國對軍中同性戀採取「裝不知道」的消極和放任態度（don't ask and don't tell），這肯定對士氣產生打擊。

後勤補給

由於美國必須遠離本土作戰，後勤補給是美國軍事行動最大的劣勢。後勤補給在戰爭中的地位幾乎是決定性的，這是為什麼在中美軍事對抗上作者不看好美國，後勤補給是最主要的原因。

在上一章我們就詳細論述美國被兩個大洋隔開，孤立在地球最重要的歐亞大陸板塊之外。美國如果不挑撥歐亞大陸的軍事衝突，那麼美國就被邊緣化，頂多成為地區強國；美國如果挑起歐亞大陸的任何戰爭，後勤補給就成為問題。伊拉克太孤立了，薩達姆．海珊的軍事領導也有問題，才會落得慘敗和亡國。只要有大國在後面支持，美國就贏不了它發動的戰爭。

美國不是傻瓜，為了解決後勤補給的問題，二戰以後美國的軍事政策就是全球布防和當地供應，譬如日本是韓戰的美軍補給基地，台灣、菲律賓與新加坡在越南戰爭中為美軍提供補給。但這種方式是不夠的，有些關鍵彈藥的補給和武器的維修還是要從美國本土提供，譬如巡航導彈與隱性戰機。只要戰爭的規模稍大或戰鬥的時間一長，美國的後勤補給就成了問題。這就是為什麼美國在伊朗問題上想方設法要使中國與俄國即使不贊成也必須置身事外。

伊朗不過是中型偏大的國家，已讓美國有所顧忌，中美軍事對抗所需要的後勤，美國保證是承擔不起的。

第二節　中美軍力大ＰＫ

讓我們在中美的軍事對峙上做一個總結。

上一節我們列舉了六項戰爭因素。

美國在時機、裝備和外交上有優勢；中國在時間、士氣和後勤補給上有優勢。

從項目數字的比較，中美可以說平分秋色。

但是六項戰爭因素所占的分量是不一樣的，每個人看這六項因素來評斷戰爭能力所得到的結論當然不同，而且差距可以很大，可以各說各話。軍事上的評估並不是完全的科學，否則日本當年怎麼會得出「三月亡華」的結論。

中國的動員能力世界第一

其實還有一樣非常重要的戰爭因素，那就是「動員能力」。作者沒有列入這項因素的原因是本系列討論的「中美軍事對抗」只限於地區對抗，並不包括全面戰爭（all out war），後者肯定會引發世界大戰，因此完全不在本文的討論範圍之內。

當然，即使是地區對抗也可能導致國家的動員或局部動員（譬如韓戰）。所以作者也簡單說兩句。在戰爭的動員能力上，毫無疑問，中國是首屈一指。中共政府的動員能力遠遠超過任何國家，二〇〇三年「非典」（SARS）發生的時候，中國大陸七天就完成一座一千個病床的隔離醫院，這就是動員能力，這讓全世界瞠目結舌。中共一旦下令進入戰爭動員，中國大陸輕而易舉地就可以徵召到一千萬名高素質的士兵，龐大的民生工業可以迅速轉變為軍事工業，最明顯的例子就是汽車製造變成坦克製造。

中國的動員能力是任何國家都望塵莫及的。真到了魚死網破的時候，恐怕沒有任何國家是中國的對手。

附帶說一句，中國的核武工業與核武科技非常先進，無論質量還是數量，中國的核武都遠超出一般人的想像，美國非但占不了什麼便宜，恐怕在地形和人口分布上還會吃點虧。但是中共在核武器上非常低調，堅持不首先使用核武器，也不會對無核國家使用核武器，同時對核武器的數量嚴格保密。西方估計認為中國只有四百個核彈頭，中國不吭聲，讓你猜。其實這是西方的試探，傻瓜才相信，但是除非開打，否則這永遠是一個謎。

美俄的核談判是一個表演秀，這種討價還價的核談判本身根本毫無意義，核實的工作尤其困難。談完了還不是各懷鬼胎，然後尋找條約漏洞偷偷地各自發展新的核技術，因此談了等於白談。美俄這些談判不過是表演給全球其他國家看的一種手段，在過程中炫耀實力，企圖對弱國產生一種心理威懾，這才是目的所在，譬如對台灣人的鎮懾作用就非常有效。

中國不玩這一套，絕不跟你搞核談判，不讓你有機會摸底，但是讓你知道我不怕你，一旦真用上你就吃不了兜著走。中國的核政策是非常正確的。

裝備最能震撼人心

從實際觀感來說，美國軍事力量給世人的感覺是處於絕對優勢。這是因為裝備是最耀眼的，因此它在六個戰爭因素中所占的比重自然嚴重偏高，尤其對絕大部分不懂軍事的人更是如此。想想看，一般世人看到美國的十一艘超級航空母艦沒有不印象深刻的，也沒有不害怕的。其實這是一種非常膚淺的看法，我們要知道，戰爭不僅非常科學，也是一種藝術。

如果戰爭的評估是把武器和人員排出來數一數就可以得出結論，那就把軍事看得太簡單也太無趣了。數數飛機、軍艦、坦克、大砲，再比較一下人員和火力，誰不會？

但是不可否認，裝備最能震撼人心，美國在裝備上領先世界。

作者列舉的六項戰爭因素只有裝備和後勤補給是硬體（也就是硬實力），其他四項都是軟體（也就是軟實力），軟體因素不但比硬體因素多得多，而且軟體因素是不能量化的，所以這些比較都是個人根據本身的知識做出來的主觀判定，有一定的不確定性，這也是文章和討論有趣的地方。

一般說來，只要裝備的差別不超過一代，硬實力的落後可以由軟實力彌補。

針對性的比較

六項戰爭因素各有其針對性，我們進一步論述如下。

時機對時間：

美國有時機的優勢，有主動發起戰爭的能力，這叫先下手為強；

中國有時間的優勢，有後發制勝的戰爭能力，堅毅、刻苦、耐性是中華民族的民族性。

裝備對後勤補給：

美國的裝備好，幾乎有絕對的優勢，但是美國的補給線太長，一旦補給被切斷，就什麼都完了。

即使補給線沒有被切斷，後勤也會出問題。高科技的裝備是燒錢的玩意兒，海灣戰爭時戰斧巡弋飛彈在開戰一個星期後就打光了，生產根本跟不上，一枚百萬美元的造價，財政上也無法長期負擔。美國一旦進入有大國支持的消耗戰，除非進入戰時經濟，否則將無法獲勝。

戰時經濟所施行的第一件事就是配油，譬如每一輛車每月十加侖汽油，美國人有這個心理準備和承受能力嗎？

後勤補給是打高科技戰爭最大的困難，科技程度越高，困難也就越高，這是一刃的兩面。所以美國這些高科技武器平時嚇唬人很好用，打起仗來就成為負擔。我們舉例說明。

F-22 造價每架超過一億四千萬美元（純生產，不包括研發費用），每飛行一小時要耗費三十小時和花費四萬四千美元來維護，這是盲目追求高科技的結果，逼得美國政府不得不在製造一百八十七架以後正式宣布停產。

F-35 也陷入類似的問題，原先設定單價不超過五千萬美元，現在的價錢已經超過一億。如此昂貴的戰鬥機，作者並不看好它的前途。

軍火商總是吹噓武器的超級性能來說服這些天價產品的合理性，其實沒有任何高科技產品是不能反制的，反制的手段通常便宜很多，美國軍事工業這樣搞下去，一旦發生戰爭，後勤補給必定出現問題。

外交對士氣：

美國的外交優勢是超過半個世紀強大國力所累積的成果，囊括了所有第一世界的國家成為它的盟友，這是了不起的成就。

但是自從小布希上任，美國在國際上的聲譽越來越糟也是不爭的事實，歐洲國家對美國的不滿越來越烈，尤其是經濟受美國拖累和歐元遭美國打壓，歐洲國家經常敢怒不敢言，尤其是英國。

美國在海外過度用兵也開始造成軍隊士氣的問題，主要的打擊來自美國政府不能合理化它發動的戰爭，也就不容易激勵士兵的作戰意志。在上一節我們說過資訊的發達導致美國人民的政治覺醒，美國航母上那位女軍官的談話，即充分暴露了這個問題。

這個問題在戰事順利進行的時候並不顯著，一旦遭遇激烈的抵抗或嚴重的傷亡，就會導致厭戰和反戰的嚴重後果。美軍在海外作戰時士兵逃亡率升高就是這個問題的具體表現。

作為比較，解放軍的政治工作就做得非常好，因為解放軍是「雙首長」制，一個軍事單位除了軍事指揮的長官，同一個單位還有政委。政委顧名思義就是做政治工作的，政委的首要之務就是教導官兵的思想，知道為何而戰。譬如一個團除了有團長還有團政委，團長管作戰，團政委就是管思想的，包括士氣。中共的軍事傳統，政委的職位要比同單位的軍事指揮官高半級，可見中共對作戰士氣的重視。其實這在文職也是一樣，廣東省委書記要比廣東省長高半級。以黨領軍和以黨領政是中共的傳統。

結論

一、美軍有三個特色：

a. 遠距離作戰能力：表現在海軍的大型水面船隻（航空母艦與核子潛艇）和空軍的戰略轟炸機（B52、B1與B2）；

b. 遠距離投射武力：表現在強大的空運能力（C5與C17運輸機）和兩棲作戰能力（黃蜂級直升機母艦）；

c. 全球布防：表現在遍布世界八百多個海外基地。

二、上面三個特色都是中國不具備的。但是優點也是缺點，遠距離作戰與全球布防都非常耗費國力，美國的軍力之所以必須如此發展，因為美國本身的地理位置非常孤立，所以這些優點也正好暴露它的缺點。

美國的遠距離作戰能力對付小國還可以（譬如巴拿馬與伊拉克），對付中等國家就很吃力了（譬如阿富汗），對付大國或有大國支持的中等國家（譬如越南）是不可能的。這就是為什麼美國對伊朗遲遲不敢下手。

作者認為解放軍只要不遠離國境作戰，譬如不超過一千公里，美軍就贏不了。

用上面這個標準，解放軍在台灣海峽和朝鮮半島的作戰能力超過美軍；在阿富汗和伊朗解放軍就不具有優勢，只能打代理人戰爭。

三、美國是全世界公認的第一軍事強國，這一觀點作者也非常同意。但是這並不代表美國與中國作戰就必定得勝。美國給全世界軍事無敵的印象主要是因為它的裝備精良，高科技的武器是最容易震懾人心的，因此武器的重要性也被過分誇張。

但是高科技的武器非常昂貴，在後勤補給和維護上都會有問題。我們用隱形戰鬥機F-22做例子，美國國防部長在二○○九年六月二十九日正式宣布F-22終止生產，總共生產了一百八十七架，遠低於最早計畫的七百五十架。

作者認為美國終止F-22的生產肯定有內情。美國人不是傻瓜，F-22的研發費用花掉了兩百八十億美元，這是永遠無法回收的固定成本，所以每架一億四千萬美元的生產價格實在算不了什麼，不可能是停產的原因，只有在性能出現重大又無法彌補的缺憾的情形下才足以導致停產。美國國防部曾經有官員透露F-22每飛行一．七小時就會出現「重大故障」，作者認為F-22肯定有性能上的難言之隱，再加上維護上太過嬌貴，這才是它被終止的真正原因。

想想看，F-22在宣傳上已經被神化了，但是後來在實際作戰能力和戰區保養維護上出現重大和難以糾正的問題，一旦有一架被擊落，不但F-22的神話就此破滅，更重要的是致命的弱點被敵人找到，以後F-22的戰術運用也會變得非常困難。這種情形就發生在也是隱形戰機的F-117上，一九九○年三月二十七日一架F-117在南斯拉夫被擊落，隨後另一架被擊傷，導致全部的F-117提前退休。

美國軍力給人的印象，就像F-22的神話，過分地被誇大。

後勤補給是美國大規模作戰和長期作戰的致命傷。

這就是為什麼作者說美國的軍事力量並不像它外表看起來那麼強大。

上面這句話表現在美國在阿富汗的戰爭上再清楚也不過了。後來歐巴馬宣稱從阿富汗全面撤軍，這句話就得到應驗了。

四、中國有幾千年的戰爭經驗，特別精於謀略。對於美軍這種極度依賴高科技武器的軍隊，解放軍的對策是採用「不對稱戰爭」，這是一種以弱擊強的戰略。

五、「不對稱戰爭」是作者論述中美軍事對抗的下一個題目，我們將在下一章詳加討論。

第六章

不對稱戰爭

導言

讀者一定看過美式足球，台灣早些時候俗稱橄欖球，雙方球員硬碰硬撞把球帶入對方的終點陣地得分。這是一種拼蠻力的比賽，你有一個兩百磅的球員，我就找一個兩百五十磅的跟你對幹，這就是對稱式的打法，也是美國精神。

打仗也是一樣，軍艦越做越大，坦克裝甲越做越厚，飛機越飛越快，炸彈越做威力越大，你看過美國的「炸彈之母」吧？真是嚇死人的大。如果大家都這麼比，那就是對稱式的戰爭。這也是美國精神。

在美國財大氣粗和科技條件比較優越的壓力下，中國不肯這麼做，也不該這麼做。

想想看，美國有十一艘十萬噸級的核動力航空母艦，中國能跟美國拚航空母艦打對稱式的戰爭嗎？當然不能，中國要建造同樣等級和數量的航空母艦不知要等到何年何月，但是眼前的壓力就必須解決。而且即使中國能建造同樣多的航空母艦這也不是什麼好辦法，這是殲敵一千自損八百的打法。中國要對付美國就必須打一場不對稱戰爭。

不對稱戰爭，顧名思義就不是那種軍艦對軍艦、飛機對飛機、坦克對坦克、大炮對大砲的典型戰爭，而是一種非常規的出牌方式、用前所未有的、敵人沒想到的、新奇的方法來更有效地攻擊敵人。通常不對稱戰爭，指的是實力較弱的一方，用自己特有的強項建構一種特殊的戰法攻擊遠比自己實力強大的對手的軟肋。

讀者一定會問：中國的強項是什麼呢？

回答：六十年前是勇敢，今天是導彈。

六十年前中國太窮、科技太落後，但是中國人非常勇敢，中國用「黃繼光堵槍眼」的犧牲精神和艱苦環境下的頑強鬥志，在朝鮮半島打敗了美國領導的十六國聯軍。這種勝利太悲壯也太慘烈。

今天的中國已經不窮了，進入小康社會，科技也累積了相當的基礎，中國有本錢打智慧型的不對稱戰爭。這個智慧型的不對稱戰爭科技基礎在哪裡呢？答案就是：導彈。

導彈的發展歷史很短，這是二次大戰末德國人發明的利器。中國在一九五五年用韓戰俘虜的美國飛行員作為交換，把世界著名的科學家錢學森從軟禁中接回中國。錢學森不但是導彈的先驅者，而且是這個領域的領導者，中國在導彈的研發上不缺人才，起步的時間上並沒有晚美國多少。

本章我們將介紹中國如何用導彈作為主要工具和世界超強國打一場不對稱戰爭。

第一節　何謂不對稱戰爭？

定義不對稱戰爭

兩軍交戰，如果人員和裝備上都勢均力敵，那麼戰爭是對稱的；如果人員或裝備上有一方實力懸殊，那麼戰爭是不對稱的。

嚴格地說，絕對的勢均力敵是不存在的，那麼討論「不對稱戰爭」不是廢話麼？

是的，從上面這個定義來看，幾乎所有的戰爭都是不對稱的，更何況現代戰爭的起因主要是為了奪取利益，發動戰爭的一方多半是強者，所以才會判斷有機可乘。

如果雙方的力量旗鼓相當，這仗就打不起來了。

說得有理，於是我們進一步規範「不對稱戰爭」。

歷史上，被人們津津樂道的都是非常不對稱戰爭，尤其是用計謀以弱擊強取得勝利的戰爭。所以我們有興趣的「不對稱戰爭」是指不但實力懸殊，而且弱的一方在戰略上有創造性的針對性策略，或是在戰術上有特殊的針對性作戰方式，能夠因此化劣勢為優勢進而取得勝利的戰爭。

舉古代的例子來說，公元二〇八年的「赤壁之戰」，吳蜀聯盟用火攻破了魏國絕對優勢的大軍，取得輝煌的勝利。這是運用戰術以弱擊強成功的經典例子。至於在現代歷史中，最值得提出來討論的，就是對日抗戰的例子。

抗日戰爭的大戰略

一九三七年七月七日，中國與日本由局部戰爭進入全面戰爭，當時的軍力不但日強中弱，而且實力懸殊。由於歷史上中國亡於異族都是從北向南丟掉整個江山，從來沒有由東向西的攻勢成功過。於是一九三七年八月十三日，中國主動發起慘烈的「上海保衛戰」（又稱「淞滬會戰」），把日軍的攻勢從由北向南轉變為由東向西，然後國軍逐步後撤，以空間換取時間達成「持久戰」的戰略，成功耗盡日本的國力，用八年的時間最終打敗日本。這是「不對稱戰爭」非常成功而又經典的戰略運用。

想想看，若是沒有這個戰略，日軍從華北直下武漢，中國哪有可能將上海工廠的機器設備搬到重慶大後方進行長期抗戰？

請讀者不要告訴作者日本戰敗投降是因為美國的原子彈，這個說法的可笑就像說中日戰爭的爆發是因為有一個日本兵在中國的宛平縣失蹤一樣。

日本的財政在全面開戰兩年後就出現嚴重的問題，日本在一九四五年初就清楚知道這場由它發動的戰爭必敗無疑，於是開始和重慶的國民政府接觸，要求終止戰爭，開出的條件是讓日本保留東北，但被蔣介石嚴詞拒絕。

看到沒有？侵略者死之將至還不肯吐出口中的肥肉。日本的敗象其實早就決定了，有沒有原子彈都一樣。美國丟原子彈的目的完全是為了提早結束戰爭，避免打登陸日本本土的攻堅戰，因為這會造成美軍的大量傷亡。

美日兩國都把二次大戰亞洲戰區的結束歸功於最後那兩顆原子彈。美國這麼說是為了獨攬戰勝的功勞，日本這麼說是為了挽回戰敗的面子。但是這種說法偷走了中國長期艱苦奮鬥戰勝侵略者的光榮、抹殺了中國在反法西斯戰爭不可或缺的貢獻、漠視四億中華民族重大的犧牲和刻意忽略蔣介石偉大和成功的戰略。

戰略的重要性遠大於戰術

蔣介石無論後來在戰術上犯下多少錯誤，但是由於這個戰略的成功，中國最後仍然贏得勝利，也因此證明戰略的重要性遠大於戰術。

大陸的網友一蜂窩地指責蔣介石在很多戰役中的無能，甚至用扭曲的方式來汙衊國軍，但是卻對蔣介石精心策劃和國軍有效執行的戰略隻字不提。這種偏執的態度在六十多年後仍然流行，進一步加深兩岸人民的不信任，是兩岸求同存異、尋求統一的反面作為。

作者要為蔣介石討回一點歷史的公道。中日這場「不對稱戰爭」中國之所以能夠戰勝日本，就是贏在戰略上，而這個用「上海保衛戰」的慘烈犧牲改變日軍進攻方向的偉大戰略是蔣介石制定的。

中華民族在一九四五年贏得一百零五年以來第一個輝煌的戰爭勝利，中國不但從搖搖晃晃、瀕臨亡國的邊緣站穩了腳步，而且成為聯合國五個常任理事國之一，一躍進入世界五強，這個歷史性的功勞要記在蔣介石的頭上。

中國人民在一九四五年就已經站起來了，比一九四九年早了四年。

讓我們仔細想想看：

「中國人民在一九四五年站起來了」是聯合國憲章用正式文字說的。

「中國人民在一九四九年站起來了」是毛澤東說的，屬於一人之言。

誰說的算？

一九四五年到一九四九年之間，中國只有內戰，並無對外戰爭，中國的國力只有消耗並無增長。

一九四五年全世界已經用「五個常任理事國之一」肯定中國人民站起來了，一九四九年毛澤東宣布「中國人民站起來了」豈不是廢話。

一九四五年，中國人民沒有不已經站起來的理由。

一九四九年，中國人民也沒有更加站起來的理由。

如果毛澤東認為中國人民在一九四五年還沒有站起來，那麼中華人民共和國應該在一九七一年拒絕接受繼承中華民國在聯合國安理會常任理事國的席位，然後在正式取代中華民國後重新申請，要求聯合國同意給予這個「純金」打造的、象徵國際最高權力圈的、多少大國垂涎已久、夢寐以求而不可得的席位。

所以非常明顯，毛澤東用內戰的勝利偷走了蔣介石打敗日本使中國人民站起來的榮耀。

毛澤東的確比蔣介石聰明得多，軍事鬥爭和政治鬥爭都比蔣介石強，先用軍事力量豪奪大陸的錦繡河山，再用政治力量巧取民國政府的抗日功勞和提升中華民族地位的榮耀。

大陸同胞，特別是大陸的紅衛兵，對這個問題應該進行反思。當你們想通以後，不再惡意詆毀蔣介石和中華民國，用雍容的態度、寬闊的胸襟、公正的歷史觀來對待蔣介石與中華民國，那麼兩岸的和平統一就向前邁進了一大步，同時兩岸的人民也會跨越彼此主要的心結。

韓戰與越南戰爭

一九五〇～一九五三年的「韓戰」，中國志願軍在裝備的極度劣勢下發明了「坑道戰」，與聯軍打成平手。「近戰」、「夜戰」和「坑道戰」是中國在這場「不對稱戰爭」中以弱擊強的經典戰術。不可否認地，支撐這個戰術的是解放軍高昂的士氣。

另外，長達十餘年的「越南戰爭」也是一個非常不對稱的戰爭，雖然北越贏得這場戰爭，但是乏善可陳，因為基本上越共打的是中共成功發展而且已經運用嫻熟的游擊戰，越共本身在這場戰爭沒有什麼創見。

「越南戰爭」以後的所有戰爭雖然都是不對稱戰爭，但是都乏善可陳。

譬如「人肉炸彈」、「路邊炸彈」等都是一些不入流的戰術，雖然也造成具有優勢的一方某種程度的困擾，但終究難成大事。中東的戰爭，力量弱的一方都以失敗收場。

蘇聯與美國兩個超級大國雖然先後都在阿富汗的戰場上遭遇失敗，但是阿富汗的士兵跟越共士兵沒什麼不同，就是打頑強的游擊戰，本身在戰略和戰術上都沒有任何創建。所以，這些都不是我們想討論的不對稱戰爭。

第二節　中國未來的「不對稱戰爭」

走出「人民戰爭」的落後戰略

中國在一八四〇～一九五三年這一百多年，戰爭從來沒有中斷過，即使所謂的「黃金十年」中間也發生了「九一八事變」，致使中國的國力始終無法恢復，科學與技術到現在仍然處在追趕中。今天中國大陸在軍事裝備落後美國的情形下，如果採用飛機對飛機、大炮對大炮、軍艦對軍艦的作戰方式，那麼戰敗的結果幾乎不可避免。

中華民族是久經戰爭磨練出來的優秀民族，當然不會這麼笨。歷史上，中國經常以弱擊強取得勝利，除了利用地形、地貌、天氣之外，更重要的是發展新的技巧，以己之強攻敵之弱，尤其是針對敵人關鍵性的弱點，這就是本文要論述的「不對稱戰爭」。

經過半個世紀的休養生息（指本土沒有遭受任何戰爭），今天中國的國力已經頗有基礎，雖然仍舊落後，但已經不是全面落後。中國的戰爭能力大幅成長，戰略與戰術也因此上了不止一個台階，基本上已經走出了「人民戰爭」的落後戰略。簡單地說，有了「兩彈一星」後，戰略與戰術跟六十年前韓戰的時候完全不同了。所以「不對稱戰爭」的定義對中國而言當然得改一改。

智慧型的「不對稱戰爭」

與時俱進，現在我們把「不對稱戰爭」的定義進一步規範為：弱勢的一方研發少數高科技武器攻擊優勢一方的致命弱點取得戰爭的主控權。

上面這個定義的重點就在於中國雖然落後，但不是全面落後。中國已經進步到可以根據自己的戰略要求與戰術需要研發出適合自己的武器。不，說錯了，不是武器，而是「武器系統」。解放軍的作戰能力已經進步到非常複雜和高科技的「系統對抗」，解放軍的不對稱戰爭是以「系統對抗」的高科技形式進行，這是了不起的成就。

要知道，在科技的世界中，沒有任何武器是全能的和無敵的，無論美國的科技多麼先進，它的武器一定存在著弱點，尤其是整體作戰的系統弱點，這個弱點就是中國針對性武器研發的重點。中國可以根據本身科技的特質和長處研發攻擊敵人弱點的武器，尤其是戰略性的武器系統，這樣就能充分發揮戰爭的打擊效率。這是以科技智慧對抗美國發明的高科技戰爭的高明打法，是以其人之道還制其人之身的打法，不是游擊戰的死纏爛打、人肉炸彈的犧牲打和持久戰的苦打。這種智慧型的作戰方式可以讓對方輸得心服口服。

一九九九年，《解放軍日報》曾經有文章論述中國的「不對稱戰爭」，它把中國的「不對稱戰爭」歸納為下面五個途徑：

一、彈道導彈和巡航導彈系統；

二、水下戰爭系統；

三、太空作戰系統；

四、計算機網絡系統；

五、特別行動部隊。

這應該算是大陸政府半官方的報導，所以可信度比較高，作者接著就根據這五個途徑分別做一些評論和說明。

彈道導彈和巡航導彈系統

在中國的武器庫中最傑出的就是導彈系統，最落後的就是動力系統。

中國的導彈非常先進，一方面導彈發展的歷史很短，中國導彈的起步幾乎與西方同步；另一方面中國的導彈研發計畫是由錢學森一手制定的，中國的導彈研發人員也是錢學森一手訓練的，而錢學森是世界導彈的先驅、空氣動力學的第三代掌門人和自動控制的鼻祖。

想想看，中國的導彈能不先進嗎？

動力系統歷史最悠久，它是工業革命開始的地方，牽涉到所有科技的領域，所以它是最複雜、最艱難、範圍最廣、最有累積性的知識，因此也是最難追趕的。

你也許會問：導彈也有動力系統呀，為什麼能做得這麼好？

答案是：導彈是一次性使用的飛行器，有別於飛機。同樣是渦扇發動機，用在飛機上要求數千小時沒有故障，用在巡航導彈上通常只要求一、兩小時，這在材料上的要求差很多。火箭發動機就更短了，通常不過是一百多秒。

由於中國的導彈系統非常先進，部分設計與性能甚至領先，它們是解放軍在「不對稱戰爭」中最倚重的武器。這可不是作者信口胡說，在中美高級將領互訪的時候，美國太平洋艦隊的高級將領在言語上以強大的海軍艦隊相迫，中國高級將領就立刻回敬美國的艦隊能夠承受多少解放軍的導彈打擊，讓美國將領無言以對。

由此可知，導彈是現代戰爭決定性的主角。

水下戰爭系統

由於中國在數量上沒有足夠的大型海面作戰船隻，解放軍的海軍特別重視潛艇與水下作戰。這是非常聰明的決定，其中最重要的原因是在目前和可見的未來，探測潛艇仍然非常困難，這對解放軍的水下作戰非常有利，弱勢海軍可以用潛艇對大型海面作戰船隻產生奇襲的效果，代價小而收穫大，所以是值得執行和重點研發的「不對稱戰爭」。

在〈漫談海軍〉這個系列文章中，作者就論述過抗戰勝利後中國海軍部長陳紹寬與蔣介石的衝突。陳紹寬不要英國贈送的航空母艦而要潛艇，令蔣介石大為光火，最後導致蔣介石免了陳紹寬的職。其實陳紹寬是對的，他是海軍行家，他的決定是基於作戰考量；蔣介石是錯的，他對海軍是外行，他的決定是基於政治考量。以中國當時的國情，潛艇的確遠比航空母艦有用，這種局面到上個世紀結束都沒有改變。航空母艦的需要，是基於海外資源的保障，中國對航空母艦的鄭重考慮也是進入二十一世紀以後的事。

潛艇水下作戰的優勢就在於它的隱蔽性，這跟美國隱形戰機F-22在空中作戰的優勢原因是一樣的。探測不到的敵人是最危險的敵人。

雷達與聲納

為了讓讀者瞭解探測潛艇的困難，作者簡單介紹和比較雷達與聲納，解說為什麼二者的理論如此相似，但是使用效果的差別卻又如此巨大。

在大氣層和近太空中，雷達是探測的利器，探測的距離遠、覆蓋的體積大、運作快速、計算精確和高度可靠（出現假目標的機率非常低）。但就像光波在水中的穿透力很差一樣，電波在水中能量消逝得很快，無法作為探測工具。所以水中探測都使用聲波，這種聲波探測器稱為聲納（solar）。聲納的探測原理跟雷達是完全一樣的，但是有下面幾個大缺憾：

一、聲波在水中的傳播走的不是直線

電波的傳送基本上是直線，聲波則不然。聲音在密度不同的水裡傳播的速度不一樣，由於海水的密度隨著溫度和鹽分的不同而改變，所以聲波在水中走的是曲線，這就造成聲納確定目標位置的困難。

二、聲波在水中的訊號與雜音的比很低

探測理論中最重視的就是訊號與雜音的比（signal-to-noise ratio，簡稱S／N）。

我們看不到訊號是因為訊號埋藏在雜音裡。理論上，科學家已經發明數學公式證明，任何訊號只要有足夠的時間觀察（time on target）與整合（integration），就可以把它從雜音中分離出來。S／N越高，這個觀察與整合所需要的時間就越短，於是目標就越容易被探測到，反之則越困難。

想想看，弱訊號是可以放大的，所以這不是問題。但是如果噪音比訊號強，那麼無論怎麼放大也沒用。你如果常聽收音機就知道，雜音高的電台無論把音量開得多大都聽不清楚，就是這個緣故。

所以探測原理的常識是「不怕訊號弱，就怕雜音比訊號強太多（S／N太低）」。

我們用數字來說明。

電波的S／N很高，通常整合需要的時間以千分之一秒（milli-second）計，典型的情況是50 milli-seconds或更短（不到二十分之一秒）；聲波的S／N很低，通常整合需要的時間以分鐘計，典型的情況是兩分鐘或更長。

看到沒有？雷達與聲納探測的速度相差兩萬四千倍，而且聲納探測的距離比雷達要近非常多。

三、判斷水下目標不容易

當雷達探測到目標，通常可以立刻判定是真目標，出現假目標（false alarm）的機率非常低。

當聲納探測到訊號要判斷是什麼樣的目標並不容易（譬如是一艘潛艇、一條大魚，還是一塊大石頭？）這時候聲納兵的個人經驗就非常重要了。

四、被動聲納是主要手段

一般而言，探測潛艇的手段主要採被動式，也就是說，不主動發射聲波，就只聽海水裡的聲音。這麼做的原因主要是避免暴露自己，跟雷達的情形一模一樣。真正打仗的時候，雷達不到迫不得已是不敢開機的。

一進入被動式聲納，探測水中目標就完全靠聲納兵的耳朵和經驗了。海水裡面有各種不同奇怪的聲音，由於同樣的聲音每個人聽到的感覺不同，所以通常每個聲納兵都有一個自己解碼的筆記本，上面記載各種不同的聲音來自什麼物體，譬如「媽媽的洗衣聲」是一艘正在低速航行的商船等千奇百怪的「密碼」，只有他自己看得懂。這就不是科學，而是一種藝術了。

被動式探測是建築在各種物體在水裡運動時會發出特有的聲音，如果一艘潛艇坐在海底等待獵物，被動式的聲納是幾乎不可能探測到的。這也就是為什麼「伏擊」是潛艇作戰非常重要的戰術，水面船隻對這種攻擊方式特別頭痛。

由此可知，探測潛艇不容易，因為相對於雷達，今天的聲納技術仍然非常原始。淺海的雜音多又強，深海則有溫差層和洋流，因此各有各的麻煩，不過淺海的麻煩要多得多。尤其現代潛艇的靜音技術越來越厲害，基本上可以做到接近或低於海洋噪音的地步，所以偵測潛艇到目前還是一個非常棘手的問題。

解放軍以強大的潛艇部隊來對付美軍強大的水面船隻是非常聰明的不對稱戰爭。除此之外，中國大陸的科學家還研發出各種智能水雷（有些甚至是核彈頭，當量在一千噸左右），一旦安置在主要航道上就會對美日的大型軍艦產生重大威脅。

水聲指紋與「無瑕號事件」

每個艦艇在航行時都會在水中發出獨特的聲音，這個聲音就是它的「水聲指紋」。潛艇作戰最重要的工作就是蒐集敵人艦艇的「水聲指紋」，以此作為目標判斷的基礎，這是一種永遠在進行的工作，這些資料都是高度機密的。先進國家在這方面都建立了巨大的電腦資料庫，隨時補充、隨時更新和長時期分析這些資料。雖然耗時又費錢，但是只有平時下足功夫，做好功課，戰時才有勝利的可能。

二〇〇九年三月八日，美國海軍監測船「無瑕號」（USNS Impeccable）在中國南海作業和中國船隻發生衝突，一艘中國漁船逼近「無瑕號」到只有十五公尺的距離。

「無瑕號」是一艘雙體水聲測量船，這種水聲測量船美國有二十五艘，「無瑕號」是其中性能最優異的。「無瑕號」長八十六公尺，寬二十九公尺，滿載排水量五千三百七十噸，最高航速十三節，有十九～二十二名水手、五名技術人員和多達十五名的海軍士兵。

「無瑕號」的特長就是蒐集水聲指紋，它有非常高性能的拖曳式聲納陣列，即使微弱的水聲都可以探測到，拖纜長達一千八百公尺，可以在一百五十～四百五十公尺深的水中進行水聲監測，以此判定水下潛艇的方位及類型。基本上，「無瑕號」是一艘間諜船。這種間諜船表面打著民間機構的旗號，工作人員也被稱為「民間科研人員」，但實際上除了海員以外，船上的工作人員都是美國情報界的高級專家。

「無瑕號」出現在海南島南方一百二十公里的地方作業當然立刻引起中共海軍的高度關注，因為這是解放軍潛艇出沒的地方。這個海域雖然是公海，但也是中國專屬的經濟海域，外國船隻可以無害通過，但不能從事間諜活動。

「無瑕號」是沒武裝的，因此中共出動漁船來騷擾它，割它的拖曳聲納。

最艱苦的兵種：潛艇兵

潛艇在隱蔽上的優勢是要付出重大代價的，那就是潛艇兵長時間生活在非常惡劣的艇內環境。人類每天的生活最重要的三樣必需品是陽光、空氣和水，這正是潛艇兵要長期忍受的。潛艇裡面沒有陽光，空氣非常混濁，飲水限量供應，這些問題都對潛艇兵的身體造成不同程度的影響，其中空氣的品質對潛艇兵的影響特別嚴重。

潛艇的空氣是在密閉的空間循環的，內燃機洩露的廢氣、蓄電池的廢氣、儀器設備發出的廢氣、油漆和塗料發出的廢氣、武器發射後遺留的廢氣、人體排泄物產生的氣味等都混在一起，空氣的混濁可想而知。潛艇在下潛之前都要經過長時間充足的通風，排出艇內的汙濁空氣，換上外面新鮮的空氣，但是下潛後，艇內的空氣便漸漸地開始渾濁，當二氧化碳的濃度達到某個濃度時，必須啟動一種「氧氣再生裝置」，生產氧氣供艇員呼吸，這種再生氧氣有一種特別的怪味。根據科學家的分析報告，潛艇內對人體有害的氣體多達一百多種。

淡水的供應更是嚴格控制，每人每天不到一公升（大約大茶杯的兩杯），必要時甚至只有半公升，所以洗澡與洗衣服是不可能的，連擦身體都不可能。由於出汗和內衣無法換洗，艇員患皮膚病是常事，最常見的就是爛襠（陰囊皮炎或陰囊濕疹）。

除此之外，潛艇內的空間非常珍貴，所以可供艇員生活的空間非常狹小，艇內的溫度高而且濕度大。潛艇兵就在這種沒有陽光、沒有星星、沒有電視、沒有收音機、狹小、高溫、高濕和難聞的空氣中長時間地生活、工作、訓練與戰鬥，其艱苦可想而知。

水下作戰對潛艇兵身體和心理的挑戰與折磨非一般人能夠想像，潛艇兵是作者所知道的最艱苦的兵種。

剩下的三種作戰系統是太空作戰系統、計算機網絡系統和特別行動部隊。太空作戰系統主要用於反衛星，這個主題在後面第四節會有詳細的論述。至於計算機網絡系統，這是指電腦駭客攻擊，可以竊取敵人的電腦資料，也可以放毒，也可以癱瘓敵人的網路。雖然這個系統很重要，但是作者對這個題目不感興趣。最後是特別行動部隊，這是指特種部隊，全世界各國的軍隊都有特種部隊，訓練不同、強調的程度不同而已，沒有太多可說的內容。

第三節　中國大陸三項非凡的導彈能力

從上一節列出的五個途徑，我們看得很清楚，中國研發的「不對稱戰爭」是一個系統武器的戰爭，打的是系統對抗。

中共當年發展「兩彈一星」，指的是核彈、導彈和人造衛星。核彈是最終武器，只能備而不用，人造衛星是遙感與通訊的工具，真正未來攻擊武器的主角是導彈。

是的，今天所有中國反制美國的戰略武器都是圍繞著導彈，是一種以導彈為中心研發出來的系統武器，這就像德國在二戰時以坦克為中心研發出來的「閃電戰」是同樣的道理。其實我們在海灣戰爭中已經見證過了美國的手段，今後的中、大型戰爭一定是「導彈戰」，不過主角是巡航導彈。

中國出奇制勝的地方就是把研發的重點放在彈道導彈。彈道導彈攻擊的距離遠、飛行的速度快，但是難控制。一旦中國科學家成功把彈道導彈做到精確控制，它們便成為中國式「不對稱戰爭」的主角。

能夠做到研發戰略性的反制武器是非常不容易的，關鍵就在系統工程。導彈是主角，但是還要有配角才行，衛星就是最重要的配角，當然還需要有其他的輔助工具，譬如地面遙感站和空中控制平台等，系統工程把它們整合在一起，構成一個執行「不對稱戰爭」的武器系統。

其實中國擁有的導彈基本上美國也有，反之亦然，性能各有千秋，並不構成不對稱的形勢。所以在「不對稱戰爭」這個話題下值得一提的導彈就不能是傳統意義下的彈道導彈了，它們必須是超越普通的軍事意義、影響程度上升到政治階層的彈道導彈。

導彈在未來的戰爭處於勝負關鍵的地位。當然，不是所有的導彈都處於同樣的地位，在這裡，作者選出三種彈道導彈的應用來論述，它們是：

一、反衛星導彈；

二、反導彈導彈；

三、反海面大型船隻的導彈。

上面三項是中國大陸在彈道導彈上最傑出的應用，其中第二項的資料太少無法評估，第一項與第三項的技術則毫無疑問處於國際領先的地位。

中國大陸在導彈的研發上有非常紮實的基礎，研發的範圍很大，產品五花八門，上面所說的三種導彈都是彈道導彈，是中共研發的導彈中很小的一部分。但是這三種導彈代表的是一種上升到戰略層次的非凡能力，影響非常深遠，其中前兩種已經向全球展示，最後一種作者個人相信大陸已經完成並且也已經成軍，但是戰略上中共刻意保持神祕和低調，避免過度刺激美國，所謂「國之重器不可示人」就是這個意思。中國讓你猜，讓你投鼠忌器，讓你猶疑不決，雖然不能說達到「不戰而屈人之兵」的目的，但是至少獲得暫時的和平，得到更多韜光養晦的時間。

我們將在下面詳細論述大陸這三項非凡的導彈能力，它們是中國大陸不對稱作戰最主要的力量。由於篇幅的緣故，作者把剩下的論述再分成兩節，一節論述反衛星導彈，一節論述反導彈導彈，反海面大型船隻的彈道導彈則要另開新章。

第四節　反衛星導彈

美軍作戰高度依賴衛星，情報依靠偵察衛星，航行依靠導航衛星，通訊依靠通訊衛星，所有長程精確制導的武器全部依賴衛星。若是失去衛星，美軍的作戰效率大概只剩下十％。作者不開玩笑，若是衛星的訊號突然終止，美國的空軍不曉得如何跟地面與海面的力量協同作戰，美國的核子潛艇不知道如何航行，美國的數字化炮兵連開炮都有問題，一切全亂了套，說它還剩下十％是客氣的。

所以解放軍經過多年的努力，發展出各種攻擊衛星的方式，包括導彈摧毀、雷射（中國大陸稱為激光）和電磁波永久致盲等，這就對打高科技戰爭的美軍形成不僅是重大而且是致命的威脅。

當然，你會問：難道美國就沒有攻擊中國衛星的能力嗎？

答案是：當然有。不過解放軍依賴衛星的程度遠沒有美軍這麼高，這時候原本認為是落後的地方就反而成為優勢了。你想想，如果大家都用鴿子通訊、看星星航行、靠間諜和偵察兵潛入獲取情報，你認為美軍是解放軍的對手嗎？

所以「反衛星」對解放軍而言是一種不對稱戰爭，投資小而成效大。

中國的反衛星技術

二〇〇七年一月十一日，中共從西昌的太空中心發射「開拓者２號」彈道導彈，擊毀大陸自己運行了八年進入報廢階段的氣象衛星「風雲一號Ｃ」。

中共這項舉動是繼美蘇之後第三個國家展示反衛星技術。經過美國《航空與太空科技周刊》一月十六日的報導後引發全球關注，特別是美國中央情報局、國家安全局、國防部情報局和國家航太總署等單位的關切。白宮的反應相當低調，並未嚴厲譴責中共這項舉動，只期待北京政府能提供更多的測試細節。

中共擊毀在五百四十二英里（八百六十七公里）高的軌道上運行的衛星帶有軍事和外交的雙重意義，因為這個高度大於幾乎所有的偵查衛星在蒐集情報時運行的高度，也是眾多低空衛星運行的高度。

在此以前，美國與蘇聯都曾經在八〇年代展示過反衛星技術，但是在技術層次上比中國這次實驗所展示的能力低很多。

蘇聯的反衛星技術

蘇聯用的是軌道殺手衛星，也就是發射一枚火箭（蘇聯使用的是洲際導彈）進入目標衛星的軌道，然後慢慢調整接近目標衛星，經過很多圈的調整以後在非常接近目標衛星時引爆炸藥將目標衛星炸毀。這個方法雖然成功，但是技術層次很低，所以不太受到世界的重視。

美國的反衛星技術

美國比較有名的是一九八五年所展示的反衛星技術。為了應對蘇聯的反衛星計畫，一九七九年美國給了路特（Vought）公司一份研究合同，利用SRAM-A導彈的推進段做為第一節，Altair III 火箭作為第二節，再配上紅外線尋標器（IR seeker）共同組成了一個反衛星導彈，代號是ASM-135A。

讀者要瞭解，衛星殺手不但需要飛到大氣層外的高空，而且需要很高的速度才能攔截高速運行的衛星，所需要的導彈通常是相當大的，至少要中程彈道導彈才有足夠大的推力，ASM-135A完全不在這個階層，它的加速能力相差甚遠。為了彌補這個動力差距，美國的設計是由戰鬥機把它載到高空發射，節省最耗費燃料的第一節火箭。

ASM-135A不算很小，彈重達到一千兩百公斤，但是仍在戰鬥機的攜帶能力之內。美國的計畫是由F-15戰鬥機攜帶這枚大導彈飛到很高的高空發射（大約六萬呎，將近二十公里），這樣ASM-135A就有足夠的動力攻擊低空衛星。

美國的這個設想相當聰明，作者非常欣賞，因為ASM-135A的成本很低，F-15又是現成的。這個系統的最大缺點是射高仍然太低，只能對付軌道非常低的衛星。

戰鬥機攜帶的空對空導彈通常重量都不超過兩百公斤，所以ASM-135A對「空對空導彈」而言是不尋常的大塊頭，翅膀上顯然是掛不住的，只能掛在機腹下，戰鬥機必須做適度的改裝才能掛載這麼大的傢伙。改裝後，美國先由F-15攜帶這枚大導彈進行試驗飛行，直到一九八四年才進行第一次試射，隨後又有三次試射，但是瞄準的是預先設定的空中座標，不是真的衛星。

一九八五年九月十二日，真的試驗舉行了，目標是一顆一九七九年發射的、已經完成任務的科學觀測衛星，代號是Solwind P78-1。試驗結果非常成功，F-15攜帶的ASM-135A完全摧毀這顆衛星。由於高度很低（已有少量空氣存在），所有的兩百五十塊碎片在一九九七年都墜落地球。

後來美國與蘇聯達成協議，不再搞反衛星的研發，所以雖然美國已經完成二十架F-15的改裝工程，整個計畫在一九八八年被終止。

中共是在二〇〇七年一月十一日用中程導彈摧毀一顆衛星。事有湊巧，一年後，美國一個間諜衛星失去控制需要被摧毀。有趣的是，也許出於試探，美國要求中國為他擊毀，中國沒有答應。於是老美決定自己幹。

二〇〇八年二月二十一日，美國海軍從一艘位於太平洋北部海域的巡洋艦上發射一枚導彈，成功擊中這顆距離地面大約兩百一十公里的間諜衛星。

「太空塗鴉」的科技謊言

所謂「太空塗鴉」是指發射一種小衛星，重量從數公斤到低於一百公斤，上面攜帶「漆霧彈」，這是一種內含高分子、高黏度、磁電材料的彈丸，用來攻擊敵方的偵察衛星。在小衛星飛到敵人的偵察衛星附近時壓爆「漆霧彈」的彈囊，裡面的漆就像霧一般噴灑在目標衛星的感應器和太陽板上，使它們暫時失去效能。等到這種漆霧在太空環境中揮發殆盡以後，目標衛星又重新恢復原來的功能。

美國號稱「太空塗鴉」的目的不在實體上破壞敵人的衛星，而是使它暫時喪失功能。由於小衛星的製造成本和發射費用很低，而且可以一箭多星，這是一種廉價的、非暴力的、非殺傷性的反衛星武器，使用成本低廉。老美更吹噓小衛星的體積小，在太空探測不易，更增加了它運作的神祕性等，說了一大堆優點。

根據美國《空間與太空技術》週刊的報導，美國東部時間二〇〇九年十二月十一日下午三時二十六分，美國監視中國的偵察衛星「長曲棍球II」在經過中國上海空中時遭到中國反衛星武器的攻擊，照相功能在失效長達二十七分鐘後才重新恢復正常功能。美國估計中國這次並不是使用雷射，而是使用「太空塗鴉」在「長曲棍球」準備拍攝航空母艦的建造情況時使它暫時致盲。

作者個人對這個報導認為是毫無根據的炒作，對「太空塗鴉」的技術認為是毫無價值的無稽之談。《空間與太空技術》發表這種高度可疑甚至荒謬可笑的文章目的是在誤導其他國家的科技發展。

想想看，攻擊衛星最困難的地方是發射火箭到目標衛星附近，這其中包括搜索、跟蹤、發射與控制。等到已經到達目標衛星的附近，反衛星的工作其實已經完成了九十九％，耗費了這麼大的工作後還會心慈手軟不忍心摧毀敵人的偵察衛星，而只願意使它暫時致盲，等它下次再運行過來拍照嗎？開什麼玩笑！

發射一公斤物質到太空運轉需要數萬美元，一點都不便宜。「使用成本低廉」從何說起？兩個衛星的軌道要相遇不是一件簡單的事，需要變軌，變軌飛行不但需要高度控制的技巧而且還要耗費衛星上寶貴的有限燃料，所以發射大量小衛星留在軌道上重複使用「漆霧彈」並不划算，運作成本非常高。

炸彈和「漆霧彈」價錢有差別嗎？如果有，炸彈應該便宜很多。

想想看，老子一次就可以幹掉你，為什麼要做二百五？

每次都放過你，等我燃料耗盡，然後眼睜睜地看你拍照嗎？這是什麼作戰邏輯？

美國自認為技術領先，所以常常發表一些不可行的、不實的、浪費的科技謠言來誤導別國，把假科技說得跟真的一樣。六〇年代美國刻意洩露「機密」，內容是潛艇必須裝一個數十噸重的大陀羅才能在水下發射導彈時維持穩定與平衡，這就是一種技術誤導等別人上當。現在美國又發表什麼「太空塗鴉」的謬論來誤導別國，還真把中國當傻瓜，在太空搞「和諧」。

中國的反衛星技術比美國先進

透過上面的論述，我們可以得到幾點清晰的認識：

一、全球目前只有中、美、俄三國有反衛星的能力。

二、在反衛星技術上，毫無疑問，俄國是三個國家中最弱的。

三、前蘇聯反衛星的方法是發射一枚洲際導彈進入目標衛星的運行軌道與它伴飛，然後慢慢接近目標衛星，在足夠接近時（通常需要至少三、四圈的伴飛）引爆彈頭上的炸彈將目標衛星炸毀。蘇聯的反衛星技術非常原始，技術含量很低。蘇聯解體後，作者不記得俄國在反衛星的技術上有任何進一步的發展。

四、美國兩次摧毀衛星用的是直接撞擊（沒有軌道伴飛），技術層次比蘇聯高很多。一九八五年摧毀的衛星高度不清楚，碎片在十二年內落回地球，所以高度不應該太高，實際應用的價值很低。二〇〇八年摧毀的衛星距離地面只有兩百一十公里，而且目標衛星非常巨大，像一座小房子，其困難度與中國的實驗相去甚遠。但是美國二〇〇八年的試驗有其值得稱道之處，那就是海基發射平台。

五、中國反衛星用的是大推力的中程導彈，也是直接瞄準攻擊（沒有軌道伴飛），摧毀的方式為直接撞擊（沒有裝炸藥的彈頭，也沒有近炸引信），擊毀的衛星距離地面將近九百公里，擊毀的衛星很小，長寬兩公尺、高二．二公尺，體積像大一點的冰箱。

六、中國展示的反衛星技術顯然高於美國，與蘇聯更是不在同一等級。

七、中美都有用雷射和電磁波使衛星的感應器致盲的能力。根據日本《讀賣新聞》二〇〇九年的報導，至少有十六顆美國和日本的間諜衛星在中國上空偵查拍照時遭受中國軍方的攻擊。俄國在這方面的能力作者不太清楚，俄國在雷射理論的研究上據說領先世界，實際應用的能力大概不太行，因為俄國沒錢。

八、雷射反衛星與導彈反衛星相較，有兩個非常顯著的優勢：

一是價格便宜。

反衛星導彈的推力要求相當於中程彈道導彈，中國一枚中程彈道導彈的製造費用，作者估計大約五千萬人民幣（七～八百萬美元），美國一枚中程彈道導彈的費用肯定超過兩千萬美元。

雷射炮的確實造價作者不知道，但由於雷射炮可以重複使用，每次使用的費用一定遠低於一枚中程導彈。

二是不會造成太空垃圾。

中國二〇〇七年的反衛星實驗造成數千塊碎片的太空垃圾，由於高度接近九百公里，這些碎片將在太空中停留至少數千年，對未來的衛星，尤其是有人太空船形成相當程度的威脅。

讀者要知道，環繞地球飛行的物體雖然大致上都是在同一方向（由西向東的軌道運行），但是由於傾角不同、軌道也不同，它們所形成的相對速度非常大，每一顆小物體都像一顆飛行的子彈，一個高爾夫球大小的碎片就足以擊毀太空站。一位俄國太空人就公開透露他在太空站中常睡不著，他最擔心的惡夢就是太空站被一塊太空垃圾擊中。

太空垃圾的問題將來會越來越嚴重。如果中、美、俄有一天使用導彈展開衛星大屠殺，產生的大量太空碎片都是永不停止的高速子彈，太空就成了一個非常不安全的地方了，載人太空船被擊中的機率會大幅上升，也許比走在南非約翰尼斯堡的街上還危險。

作者認為雷射反衛星不增加太空垃圾的好處比價格便宜更重要。

導彈摧毀衛星是一種技術展示，實際應用並不可取。但是當戰爭進行到生死攸關、國家存亡的時候，就什麼都顧不得了。

九、中美的反衛星技術各有亮點，孰高孰低就見仁見智了，尤其如果你特別強調發射攔截導彈平台的機動能力，這是海基發射的唯一優點。

作者個人認為中國的技術略勝一籌，海基發射在反衛星上並沒有特別顯著的優勢，反而在火箭推力上受到很大的限制。美國海基的反衛星所能達到的高度太低，只能攻擊很小部分的偵察衛星，而中國的反衛星高度覆蓋了幾乎所有的偵察衛星，在應用上有巨大的差別，而這個差距是不容易追上的，攔截導彈一改變，攔截的系統工程就要從頭做起，要花大錢和耗費長時間。

導彈擊毀也好，雷射致盲也罷，無論用哪一種方式，美國的反衛星能力跟中國相比都處於弱勢。更重要的是，一旦雙方都發動反衛星攻擊，造成大量衛星被摧毀，其所產生的後果並不是兩敗俱傷，而是美國受的傷遠比中國嚴重，這就是「不對稱戰爭」的真正意義。

第五節　反導彈導彈

什麼是反導彈導彈？

這個小標題中所反的導彈指的是彈道導彈，反巡航導彈相對而言容易很多，不是我們論述的題目。

所謂「反導彈導彈」就是用導彈摧毀來襲的彈道導彈，簡稱「反導」。

彈道導彈的飛行是拋物線，有別於貼地面飛行的巡航導彈。由於大部分的飛行時間高度都非常高（洲際導彈的飛行高點超過兩千公里），加上速度非常快（大約音速的二十倍），目標非常小（核彈頭是一個大約底部直徑兩英尺、高六英尺的圓錐體），攔截彈道導彈就變得非常困難了。

譬如美國公開的代號「W87」的核彈頭，裝備在現役的「義勇兵III型」（Minuteman III）和已經退役的MX（和平衛士）洲際導彈上。彈頭是一個高五．七英尺、底盤一．八英尺的圓錐體，當量為三十萬噸TNT，它的雷達截面（RCS）非常小，特別是正面。

作者不太清楚俄國和前蘇聯的反導能力，記憶中俄國只有末端反導的能力，而且用的是核子彈頭，技術層次不高。所以本文只談中國和美國。

彈道導彈的飛行有三個階段：初始段（又稱上升段）、中段、末端段（又稱下降段或再入大氣層段）。由於這三個階段的物理性質不同，在這三個階段反導的困難也不同，我們要分別討論。

初始段反導

初始段的攔截最有利，效果也最好，因為掉下來的有害碎片（特別是放射性物質）都落在敵人的國土上。

初始段的攔截用導彈是不可能的，時間上來不及，唯一的攔截方法是使用雷射炮。

就在二〇一〇年二月十三日，美國第一次成功用裝置在波音七四七上的雷射系統，擊落兩枚正在上升階段的彈道飛彈，攻擊距離和目標導彈都沒有清楚說明。美國軍方只公布目標導彈是類似飛毛腿的液體導彈，雷射炮的有效殺傷距離大於一百六十公里。真實的最大殺傷距離估計不會比一百六十公里遠很多，頂多也就三百公里。

作者個人對雷射炮的反導前途不看好。這次美國的成功實驗是攻守密切配合的一場表演，實戰意義很小，就像武俠電影中的對打，招數都是安排好的，而且技術層次不高，原因如下：

首先，飛毛腿是一種非常原始的導彈，加速很慢。

其次是目標導彈沒有任何防範措施，反制雷射炮最簡單又非常有效的手段有兩種，一是彈身塗抹成光滑的反射面，二是彈身在上升階段時旋轉，這些都是很容易做的。

其三是雷射炮極度受天氣的影響，不是一種全天候的武器。

最後也最重要的，中、俄都是幅員遼闊具有很大戰略縱深的大國，雷射炮的有效殺傷距離太短，別人也不會讓敵人的雷射炮飛機如此接近邊界。

但是雷射炮在對付巡航導彈上是非常有前途的，尤其是在軍艦上作為近程防衛取代速射炮。至少兩年前就有模糊報導稱中國的艦載雷射炮已經試驗成功，不知現在的進展如何。

末端段反導與愛國者三型飛彈

末端段的攔截最不利，因為擊落的碎片（尤其是放射性物質）還是落在自己的國土上，仍然會造成傷害。

但是末端攔截最容易，因為攔截目標距離近、速度慢。末端攔截美、俄、中都可以做到（「海紅 9」有反導能力），目前可能以美國做得最好。

美國的末端反導以愛國者三型飛彈（Patriot Advanced Capability 3，簡稱 PAC-3）最為先進，我們就用它當作例子做一點評論。

愛國者三型飛彈是雷達制導，採用直接撞擊，也就是說不用炸藥和近炸引信，有別於愛國者二型。直接撞擊產生的高溫對摧毀化學彈頭與生物彈頭特別有效。

愛國者三型飛彈直徑二五五公厘、長五．二公尺、重三二一公斤，攔截最大射程兩百公里，攔截最大高度十五公里，量產後的價格每枚大約一百五十萬美元。

愛國者三型射程太短，只能做點防禦；射高太低，是不成功便成仁的最後一道防禦。

愛國者三型對速度較慢的短程彈道導彈是很有效的，譬如伊拉克的飛毛腿導彈，但是對速度較快或有電子反制能力的中程或長程導彈就有問題了，這些都不是研發廠商表演式的測試願意或能夠回答的。

想想看，伊拉克的飛毛腿飛彈是非常原始的設計，彈頭和彈身不能分離。所以對任何攔截導彈來說，是一個龐然大物的目標，搜尋、追蹤和攔截都容易得多。

飛毛腿導彈沒有任何反電子系統（Electronic Counter Measure，簡稱 ECM），所以對搜尋系統沒有任何干擾能力。攔截它的飛彈也不需要具備反反電子系統（Electronic Counter Counter Measure，簡稱 ECCM）的能力。

中國大陸所有的彈道導彈，在助推階段（Boosting Phase）過後，彈頭和彈身隨即分離。彈頭的目標很小，無論是雷達還是紅外線，發現和追蹤都要困難很多。攔截率會大幅降低。

中國大陸的中程和長程導彈都裝有反電子系統，長程（洲際）飛彈不但有反電子系統而且能夠變軌。攔截率會再度大幅降低。

還有一種有效攻擊方法就是採取高彈導軌道。在縮短射程或減輕酬載的條件下，攻擊一方可以發射比正常軌道高很多的彈導軌道，彈頭落下的軌跡不是拋物線，而是以接近垂直的角度下降。這種從外太空垂直落下的高速彈頭，就作者所知，目前的遙感系統很難連續追蹤。

「假彈頭」是反導彈系統的剋星

攔截率降低導致的結果是攔截導彈的數量和來襲導彈的數量比值升高，也就是說防禦的一方需要用多枚攔截導彈去迎擊一枚來襲導彈。這就把反飛彈系統帶回到戰爭的基本面，那就是敵人有多少錢來玩反導彈系統的戰爭遊戲。

但是真正打敗反導系統的，不是反電子（ECM）、反反電子（ECCM）、反反反電子（ECCCM）這種永無休止的工程師遊戲，而是假彈頭。

中程和長程導彈所攜帶的彈頭都是核子彈頭，核子彈頭是非常昂貴的。為了保證有部分彈頭到達預定目標，除了反電子和變軌運作外，最重要，也最有效的手段是施放假彈頭。

進入大氣層以後所釋放的誘餌就不能是氣球了，必須是接近實物的假彈頭。做假彈頭也是一門學問，要把它做得在遙感系統下看起來和真彈頭一模一樣。反過來說，為了達成目的，也有可能把真彈頭包裝成像假彈頭一樣。這就是中國兵法上所說的「以假示真」和「以真示假」。真真假假，要敵人摸不透虛實，只好全部迎擊，這樣就造成對手實力分散與資源浪費，最後導致戰爭失敗。

作者看到的報導，中國大陸研究的結果，認為真假彈頭的比以三比一到四比一最為恰當。也就是說，在一枚多彈頭導彈裡每一個真彈頭配三到四個假彈頭。譬如東風-41能夠攜帶十二個彈頭，其中只有三到四個是真的。但是美國至少要發射十二個攔截導彈，這還是假設攔截導彈的攔截率是百分之百。如果五角大廈沒有百分百的信心，那麼攔截導彈發射的數目就要倍增，也許是兩倍，也許是三倍或四倍，這就要看五角大廈的信心有多大以及鈔票有多少。當然，中國也可能在第一批攻擊飛彈裡攜帶的全是假彈頭，等到美國的攔截導彈消耗光了以後，第二批的攻擊導彈攜帶的就全部是真彈頭。美國和俄國也都在玩同樣的遊戲。實際作戰的內容沒有人知道，戰爭本來就是一場鬥力、鬥財，也鬥智的生死遊戲。

愛國者三型飛彈只是昂貴的安慰劑

上面說的假彈頭策略是指對付美國層級最高的「國家導彈防禦系統」（National Missile Defense，簡稱NMD），不是對付愛國者三型這種低層次的攔截系統。

愛國者三型被美國吹得天花亂墜，其實對付愛國者三型這樣的攔截導彈並不需要什麼精妙的假彈頭。由於愛國者三型的尋標器是使用毫米波雷達（milli-meter wave radar），只要釋放不同大小的角反射器就可以對付了。

角反射器（corner reflectors）是金屬做的、互相垂直的多面體（通常是三面，每面是一個直角等腰三角形，非常簡單）。因為三面互相垂直，所以電波不論由哪個方向射到角反射器都反射回到同樣的方向（折射角等於入射角原理）被發射者收到。

小小一個（每邊長度不超過十公分）就可以形成巨大的雷達反射面吸引愛國者三型的尋標器。每個角反射器的價錢不到十美元，重量不到半公斤。如果攻擊彈頭進入五十公里的高度後就開始連續釋放角反射器，攔截導彈找到真彈頭的機率幾乎是零。雷達尋標器是非常好騙的。

至於中國大陸的短程彈道導彈（譬如東風-11）是不用假彈頭的，因為短程導彈都是單彈頭導彈，又是普通彈頭，沒有這個必要，就讓對方來攔截好了。不到五十萬美元一枚的東風導彈，台灣要用一百五十萬美元一枚的愛國者去攔截，大陸只要用數量就把台灣拖垮了。

戰爭本來就是一個燒錢的遊戲。像東風-11這種技術非常成熟的導彈，中國大陸一旦決定打台海戰爭，每個月至少可以生產五十枚，庫存一千枚當吃白菜。台灣有多少錢去購買愛國者飛彈？如果以三比一的速度和大陸比燒錢，連老美都吃不消。

台灣購買愛國者三型飛彈，買來的主要是心靈的慰藉，對穩定人心有用，但對實際戰爭的影響幾乎是零。

美國的末端反導系統

美國的末端反導稱為「戰區高空防衛系統」（Theatre High Altitude Area Defense，簡稱THAAD）。

戰區反導系統（THAAD）是陸軍的反導系統，海軍有另外一個系統稱為「Navy Theatre Area Missile Defense」，簡稱「NTAMD」，意思是「海軍戰區反導系統」，內容大同小異。

戰區反導系統在陸軍是防衛戰略要地，海軍則主要是防衛航空母艦，防衛的範圍半徑不超過三百公里，高度不超過四十五公里（十五萬英尺以下），根據美國國防部的宣傳，其主要組成部分如下：

MILSTAR：美國的軍用通訊衛星系統，由多個同步衛星組成，有抗干擾的能力；

SBL：Space Based Laser，天基（太空基地）雷射炮；

SBIRS Low：天基紅外線探測系統（低太空）；

SBIRS High：天基紅外線探測系統（高太空）；

Early Warning Radar：早期預警雷達；

X-Band Radar：X波段雷達；

Airborne Laser：機載雷射炮；

AWACS：空中預警指揮系統；

JSTARS：Joint Surveillance and Target Attack Radar System 的縮寫，意思是「聯合目標搜尋與攻擊雷達系統」，這是一個裝設在大型飛機上專門偵查與攻擊地面目標的雷達系統；

戰區反導系統的設計運作如下：敵人的短程導彈可以由JSTAR即時探測獲得訊息，中程和長程導彈的探測交由「天基紅外線探測器系統」來完成。

「天基紅外線探測器系統」的紅外線感應器非常靈敏，可以遠在數千公里外就探測到發射的導彈，幾乎在敵人的攻擊導彈剛發射時就能立刻捕捉到。但是「天基紅外線探測器系統」不能確定導彈的位置，因為紅外線探測器只能探測方向，無法探測到目標的距離，因此它不能指揮反導導彈的發射，只能把訊息傳達給所有的相關單位，特別是巨大的地面雷達站，譬如X波段雷達和早期預警雷達，由它們來接手。

地面雷達站在收到太空探測的訊息後，根據衛星告知的大致方位用巨大的天線搜索目標，等待目標出現，因為這時候目標很可能還在地平線下。

等到目標出現，地面雷達就得到目標在三維空間的精確位置和速度，開始追蹤並計算它的落點，也就是預測的攻擊點。一旦確定落點，地面雷達站就把相關訊息傳遞給最接近落點的反導基地，由它們來接手。

反導基地接收到早期預警雷達傳遞的信息後，就根據相關資料啟動雷達，開始在導彈來襲方向搜索，等到目標出現，就開始連續追蹤並計算攔截點，當攔截點被確定，計算機就把攔截點的座標和攔截導彈的發射時間下載到攔截導彈的電腦裡，時間一到，攔截彈就發射出去，飛向攔截點。

當攔截導彈飛到目標附近，啟動尋標器的時候就應該看得到目標，這是整個任務最關鍵的一點。攔截導彈是沒有時間做搜尋工作的，這時候如果看到目標就連續追蹤和迎擊，最後成功撞擊完成攔截任務；如果看不到目標（譬如地面雷達的攔截點預測錯誤或者目標突然變軌），那麼攔截任務就失敗了。

在這套反導系統的作業中，天基雷射炮並不存在，而且在可見的未來也不會存在，因為太空中無法供應如此強大的電力；機載雷射炮的實際部署有困難；「空中預警指揮系統」和「聯合目標搜尋與攻擊雷達系統」是輔助性的配角，無足輕重。

「戰區反導系統」的重頭戲在太空紅外線探測器、地面早期預警雷達，以及反導攔截基地的配合，它們之間的通訊都經由MILSTAR來完成。

這套「空天地（海）三位一體」的大戰系統在每一個環節都有致命的弱點。這套反導系統做政治表演還可以，如果真打起來，作者認為實際作戰的效率不會超過十％。

中國的中段反導

中段反導攔截的效果比末端好，但是困難度高很多，因為這個時候攔截目標的速度最快、距離又遠。中段反導耗費巨大，因為攔截器需要巨大的推力，不是船上的導彈能承擔的（標準三中段反導不太可能，攔截中程導彈也許勉強還可以，攔截洲際導彈完全不可能），天基的耗費是天文數字，沒有國家能夠承擔，所以只能是陸基。

二〇一〇年一月十一日，新華社報導中國在境內進行了一次陸基中段反導攔截技術試驗，試驗達到了預期目的。這一試驗是防禦性的，不針對任何國家。

新華社的這項報導事實上等於宣布中國已初步掌握反彈道導彈的技術。

美國五角大廈的女發言人舒曼女士（Maureen Schumann）說：「我們沒有收到發射前的通知，基於架設在太空的感應器，我們偵測到從兩個不同地點發射的導彈和它們在外大氣層的撞擊。我們正要求中國提供這次試驗的相關消息，我們想瞭解這個攔截的目的、中國的意圖和未來的計畫。」

在此以前，世界上只有美國做過中段反導（日本是借助美國的科技，基本上完全是美國技術，所以不算）。現在有中國加入，中段反導實際上就有了競爭者，無論政治上還是外交上都是意義重大。

台灣的可笑反應

台灣的《中國時報》在二〇一〇年一月二十日發表了一篇台灣對此新聞的負面報導，一位不願透露姓名的國軍退役將領認為，一般人把焦點放在攔截的準度上，其實「這一點都不難」，大陸用陸基遠程雷達對慣性飛行的導彈進行制導，並以單一彈頭攔截單一目標，難度不高，目的是展示驗證測評，屬於理論和技術性驗證，就像「歸零射擊」，距離成軍和實戰還很遙遠，「十年都未必有成」。

哇，這個連歐盟和俄國都無法完成的試驗，國軍將領居然說「一點都不難」。

國軍好大的口氣！

這位國軍退役將領有本事就公布姓名，負起說話的責任。台灣人說這話的水準，連印度人都不如。印度人說，「中段反導」一點都不難，我們也能，於是真的開始幹了。

台灣人說，「中段反導」一點都不難，美國早已成軍了，大陸十年都未必有成。瞧瞧這個耍嘴皮子的出息。

摧毀一顆在太空中慣性飛行的導彈真的就像「歸零射擊」一樣簡單嗎？

國軍退役將領大話十一天後，美國在二〇一〇年一月三十一日舉行了一次中段反導的試驗，結果以失敗收場，攔截導彈順利發射，但是沒有擊中目標。美國的「國家導彈防禦系統」（ＮＭＤ）即使早已成軍又如何？連「歸零射擊」都不行。

不學無術、每天胡說八道、為主子吹噓的國軍將領，這耳光還來得真快。

事實上，美國在中段反導舉行過十幾次的實驗，其中三分之二是失敗的，這還是在作弊的情況下。所以二〇一〇年一月二十日的失敗一點都不奇怪。中段反導的科技困難度非常高。美國在工程技術尚未成熟的時候就匆忙把導彈防禦系統胡亂成軍是非常違背常理的，為的就是搶先做政治宣傳，其實對國家安全並沒有實際的貢獻，但是卻對國家的財政造成了重大的浪費。美國為「國家導彈防禦系統」至少生產了一百枚攔截彈，從科學與工程的眼光看，全部浪費了。這種浪費是政治掛帥下的必然現象。

美國「國家導彈防禦系統」的匆忙成軍在科技上是一個笑話，但在國際宣傳上是政治正確的。

識別誘餌是最困難的技術

讀者要知道，「中段反導」非常困難。首先，在大氣層外用直接碰撞攔截一個直徑六十公分、長一百八十公分、飛行速度二十馬赫的圓錐體本身就是非常困難的一件事，無論是感應器還是控制技術，所面對的困難不是一般人能想像的，但這的確並不是最困難的工作。

「中段反導」最困難的工作是如何識別誘餌。

作者幾年前在第一次談論洲際導彈時就做過這方面的論述。當洲際飛彈脫離大氣層以後，在飛行途中就開始釋放誘餌（decoy）。這種誘餌基本上就是外面渡了一層金屬的氣球，它們在真空中飛行，無論是速度、外型、溫度特徵與雷達特徵都和真的彈頭沒有區別，所以無論是紅外線成像或雷達訊號的分析都無法判定孰真孰假。

識別誘餌的問題在可預見的未來不可能解決。

此外，誘餌可以非常容易又非常便宜地製造飽和攻擊。

要知道，來襲導彈施放的誘餌不是三個五個，而是幾十個甚至上百個。學過雷達追蹤的人都知道，當目標通常多到幾十個的時候，雷達作業的運算就飽和了（saturated），這時候只能聽天由命。

退一萬步，就算你能追蹤幾百個目標，由於分不出真假，你有幾百枚反導導彈嗎？

再退一萬步，就算你有幾百枚反導導彈，千萬美元一枚的導彈打幾百美元一個的氣球，反導國家幾個小時就破產了。

反導是一場昂貴的政治秀

「反導」是一個政治秀和一大批科技工作者的飯碗，在實際能夠完成的戰略意義上並沒有價值。「中段反導」不但科學基礎非常薄弱，而且工程上漏洞百出，尤其一些重要的環節基礎非常脆弱。美國轟轟烈烈的「反導」其實是虛張聲勢，對付金正日這樣的瘋子小國也許有一點點效，要對付中、俄這樣的導彈大國是完全不可能的。如果真打起來，美國從初始段、中段、末端段三段的層層攔截效果加起來大概不會超過十%，攻擊的一方可以輕易地用數量來彌補，對核戰爭而言，「反導」的效果可以說是零。

作者認為「中段反導」的政治目的大於軍事目的，因為在龐大的反導作戰體系下，所有參加反導的國家很自然地構成了一個實質的政治聯盟。

「中段反導」需要組織偵測衛星網、通訊衛星網和地面雷達網，這只有大國能夠辦到。真正到了應用時，誰控制衛星網誰就是主子，下面發射攔截導彈的國家都是聽從指揮的奴才。美國就是用反導技術把附屬國家（歐盟、日、韓、台）綁在自己尋求霸權的戰車上。這個政治戰略是非常有效和非常厲害的。是的，「政治聯盟」，這才是反導真正的重點。

絕大多數的人民是傻子，以為參加美國的反導聯盟就可以免受戰略導彈的攻擊，這完全是幻想，正好被政客所利用。美國就是利用這種心理和使用這種手法，組織政治聯盟並且成為聯盟的領導者。

在可見的未來，防禦彈道導彈的攻擊是不可能的，因為識別誘餌是不可能的。

不論美國、俄國或中國，一旦真打起來，沒有任何國家的攔截率（指攔截到真彈頭）可以達到十%，對核子戰爭而言，這種攔截的效果是零。

想想看，主子都被打爛了，僕從國家還能倖免於難嗎？

中國除了反擊美國，同時也絕不會讓周邊國家（譬如日本）有活口能夠趁火打劫。

中國如此，美國與俄國也一樣，歷史上與他們結怨的國家可多了，這就是「核綑綁」的理論。以後有機會我們可以對此做一些論述。

中國「中段反導」的政治意義

中國成功展示「中段反導」的能力也是一種政治秀，是為了打破美國的科技神話和霸權，在政治宣傳上是有意義的，在組織政治聯盟的號召力上也是有意義的。

當中國的政治勢力範圍覆蓋東亞、中亞和東南亞的時候，中國同樣也可以成立反導系統，然後以中國為主導的亞洲政治聯盟就自然形成了。

嚴格說來「反導彈道導彈」不算是「不對稱戰爭」，因為整個系統所費不斐，但是收效甚微（至少在可預見的未來是如此），「誘餌」是任何反導系統越不過的門檻。

真正最能代表「不對稱戰爭」的是用彈道導彈攻擊大型海面船隻，這是非常、非常重要的科技成果，完全改變了傳統的海軍作戰，對未來的海戰產生革命性的影響。

下一章，作者將要來論述「彈道導彈攻擊大型海面船隻」這個主題。

—第七章—

彈道導彈攻擊大型海面船隻

導言

現在我們進入軍事論述的最後一個題目——彈道導彈攻擊大型海面船隻，這是中美軍事對抗的最高潮，也是軍事科技比拚的最高層級與最全面的展示。

在中美博弈的激烈過程中，「彈道導彈攻擊大型海面船隻」占有舉足輕重的地位。如果要舉出一樣武器系統是幫助中國崛起的最大功臣，那就是中國研發的用彈道導彈攻擊大型海面船隻的遠程作戰系統。這是一個革命性的武器系統，也是人類有史以來研發的最複雜、相關理論最深奧、牽涉的子系統最多、整合最困難、科技含量最高、運作和控制最龐大、未來發展最千變萬化的武器系統，它直接改變了海上作戰的遊戲規則，令美國這個海上霸主既氣急敗壞又無可奈何。我們從這個武器系統非常清楚地看到，中國的科學家和工程師是多麼的優秀和有智慧，把西洋人和東洋人都比下去了。中國的崛起和中華民族的復興是無法阻擋的！

「彈道導彈攻擊大型海面船隻」值得我們做更深一層的討論，它是本書的壓軸篇，也是本書最主要的論述，它占據本書最大的篇幅，因為它代表的是中華民族偉大復興背後最堅強的實力，帝國主義者最看得懂的實力。

本章論述的內容由很多重要單元組成，每個單元都有一個標題，也就是每一節的標題。每節內容長短與重要性都不一定在同一水平。作者盡量使其合理易懂與層次分明，顧慮不周之處請讀者多多擔待。

本章雖有濃厚的科普味道，但請讀者不要害怕，你不須要具有高深的科學知識，更不需要是任何方面的專家，只要有普通中學的程度、現代生活的常識、一顆好奇的心和一個清楚的頭腦，那麼就足以輕鬆地看完整章，然後說：嗨，原來彈道導彈打航空母艦就是這麼回事！一點都不難嘛。

讓我們開始論述。

第一節　來龍去脈

本篇論述的是中美不對稱戰爭中最重要的例子，那就是使用彈道導彈攻擊大型海面船隻。所謂「大型海面船隻」是指排水量在八千噸以上高價值與高威脅性的水面作戰船隻，譬如導彈驅逐艦（八千噸以上）、導彈巡洋艦（一萬噸以上）、指揮艦（一萬八千噸）、直升機母艦（二萬噸以上）、攻擊航空母艦（四萬噸以上）等，它們的造價都在十億美元以上，而且具有強大的攻擊能力。

上面所說的這些船隻都在本章討論的應用範圍之內，但是中共研發彈道導彈攻擊大型海面船隻的主要攻擊目標是航空母艦，特別是美國的超級航空母艦，它們的滿載排水量接近甚至超過十萬噸，它們每一艘的造價加上所攜帶的武器價值接近一百億美元，它們是美國海軍進攻武力的核心。

海軍是戰略軍種，海軍作戰的勝敗對民生物質和戰爭物質的生產與後勤補給產生重大的影響，因此直接關係到戰略的演變與戰爭最後的勝敗。對於傳統的島國，譬如英國與日本，海戰的勝敗直接決定國家的存亡；對於非傳統的「島國」，譬如美國，海戰的勝敗直接決定其全球霸權的存亡。

使用彈道導彈攻擊大型海面船隻是人類戰爭歷史上革命性的變化，這項武器系統將徹底改變海面作戰的形式，影響極其深遠。

遠因

海軍的發源很早，海戰的歷史非常悠久，太古老的事情我們就不去考證和研究了。近代海軍的發展起於十五世紀，也就是鄭和七次下西洋的那個年代，可惜的是，鄭和的艦隊雖然在當時舉世無敵，但是中國不是一個侵略性國家，因此鄭和艦隊對世界的影響很小，長遠的影響幾乎可以說沒有。鄭和之後，明朝皇帝頒布了禁海令，不准兩個桅杆以上的船隻出海，愚昧與短視的明朝皇帝正式封殺了中國領先全世界的艦隊與航海技術，使中國成為一個沒有海權和海洋意識的陸權大國，也錯過了中國向海外擴張與拓展的最後機會。

但是就在同一個時期，西方葡萄牙與西班牙的海軍卻獲得國王的鼓勵與國家財政的大力贊助，因而蓬勃地發展起來。西方的民族具有很強的侵略性，於是海軍領導這些國家進行海外擴張與掠奪，迅速地在海外建立殖民地，形成現代列強的世界版圖。更重要的是，海軍是一個非常高科技的軍種，西方海軍的發展與激烈競爭不但開展了西方列強的經濟基礎，也奠定了今天西方列強科技研發的堅實基礎。

五百年來世界興起的列強沒有一個不是依靠強大的海軍，因為海軍是掠奪海外資源和打開國際貿易最有效和必不可少的工具。美國的全球霸權，無論是二十世紀五〇年代全球霸權的建立，還是現在一超獨霸的維持，最重要的力量就是美國海軍主宰性的統治力量，說得更確切一點，是美國海軍超級航空母艦的作戰能力。

由於飛機的飛行速度快且飛行距離遠，沒有任何船隻能夠抵擋飛機的攻擊，所以很自然地，航空母艦就成為海上作戰的霸王。

航空母艦的攻擊能力非常強大，但是本身的防禦能力卻非常薄弱，因此不能單獨行動，必須有其他船隻的支援才能有效地進行戰鬥。通常每艘航空母艦至少需要兩艘導彈驅逐艦（防空或反潛）、兩艘導彈巡洋艦（防空）、兩艘核子潛艇（反潛）和一艘補給艦，另外視作戰地區潛艇的威脅程度還需要配備一艘或多艘護衛艦才能進行戰鬥任務。這個龐大的艦隊就是我們所說的「航空母艦戰鬥群」。

美國的航母艦隊無論是噸位、性能、訓練與後勤都遠超過任何一個國家，是無可爭議的海上霸王，二次大戰以後基本上沒有對手。我們必須清楚認識，海軍不但科技的門檻非常高，而且基本上是錢堆出來的，沒有任何國家有如此龐大的經濟力量可以支持一個像美國這樣的航空母艦戰鬥群，而美國的航空母艦戰鬥群有十一個，即使全世界所有的海軍力量都加起來也不是美國海軍的對手，差得太遠了。中國要遏止美國的擴張與霸權行為，必須跨過的門檻就是能夠有效對付美國海軍的航空母艦戰鬥群，除此之外沒有第二條路。

軍艦最怕飛機，不論什麼軍艦都怕。美國一艘航空母艦通常攜帶八十架飛機，必要時可以增加到一百架，它的空中武力相當於地面上一個空軍聯隊（中國稱空軍師），作戰能力非常可觀。目前對付航空母艦最有效的方法就是也用航空母艦對著幹，交戰雙方都使用飛機對飛機在海面上空交戰。這種傳統的作戰方式不但耗資巨大，而且短期之內對中共而言是不可能的，長時間也很難形成優勢。於是中共科學家構思用中程彈道飛彈攻擊航空母艦，便宜、省事又省時，最重要的是本小而利大。

想想看，一枚中程導彈所費不超過一千萬美元（中國的造價），攻擊的目標價值一百億美元，千分之一的代價，太划算了。這就是不對稱戰爭。

近因

一九九六年台灣海峽發生舉世震驚的「飛彈危機」，美國派了兩個航空母艦戰鬥群前來危機地區宣示武力，雖然航空母艦編隊並沒有進入台灣海峽，但是巡弋在距離台灣東部數百公里的海面上仍然對解放軍造成極大的壓力。中共誓言絕不會讓這種情況再度發生，用彈道飛彈攻擊大型海面船隻的研究工作便正式立項、全力進行。

歷史上的任何重大事件，近因不過是藉口，遠因才是根本。大到啟動戰爭，小至重要武器的發展，都是如此。作者要說的是，彈道導彈攻擊海面大型船隻是導彈應用很自然的發展方向，當相關科技累積和成熟到達一定程度時，自然就會朝著這個方面發展。中共科學家在彈道導彈末段機動制導的理論研究工作其實在一九九一年便完成了，正式的研究報告在一九九四年發表於《宇航學報》上。一九九六年美國海軍航空母艦的威懾行動不過使這個問題的嚴重性、必要性和急迫性浮上檯面而已，它迫使中共下定決心、正式立項、把這門科技從研究推入發展，但其實它的基礎研究工作早就在五年前完成了。

第二節　科學原理與關鍵技術

相關科技

現在讓我們進一步觀察用彈道導彈攻擊大型海面船隻需要哪些科技。

傳統的彈道導彈只能用來打擊固定的地面目標，如果要用來攻擊海面上移動的目標，那麼導航與導引設備就要重新設計，而且還需要衛星偵察系統和衛星通訊系統來配合，後者要求的科技水平比前者要高，這其中的學問就大了，不是一件簡單的事。這項工程耗資巨大，困難度高，這個世界只有中、美、俄三個大國有能力研發，俄國沒錢，美國沒有這個需要，所以全世界也就只有中國科學家在這方面做研發了。

中國大陸經過十幾年的努力，終於發展出今天用彈道導彈攻擊海面船隻這個獨門武功，其實一點也不奇怪，這是科技基礎和國際情勢產生的自然結果。重要的是，我們要對這個革命性的獨門武功有正確的認識。

我們必須認識的是：反艦彈道導彈不是只有一枚導彈，這是一個包括偵察、通訊、指揮和作戰四大系統的綜合體。

所以發展反艦彈道導彈和發展遠程作戰體系是分不開的，這就使得中國大陸發展反艦彈道導彈有別於美國與德國在二戰時研發的超級武器。德國的V-1巡航導彈與V-2彈道導彈和美國的原子彈都是單一的超級武器，而中國大陸的反艦彈道導彈所發展出來的不是一個單一武器，而是一個龐大的「遠程作戰體系」，其應用的範圍涵蓋所有的作戰系統，反艦不過是其中的一個應用罷了。

上面這段敘述是非常重要的觀念。是的，「遠程作戰體系」就是中國的軍事科學家在二十與二十一世紀之交研發出來的獨門武功。下面我們介紹彈道導彈的反艦過程中就可以清楚看到這個「遠程作戰體系」的詳細內容。

原理與操作

反艦彈道導彈的原理與操作非常複雜。原理的複雜在搜索、發現與跟蹤系統的高科技與多樣化；操作的複雜在於如何融合這麼多蒐集到的資訊做出正確的判斷。

反艦彈道導彈最困難的部分不在導彈的本身，而是在搜索、發現與跟蹤目標所需要的深厚功力。基本上，海面的大型船隻一旦被發現而且準確地被跟蹤，其實消滅它的工作就已經大部分完成了。所以我們要花相當大的篇幅，也就是主要的篇幅，來敘述這個艱難的工作。

海面目標的搜索、發現與跟蹤

航空母艦看起來固然很大，但是海洋的面積實在太大了，在遼闊的海洋搜索一艘航空母艦不是一件簡單的事，非常地耗時，要探測到一艘航空母艦還需要克服各種天氣的考驗，譬如黑夜、雲霧與雨雪。所以搜索航空母艦猶如大海撈針，通常需要多種探測手段，這是一件非常困難的工作，更何況航空母艦是一個快速移動的目標，最高速度超過三十節（每小時三十海里，大約五十五公里），一天可以神祕地在海洋中移動一千公里，在暗夜和雲霧的掩護下經常可以輕易地擺脫追蹤。過去的經驗告訴我們，敵人的航空母艦經常在運氣好的情況下偶爾被發現，但是由於不能連續追蹤，經常又被它逃脫。發現、追蹤和長時間連續追蹤是三件不同的事情，困難度相差很多，單單發現目標是遠遠不夠的，只有達到長時間連續追蹤才有消滅目標的把握。

事實上，自從航空母艦出現在戰爭中，發現和連續追蹤敵人的航空母艦就是所有作戰行動中最困難的，尤其是前者。過去的經驗告訴我們，行蹤的神祕是航空母艦最大的保護，直到今天，這個原則還是適用。

但是科技是快速進步的，能夠大面積搜索海洋的利器終於出現了，那就是偵查衛星。航空母艦在衛星的監視下要做到行蹤神祕已不可能，至少理論上是如此。但是偵測衛星非常昂貴、牽涉的科技非常高，組織一個偵察衛星網談何容易，今天能夠在戰爭中全面付諸實施的也只有美、俄、中三個大國而已，其中俄國已經漸漸力不從心，目前只剩下美、中兩國。

我們把搜索（search）、發現（detection）與跟蹤（track）大型海面船隻（特別是航空母艦）的科技深入淺出地在下面幾節做一個有系統地論述。即使不是學理工的人，只要花幾分鐘的時間都可以瞭解這些影響人類非常深的科學與技術，它們的應用不只在軍事上，也存在於我們的日常生活中，譬如自然災害的發現、撲滅與人員救助。

大型海面船隻的搜索、發現與追蹤，牽涉到很多不同的探測器，包括偵查衛星、長程地面雷達、無人偵察機和空中預警機。這些探測器沒有一樣可以單獨完成任務，但是如果適當地協同工作，就可以使任何大型水面船隻在大洋中不但無所遁形，而且可以非常準確地對它們進行長時間的連續追蹤。

第三節　偵查衛星

登高望遠

古人說登高望遠，一點也不錯，爬山者的樂趣就在最後站在頂峰上俯瞰遼闊的大地。現代的探測器也是一樣，飛得越高，看到的地面和海面也就越廣。海洋的面積占地球面積的四分之三，如此大面積的搜索是非常困難的事，要看得又廣又遠就要升得夠高。

航空母艦上面的作戰飛機都有一定的作戰半徑，以美國海軍的主力戰機F/A-18為例，空戰的作戰半徑是七百四十公里，對地和對海攻擊的作戰半徑是一〇六五公里，所以絕大部分的時間航空母艦距離敵人的領土都在一千公里以外，這是一個安全距離，只有在發動攻擊時才會接近目標區。

我們要瞭解的是，航空母艦距離攻擊的目標越近，則艦載機滯留目標上空的時間就越久，這對攻擊的效果是至關重要的，所以在發動攻擊的時候，航空母艦會盡量靠近攻擊地區。至於航空母艦會多靠近目標區，那就要看對手的空軍力量有多強。由於艦載機的性能一般不如陸基戰機（艦載機結構重），在面對強國時，美國航空母艦多半在對方陸基戰機的攻擊距離以外。當然如果攻擊的對象是弱國，美國航空母艦就可以非常靠近攻擊區，譬如八〇年代美國轟炸利比亞，美國航空母艦就在距離利比亞海岸只有幾公里處巡弋。因為利比亞的軍事力量太弱了，一般而言，即使在進行攻擊任務的時候，航空母艦距離攻擊目標至少也在五百公里以外。

航空母艦的攻擊能力全在艦載機，所以如果能夠阻止敵人的航空母艦在領海範圍的一千公里以外，那麼敵人航空母艦的威脅力就幾乎消失了。當然，如果要把威脅完全消除，艦載機攜帶的制導武器的射程就要加進去，譬如空對艦或空對地的導彈射程，所以至少還要加上五百公里。除此之外，作者認為還需要加上五百公里的安全係數（safety margin）。總結上面所有的考慮，對系統設計的工程師而言，阻止敵人的航空母艦在國家領土兩千公里以外是必須的，在這個距離之外的航空母艦就純粹是一種擺設了。

防禦航空母艦的攻擊是相當困難的，難就難在你不知道敵人的航空母艦在哪裡。所以防禦航空母艦的首要任務就是在茫茫大海中先找到它，而航空母艦最重要的工作就是隱密，不讓你找到。這是一個貓和老鼠的遊戲。

一架偵察機飛在一萬兩千公尺的高空，它的視界極限最遠也只能達到四百公里，所以對偵察航空母艦來說，偵察機必須進入敵人艦載機的攻擊範圍之內才有可能發現航空母艦，在這種情形下，偵察機生存的機會微乎其微。這還不是所有的問題。遙測感應器的覆蓋角度通常是三十度左右，所以飛行在一萬兩千公尺的高度，偵察機搜索海面的寬度不到五十公里，要覆蓋一個特定的海洋區域，譬如東海，需要很久的時間才能完成一次搜索，航空母艦很可能就從搜索區中尚未搜索的部分進入偵察機已完成搜索的部分而未被發覺，甚至航空母艦早就駛離搜索區了。所以偵查機面對浩瀚的海洋遠遠不能滿足搜索大型海面船隻的需要。

加快偵查機的飛行速度來實現快速的海洋搜索則不實際，偵查機的最高航速比巡航速度快不了多少（不到五〇％），更何況有些遙測系統是有速度限制的，譬如雷達成像。

要滿足快速搜索海面船隻的要求，更有效的方式是增加飛行高度。但是還有什麼比飛機飛得更高呢？

比飛機飛得更高的人造物體就只剩下人造衛星了，是的，海洋的大面積搜索非衛星莫辦。人造衛星的搜索寬度至少有四、五百公里，航空母艦的最高航速為每小時五十五公里，所以如果能安排衛星執行每四小時觀察一次就可以達到無縫覆蓋，這是可以做到的。

本節將介紹偵察衛星的功能與相關原理。

物理現象

在敘述衛星前，讓我們溫習小時候學過的一些物理現象。

十六世紀德國數學家和天文學家凱普勒（Johannes Kepler, 1571-1630）在觀察太陽系的行星時發現一個非常有趣的規律：

a. 任何行星圍繞著太陽運行形成一個通過太陽中心的平面，行星運行的軌道在這個平面上一定是一個橢圓（注意，圓是當橢圓長軸與短軸相等的一種特殊情況）；

b. 如果你連接行星和太陽的中心就會形成一條直線，這條直線當行星運行的時候就會形成一個扇形的面積，雖然行星與太陽的距離隨時都在改變，但是它在單位時間內所覆蓋的扇形面積並不會改變，它是一個常數（constant）。

上面敘述的 a 與 b 就是天文學上非常有名和非常重要的凱普勒定律。

衛星的軌道

讀者必須瞭解衛星的應用與它的運行軌道是分不開的，不同的應用需要不同的軌道，譬如偵察衛星和通訊衛星的軌道是完全不同的，即使同樣是偵察衛星，攜帶的遙感器不同，其設計的軌道也不同，這個軌道錯不得。因此每顆衛星在發射上就需要做出特殊的安排與調整。由於衛星攜帶的感應器發射後就不能改變，所以衛星軌道的精確性和它的應用息息相關，如果發射的軌道錯誤，那麼這顆衛星的應用價值就完全沒有了，形同報廢。

衛星所攜帶的燃料非常有限，推力也很有限，主要用作姿態調整和軌道的維持，萬不得已才做變軌飛行，這是最耗費燃料的。所以把衛星準確地送入預定軌道極為關鍵，衛星的發射任務如果不夠精準，輕則減少衛星的預定壽命，重則導致衛星成為廢物。

衛星的運行與行星的運行道理是一樣的，所以凱普勒定律可以直接應用在衛星軌道的計算上，得出衛星運行的性質。

衛星在環繞地球的飛行中循著一定的軌道並且有下列幾個重要性質：

a. 這個軌道可以是圓，圓心是地球的中心，衛星運行的高度不變；

b. 衛星的軌道也可以是橢圓，這時候衛星飛行的高度隨時間而改變，但有規律可尋，那就是凱普勒定律，最重要的性質就是衛星距離地球越近其飛行的速度越快；

c. 衛星運行形成的平面和地球赤道形成的平面有一個夾角，這個夾角科學家稱為「傾角」（inclination angle）。「傾角」在衛星的應用上是非常、非常重要的參數，因為不同的傾角，衛星的觀察就覆蓋不同的地球表面。

d. 衛星運行的高度越高，運行的週期越長。

譬如高度只有一百公里的極低空衛星，八十六分鐘就繞地球一周；

美國的太空梭通常運行在六百公里的高度，九十七分鐘就繞地球一周；

衛星運行高度上升到一千公里（美國太空梭的極限），一〇六分鐘繞地球一周；

衛星運行高度上升到一萬公里，三百四十八分鐘繞地球一周；

衛星運行高度上升到兩萬公里（大約美國GPS導航衛星的高度），七百一十一分鐘繞地球一周；

衛星運行高度上升到三萬五千七百八十六公里（地球同步衛星的高度），一四三六．〇七分鐘繞地球一周。

衛星的發射場

前面說過，衛星運行的傾角決定衛星觀察時覆蓋地面的區域，我們有必要對傾角作進一步的論述。

一個非常重要的物理現象是衛星發射場的緯度決定「傾角」，譬如一個發射場位於北緯三十八度，它發射的衛星傾角就是三十八度。下面我們把全球重要的衛星發射場的緯度列舉如下：

法國南美洲圭亞那庫魯發射場	北緯五度
美國甘迺迪航天中心	北緯二十八．五度
日本種子島航天中心	北緯三〇．四度
俄羅斯拜科努爾航天中心	北緯四十五．六度
中國酒泉衛星發射中心	北緯四〇．六度
中國太原衛星發射中心	北緯三十七．五度
中國西昌衛星發射中心	北緯二十八．一度
中國海南文昌航天中心（興建中）	北緯十九度

讀者一定會問：如果一個發射場要發射與它的緯度不同的傾角的衛星，那要怎麼辦呢？

答案是：首先發射衛星進入軌道運行，這時候傾角等於發射場的緯度，然後由控制中心指揮進行變軌運作改變傾角。

無論改變衛星運行的高度或是傾角都稱為變軌運作，由衛星上的火箭發動機提供所需動力，這些都是迫不得已而不得不為的操作，尤其改變傾角的變軌飛行非常耗費燃料，一旦燃料耗盡，衛星的壽命就終結了，這些都必須在衛星設計者的考慮中。燃料計算非常重要，它直接決定衛星的壽命，通常衛星管理工程師必須預留部分燃料作為衛星在壽命終結前脫離軌道之用（de-orbit），把寶貴的特定軌道留給後來者。

衛星都是向東發射的，因為地球的自轉是從西向東，我們要利用地球自轉的水平速度將衛星送入軌道。地球自轉在赤道上形成的水平速度最大，緯度越高所得到的水平速度就越小，到了南北極地球自轉的水平速度就是零了，所以高緯度的國家發射地球同步衛星是吃大虧的，必須用更大推力的火箭來彌補。這就是為什麼每個國家都把衛星發射場盡量設在國土最靠近赤道的地方。

也就是這個原因，中國大陸決定在海南島的文昌建立一個規模宏大的航天中心，主要考慮的因素有下列幾點：

a. 海南文昌是中國國土緯度最低的地方，在海南文昌發射比在四川西昌發射，以現有的火箭而言相當於推力提升十～十五%。想想看，同樣的火箭搬到文昌，衛星上的酬載可以增加多少，十～十五%的推力提升是不得了的效益。

b. 如果發射的是同步衛星，根據大陸專家的報導，在海南文昌發射要比在四川西昌發射衛星變軌運作進入同步軌道所耗費的燃料要節省一百公斤，相當於延長兩年以上的壽命。

c. 酒泉與西昌都深處內陸，交通不便，全靠火車運輸，所以衛星與運載火箭在體積和重量上都受到鐵路的限制，譬如火箭的直徑不能超過三．三五公尺。文昌在海邊，用船運輸非常方便，體積和重量都不成問題。

d. 火箭發射後，分離的火箭殘骸掉到海裡，回收容易，也不會傷人。

e. 中國當初把發射場設在甘肅、山西和四川主要是基於國防考慮，擔心如果打起仗來基地會不保或遭到破壞，但現在的國防力量已足夠強大，自然沒有這種顧慮。

新華社在二〇〇七年九月二十三日報導，建設海南文昌發射場是為了中國航天事業可持續發展的戰略，滿足新一代無毒、無汙染運載火箭和新型航天器發射的任務需求。海南文昌的航天發射基地占地二十平方公里，包括航天發射港、太空主題公園、火箭組裝廠以及指揮中心等一系列項目。

文昌航天基地規模宏大，設備先進，建成後將成為中國同步衛星、探月飛船，以及永久性太空站的發射場。

文昌航天基地的各種優勢已經引起美、俄、法的擔憂，他們在商業衛星發射上的生意可能會被搶走。

衛星的酬載

衛星的應用全靠上面裝置的各種光學和電子設備，這些設備隨應用的不同而改變，譬如偵察衛星有紅外線探測器、高解析度照相機、雷達、光學感應器。通訊衛星有轉發器。導航衛星有特殊的發射器和極精確的原子鐘。科學衛星有各種不同的科學儀器等，這些衛星上的儀器與設備統稱為酬載（payload）。

由於衛星上的空間、重量、電力都非常有限，不可能帶太多的儀器，有的偵察衛星只有照相機，有的衛星只有紅外線成像儀，有的衛星只有雷達。當然，只要各種條件許可，也有衛星攜帶多種探測器。不論是哪一種衛星，酬載的選擇非常重要，一個衛星的能力全在酬載性能的高低。

偵察衛星的酬載

偵查衛星攜帶的感應器無非是下列四種：

一、光學儀器

光學儀器包括電視和照相機，後者可以是數位照相機，也可以是傳統的膠卷照相機。光學儀器最大的缺點是只能在白天使用。

二、紅外線成像儀

不同的物體在空間的溫度不同，紅外線成像儀就是感應溫度的差別而成像，所以又稱為「熱成像儀」。

紅外線成像儀的優點是可以日夜使用、解析度高，而且探測距離非常遠。但缺點是無法穿透雲霧，其次是只能定方向而不能定距離，不過對海面船隻測定距離並不是問題。

三、雷達

雷達是發射電波訊號，然後接受反射回來的電波來測定目標的方位和距離，是二十世紀人類發明的最偉大的遙測儀器。

雷達的優點是全天候工作，無論白天還是晚上、天氣清朗還是有風雨雲霧都能照常工作，而且精確地測定目標的方向、距離和速度。

雷達的缺點是設備重、耗能大、目標辨別能力差。

四、無線電

軍艦航行是很難保持無線電靜默的，從收聽到的無線電訊號加以分析，可以判斷海面目標在哪裡和它們的型號。

偵察衛星的應用

偵察衛星最主要和最特有的功能就是能夠大面積搜索地球表面，這在探測大型海面船隻上具有特殊的地位。

偵察衛星無論是用那一種感應器都存在一定的角度，只有在這個角度內才能感應到前面的目標。我們可以想像偵察衛星的感應器就像一隻手電筒射出一道圓錐形的光芒照射到地面上，只有在這道光照到的範圍內才能看到地球表面的物體。

所以當衛星飛過地球表面的時候，我們就可以想像衛星感應器掃過一條等寬的帶子，衛星飛得越高則這條帶子就越寬，通常至少都有數百公里。更進一步說，雖然衛星的軌道不變，但是地球是會自轉的，所以第二圈飛過的地方跟第一圈不一樣，第三圈飛過的地方跟第二圈也不一樣，這樣經過幾次掃瞄就可以覆蓋廣大的海洋了。

不過衛星掃瞄地面不是想像中這麼簡單，如何達到無縫隙的掃瞄需要在運行軌道的傾角與高度和感應器的視角做出精細的設計和安排。

衛星變軌

另外值得一提的是，衛星感應器的解析度（resolution）都是以角度為單位的，所以目標成像的解析度就跟衛星的高度成反比了。也就是說，衛星飛得越高雖然觀察的面積越大，但是解析度就越低，因此對目標的判斷就會越困難，特別是使用照相機的偵察衛星。

高解析度的照相機是偵察衛星非常重要的選擇，由於相片的解析度和拍攝的距離成反比，也就是說距離越近解析度越高，所以通常這種衛星都採用非常橢圓的軌道，所謂非常橢圓就是近地點（只有一、兩百公里）和遠地點（高達數千公里）差別很大。偵察衛星軌道的設計就是在近地點的時候進行拍照。

根據凱普勒定律，單位時間內衛星運行所覆蓋的扇形面積是一個常數，所以衛星在近地點時飛行速度比遠地點快很多，衛星飛快地拍完照片後便上升到安全的高度，避免受到敵人的攻擊，特別是雷射照射。有時候為了得到更清楚的照片，衛星會特別（在遠地點減速）進行變軌，使近地點非常低（低於一百公里）。這種情況在拍照完成後必須升高近地點（在遠地點加速），否則每次空氣的摩擦會逐漸降低衛星的高度，最後導致衛星跌落大氣層而燒毀。

小衛星

戰爭不會無故發生，都有跡象可尋。當情勢緊張時，相關國家通常都會臨時發射多枚小衛星，對熱點進行密集觀察，這些小衛星重量都很輕，一百到五百公斤，可以一次發射多個來縮短觀察週期。由於小衛星攜帶的燃料很少，所以小衛星的壽命不長，通常只有幾個月，不過對戰爭的準備已經足夠了。

但是運載火箭的生產、運輸與發射前的準備可不是一件簡單的事，真正的困難，就在是否能夠及時發射，所以快速發射衛星的能力對任何大國都非常重要。

附帶要說的是，中國大陸快速發射衛星的能力相當出色，這個能力已經被美國發覺，美國一度曾經考慮想與大陸政府商量，在太空站有緊急情況時大陸能出手相助，後來也只是說說而已，不了了之。美國對中國心存嚴重的忌憚，當初成立太空站時廣邀數十個國家參加，這是一種大國炫耀的姿態，有政治利益，也有經濟利益，因為參加國是要負擔部分經費，且絕大多數的國家不會得到技術，尤其不可能得到關鍵技術。但是美國的邀請就特別排除中國。現在美國雖然承認中國能對太空站做出實際的、重大又無可替代的貢獻，但作者個人認為美國還是不會邀中國參加，道理很簡單，美國始終把中國當成戰略對手，對於科技資料防範非常嚴，美國如果要求中國擔負緊急狀況下的救難任務，就必須提供太空站一些敏感的資料，美國是不肯的。

第四節　普通雷達無法用來搜索航空母艦

讀者都知道由於電波走的是直線，所以雷達都是直線觀察。只要在直線範圍內，無論距離多遠，雷達都可以觀測。現在問題就來了，地球是圓的，所以只要距離一遠，船隻低於地平線，雷達就觀測不到了。當然，雷達所處的位置越高，能夠看到的地平線就越遠，這就是為什麼雷達站通常都是建在山頂上，古人說登高望遠就是這個意思。

站多高可以看多遠？

那麼，一個很自然的問題就是：到底站多高就可以看多遠呢？

這個問題很容易回答，因為地球的直徑科學家已經算出來了。地球並不是一個完美的球體，而是南北方向略扁的橢圓體，赤道的半徑是六三七八．一三六公里，南北極的半徑是六三五六．七五二公里。根據這個數據，作者給讀者準備了一個很簡單的公式，只要知道高度就能非常容易地計算出地平線有多遠。

這個公式的高度單位是英尺，地平線的距離單位是海里，讀者自己可以隨時玩玩：

定理：計算地平線的公式

如果你的眼睛在H英尺高的地方觀察，地平線的距離是R，那麼

$R = 1.23 \times \sqrt{H}$ 海里

也就是說，地平線在1.23乘H的平方根海里外消失。

（一海里＝一．八五公里）

當然，上面這個定理是受到限制的，那就是R不能大過地球的半徑，因為你無論登多高也不可能看到地球的背面，譬如你在台灣的上空無論飛多高，絕不可能看到停泊在美國聖地牙哥軍港的航空母艦。

舉例說明

例子一

如果你身高六呎（一八三公分），站在大海中的一艘小船上，那麼地平線在三海里（五．六公里）

外。

也就是說，如果另外有一個身高六呎的人站在六海里外的一艘小船上，那麼無論你們拿任何高倍數的望遠鏡也不可能看到對方。

例子二

如果兩艘船裝置的雷達高出海平面一百英尺（船的最高位置），那麼海平面在十二．三海里（二十二．八公里）外就消失了。它們的雷達能夠看到對方船隻的最大距離是二十五海里。

例子三

如果一個雷達站建在海邊一座一萬英尺的高山頂上，那麼海平面在一百二十三海里（二二八公里）外就消逝了。

第三個例子告訴我們，即使大陸在一萬英尺的高山上建立雷達站也不可能探測到一百四十三海里（二六五公里）外的航空母艦，因為美國最大的航空母艦尼米茲級的杜魯門號，它的桅杆高度也只有二百五十二英尺，只比大和號的桅桿高一百三十一英尺。

這個例子同時也告訴我們，為什麼現代的導彈驅逐艦都載有直升機，直升機巡航在一萬英呎的高空是沒問題的，所以艦載直升機除了低飛反潛，還可以高飛為這些射程在兩百公里以內的反艦飛彈作雷達探測和中途導引。這不是什麼創新，二戰時期日本就使用了，只是現在的雷達測距和數據鏈傳輸非常的精確、迅速與安全，其中的高科技含量不是二戰時期偵察機上觀測員的目視和無線電的語音傳輸可比的。

日本大和艦的超視距炮擊

除了航空母艦，極少有船隻的桅杆能高出海面一百英尺，所以第二個例子告訴我們，任何海軍的艦對艦武器，如果它的射程超過二十五海里，就必須在交戰時有軍艦本身以外的其他探測系統提供敵艦的位置與航速，否則這門武器的射程優勢是用不上的。

事實上，例子二是指兩艘船的桅杆都有一百英尺高，而它們的雷達都探測到對方的桅杆，但是這種探測不足以分辨是敵是友，真正的實用探測距離是地平線的距離（可以看清整個艦身，見第二七〇頁圖二）。二次大戰時的軍艦是沒有雷達設備的，全靠水兵在桅杆或艦橋（煙囪前的高塔）的最高點上瞭望，所以軍艦的探測距離就是從瞭望台觀測到的地平線（horizon）的距離。我們看下面的一個實際例子。

第二次世界大戰最大的戰艦是日本的戰鬥艦大和號（Yamato），下面是它的一些數據：

艦長：八六三英尺；

滿載排水量：七萬二千八百噸；

桅杆高：一二七英尺（大約十層樓的高度）；

動力：十四萬八千匹馬力；

最高速度：二十七節；

主炮口徑：十八．一英寸（四百六十毫米）

炮彈重量

穿甲彈：三二一八磅（一四六二公斤）

高爆彈：二九九八磅（一三六二公斤）

最大射程

穿甲彈：四萬五千二百七十六碼（二十二．三四海里＝四十一．四四公里）

高爆彈：四萬五千六百碼（二十二．三五海里＝四十一．六二公里）

依照我們的公式，站在一百二十七英尺高的瞭望台的水兵，他的觀察距離頂多是：

$1.23\times\sqrt{127}$ 海里＝1.23×11.27 海里＝13.86 海里＝25 公里。

所以我們看得很清楚，大和戰艦的主炮射程遠大於它能觀測到的地平線距離，主炮射程比它能觀察到的地平線超出六十六％。

日本人不是傻瓜，不會連這點算術也搞不懂。大和戰艦可以在視距外就發射炮彈是因為它攜帶了六架偵察機，大和號用吊架把它們放到海面起飛，等它們降落海面後再用吊架收回。所以是偵察機的高飛和前線觀測使大和戰艦具有超視距的攻擊能力。日本人認為這樣他們就有了先發制人的能力。

日本人的觀念是正確的，這個超視距的戰術理論上的確可行，但是實際執行卻行不通。日本偵察機的觀測技術顯然不到位，肯定存在著某些技術上的困難沒有完全克服，導致過大的誤差，因此大和戰艦的戰績非常差。作者不記得它的十八英吋巨炮有擊沉任何軍艦。

附帶說明，德國的俾斯麥號戰鬥艦擊沉英國戰鬥艦胡德號是在目視距離內，而且只經過一次修正，第二次齊射就把胡德號送入海底。如此精確的射擊，主要依靠德國非常優秀的光學儀器和測距技巧所提供的精確瞄準，以及快速又準確的彈道修正，這恐怕是日本偵察機上的觀測手所不能提供的。

普通雷達不能滿足反航空母艦的基本要求

想想看，現代海軍水面戰艦桅桿最高的大概就是十萬噸的美國尼米茲級超級航空母艦了。我們用二〇〇九年服役的「喬治·布希號」做例子，即使站在它的二百五十二英尺桅桿頂上，或把雷達架設在它的桅桿頂上，它能夠探測海面目標的距離也只有三十六公里，遠遠低於需要。要知道，現代的反艦導彈絕大多數是貼著海面飛的巡弋導彈，它們的攻擊距離通常大於一百公里。

遠程打擊是現代軍事科研強調的方向，導致武器的打擊距離越來越遠、攻擊速度越來越快和打擊的精度越來越高，它告訴我們：任何現代海面戰艦如果沒有艦身外的探測裝備（譬如艦載偵查機）或精緻的訊息共享系統（譬如數據通訊鏈），基本上是沒有生存能力的。

所以任何現代戰艦，無論大小，它的攻擊力和生存能力都和它的探測能力息息相關。這是一個訊息時代。

我們再想想看，大陸沿海並沒有一萬英尺的高山，更何況航空母艦即使發動攻擊也通常巡弋在攻擊目標的三百海里以外，所以無論是陸地上的雷達或是海面上的艦艇雷達，都無法在航空母艦的攻擊距離外發現它。要知道，航空母艦戰機的作戰半徑大約是四百海里（F/A-18E/F），如果連這個最基本的探測距離都不能克服，那麼反航母是沒有任何希望的，就只能挨打，不要說先下手為強了，連挨打後要回手反擊航母都不可能，因為你不知道它在那裡。

現在很清楚了，反航空母艦的第一件事就是研發一種探測和追蹤距離遠大於四百海里（七百四十公里）的感應器。普通雷達完全沒有這個能力。

第五節　超視距（超越地平線）雷達

超越地平線雷達

問題：有沒有一種雷達它的觀測距離能夠超越地平線呢？

答案：有的，而且有兩種，它們是「天波雷達」與「地波雷達」。

這個世界有很多物理現象是很奇妙的，其中有兩個現象可以用來發展超視距雷達。此處我們說的「視距」，不是指人的眼睛的視力距離，而是指觀察物體的直線距離（line of sight），所以這裡所謂的「超視距」就是超越地平線的距離。

人類利用兩種特殊物理現象，離子層與繞射，發展出兩種超視距雷達，也稱為「超越地平線雷達」（Over The Horizon radar，簡稱 OTH radar）。

本篇的目的就是對這兩個物理現象和經由這兩個現象所發展出來的特殊雷達做一個簡單扼要的敘述。「超越地平線雷達」對偵查遠距離的海面船隻產生了革命性的影響。

天波雷達（OTH-B）

當地球受到太陽的輻射，一部分空氣就被電離形成自由電子和帶正電的離子，這一層大氣就被稱為離子層（ionosphere）或電離層。

電離現象主要是由太陽的紫外線造成的，由於大氣中的氧和臭氧層吸收大量紫外線，所以離子層的形成是在空氣非常稀薄的高空，通常是五十～一千公里的高空。隨著不同科學家對離子密度的要求不同，離子層的定義也會略有不同。高度在五十公里附近和一千公里附近的離子密度非常低，所以科學家通常考慮的離子層是在七十到四百公里這個範圍，並且把它分為D、E和F三個區域。

D區域：七十～九十公里

這是離子層中最低的一層。由於自由電子和離子的捕獲與結合率比較高，這個區域的電離層非常不穩定，對我們的用處不大。

E區域：九十～一百五十公里

這是離子層的中層。這一層只能反射低於10MHz的電波。

F區域：一百五十～四百公里

這是離子層的最高層，科學家又把它分為F1與F2兩層。

F1：一百五十～二百四十公里

F1只存在於白天，對我們的用處也不是很大。

F2：二百四十～四百公里

F2的自由電子密度最高，比F1高很多，無論白天或晚上都能夠反射電波。

F2對無線電工作者是最有用的。我們的「超越地平線雷達」就是應用在F2這個電離層。

離子層有一個特性，就是只反射頻率在三十兆赫茲（30MHz，每秒振動三千萬次）以下的電波，它們的波長在十公尺以上。

於是科學家就利用頻率在3-30MHz這個波段的電磁波設計雷達，就是所謂的「天波雷達」。

3~30 MHz這個波段雷達，科學家給它取了一個代號叫做ＨＦ波段，ＨＦ是 High Frequency 的縮寫，意思就是高頻波段。這個波段的波長是十～一百公尺。

科學家在ＨＦ這個波段發射電磁波，電波被大氣層中的離子層反射照射到海面，海面上如果有船隻就把電波反彈回到大氣層，再經過電離層反射回地面被地面上的接收器收到，經過一番計算和判定就能偵察出海面上這些船隻的位址與速度。這種雷達的探測距離可以遠達六千公里。

不用擔心或懷疑六千公里這麼遙遠的探測距離，這是很容易證明的。我們用Ｆ２離子區域的中間值高度三百二十公里當作例子。

回想之前的的公式：

$R = 1.23 \times \sqrt{H}$ 海里

把 $H = 320$ 公里 $= 1,056,000$ 英尺

帶入上面這個公式，我們就可以得到地平線距離是：

$R = 1.23 \times \sqrt{1,056,000}$ 海里 $= 1.23 \times 1027.6$ 海里 $= 1264$ 海里 $= 2341$ 公里

雷達距離這個目標是 $2 \times R = 2 \times 2341$ 公里 $= 4682$ 公里。

從上面這個例子我們可以得出探測四千五百公里的船艦是超視距雷達最典型的應用，一點都不必詫異，也一點都不困難。

讀者可以試著計算F2的上限，用 $H = 400$ 公里帶入上面的公式，看看得到雷達的探測距離是多少。

事實上，在六百公里的高空，自由電子的密度並不低，仍然在應用範圍之內，這時候雷達的探測距離就超過六千公里了。現代計算機運算的速度非常快，而船艦的航速非常慢（相對飛機而言），雷達照射目

標的時間可以相對較長，所以雷達訊號處理要整合六千公里外的船艦訊號完全不是問題。但是一般而言，我們把六千公里作為超視距雷達理論上的最大探測距離。

因為電波是透過天上離子層的折射，從天而降，所以取名為「天波雷達」（見第二七〇頁圖二）。由於探測的距離超過地平線，這種雷達又名「超越地平線的折射雷達」（英文代號為OTH-B），此處B代表backscatter，意思就是折射。

比較這兩個名稱，作者個人更喜歡「天波雷達」，它比較傳神。

「天波雷達」有下面幾個特性：

a. 天波雷達的理論探測距離是八百～六千公里。

b. 八百公里以內的目標無法探測，這是天波雷達的盲區。

c. 由於離子層的電子密度隨著日光的照射不同，所以白天與晚上會有所差異，不同的季節也會產生差異，更會隨著太陽黑子的活動而發生變化。除此之外，離子層的高度也會有變化。所以計算離子層的折射是非常複雜的，非一般人想像的容易。

d. 由於離子層的折射計算複雜，天波雷達的定位精度很差，大約是二十～三十公里。不過透過特殊的算法，精度可以改進一個數量級達到二～三公里，這對搜索大型海面船隻的初步定位已經足夠了。

e. 天波雷達雖然定位精度不高，但是測量速度的精度卻很高，這有助於目標識別。商船的最高航速通常是二十節，不可能超過二十五節，而航空母艦的航速超過三十節，有些更達到三十五節，所以利用速度很快就可以區分航空母艦與大型商船。除此之外，如果偵察到的這個水面目標附近還有很多每小時三百公里以上的高速目標，那麼這個水面目標肯定是航空母艦。所以指揮中心用這種方式就可以初步判定航空母艦的存在和地點。

f. 天波雷達的天線極為巨大，通常高數十公尺，長一、兩千公尺，因為只有如此巨大的天線才能接收如此遙遠、經過兩次電離層折射的、非常微弱的長波訊號。

地波雷達（OTH-SW）

小時候作者不聽話，母親生氣時總是說：「媽說話，你左耳進，右耳出，一點記性都沒有。」其實母親教訓作者的話不是真的，她無論在那個方向對我說話，我兩個耳朵都聽得非常清楚，沒有任何一隻耳朵漏掉。為什麼呢？這是有科學依據的。

在波的傳送中有一種物理現象叫作「繞射」（diffraction）。「繞射」是指當波在傳送時如果遇到阻礙物，有一部分能量會彎曲繞過阻礙物到達它的後方，也就是說，任何阻礙物不會形成百分之百的「陰影」。

「繞射」的現象在聲波上非常明顯，我們很容易用實驗證明聲波的繞射。在一個非常空曠的空間，你把左邊的耳朵塞住，然後在左耳旁邊敲擊物體，你的右耳可以聽到敲擊聲，這個敲擊聲不會被頭顱完全擋住。所以如果母親的聲音是從左方來，不但左邊的耳朵能聽到，右邊的耳朵也能夠聽到，這是因為一部分聲波繞過聽者的頭顱傳達到了右耳。

電波的繞射和聲波是類似的，科學家不但證明電波有繞射的現象，而且測量出波長越長的電磁波，「繞射」的現象會越顯著。

哇，這是何等有趣和有用的現象，你想想，好事的科學家會放過它嗎？

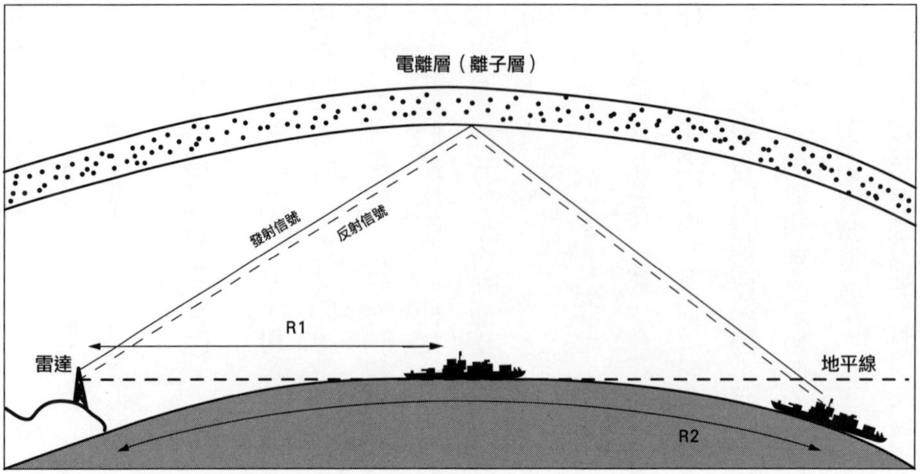

圖二：天波雷達和地波雷達工作原理示意圖

由於高頻波段的波長是最長的，聰明的科學家就利用這個波段繞射最強的現象設計雷達來偵查地平線以下的目標，科學家用這個方法取得相當程度的成功。由於偵測電波是沿著地球表面傳送的，所以稱之為「地波雷達」。

地波雷達探測的距離超過地平線，所以也稱為「超越地平線的地波雷達」（英文縮寫為OTH-SW），此處SW代表Surface Wave，意思就是地波。

上圖示意建立在山上的雷達站可以在距離R1的範圍內偵測到海面上的軍艦，但是偵測不到距離R2的軍艦，因為它已經在地平線以下了。

但是如果山上的雷達站是天波雷達，發射的電波經過電離層的折射就可以照射到地平線下遠距離R2的軍艦，軍艦反射的電波再經過電離層的折射被雷達站接收到，經過計算就可以得出R2軍艦的位置和速度。

同樣地，如果山上的雷達站是地波雷達，有一部分電波透過繞射現象可以照射到地平線下遠距離R2的軍艦，它反射的回波同樣經過繞射再被雷達站接收到，經過計算就可以得出R2軍艦的位置和速度。

電波的「繞射」是一種非常微弱的現象，通常使用的雷達波段幾乎不存在，即使波長最長的高頻波段它的繞射能量也很小，所以對海面船艦的探測距離不大，可以確定能夠達到三百公里，沒有聽過超過五百公里的，要想覆蓋天波雷達八百公里的盲區恐怕非常困難，除非加大發射功率和使用極長的天線陣列，這些都是極費錢的，有實際的上限。

地波雷達因為沒有離子層複雜和不穩定的物理現象，所以定位容易多了，也比較精確，只是探測距離短太多了，對反航空母艦作戰來說性能不足，屬於次要的手段，但是對於其他的大型水面船隻還是很有用。而且地波雷達相對便宜，尤其對於不寬的海面，譬如台灣海峽和黃海，非常有用。

讀者一定會問：地波雷達能探測三百公里，那可以裝在船上呀？

回答是：是的，的確有某些國家這麼做過。但是地波雷達的天線排列長達五十公尺以上，在軍艦上狹窄又寶貴的空間使用非常不方便，所以非常少見。

什麼是高頻？

高頻（High Frequency，簡寫為HF）是有一點誤導的，因為這個波段其實是雷達所用的電磁波中頻率最低的。

一般而言，頻率越高，雷達的精度就越高，同時體積也越小，所發射的能量也越小。所以軍用雷達，尤其是火控雷達（指揮炮火發射的雷達，英文稱為 fire control radar）要求高精度，選用波段的頻率都非常高，甚至超過 30 GHz。

譬如戰鬥機上的火控雷達都是X波段，頻率在10GHz左右，是高頻波段的三百倍到三千倍，波長是三公分左右。

坦克測距使用雷射雷達頻率高達100,000,000兆赫茲，是高頻波段的三百萬到三千萬倍，所以測得的距離非常準確。

警察抓超速使用的測速器也是雷射雷達，使用頻率高達300,000,000兆赫茲，達到雷達使用頻率的最高階段，因此雷達非常小巧（可以拿在手上）、功率非常小（通常只有數瓦特），應用距離很短，頂多幾百公尺，但是非常精確。這種精確度都不是高頻雷達能夠達到的。

「天波雷達」與「地波雷達」都是使用高頻波段來探測地平線以外的物體，經過大氣離子層折射的叫天波雷達（OTH-B），沿著地表傳達的叫 地波雷達（OTH-SW）。

探測雷達隱身的目標

超視距雷達除了探測的距離非常遠之外，它還有一樣好處，那就是可以探測到雷達隱身的目標，譬如美國的隱形戰機B-2與F-22。這是因為所有雷達隱形物體所用的塗料主要是對付波長很短的雷達波，譬如X波段，目的是要躲避火控雷達的追蹤，這對逃避飛機和導彈的火控雷達固然特別有效，但是對波長較長的L波段搜索雷達就差很多了，對高頻波段的超視距雷達隱身效果就更差了。

除此以外，隱形飛機的雷達截面（Radar Cross Section，簡稱RCS）都設計成正前方極小化（這就像坦克的裝甲在正前方最厚是一樣的道理，因為正前方是攻擊時遭遇敵人最可能的方向），下方的RCS值也設計得很小（躲避地面雷達），但是上方的雷達截面就大非常多了，所以無法規避天波雷達的照射與發現。

另外，天波雷達的波長是數十公尺，這正好是飛機大約的長度，因此非常容易引起共振現象，一旦發生共振，雷達訊號立刻就被放大數十倍甚至數百倍，這就非常容易被探測到。

第六節　中國大陸的超越地平線雷達

中國大陸的天波雷達

中國大陸在超地平線雷達的研究很早就開始，一九七〇年就完成一座試驗型的天波雷達，天線排列長達兩千三百公尺。

根據《簡氏防務週刊》的報導，中國已經在二〇〇一年研製出一套天波雷達（OTH-B），探測距離為八百~三千公里，覆蓋角度為六十度。該系統發射與接收的地點是分開的，位置相隔一百公里，天線陣列尺寸為60x1100公尺。這座雷達的作用覆蓋面見下頁圖三。

作者的評論如下：

一、標示R之處就是雷達的接收站位置，也就是巨大的天線陣列安放的地方。

二、這座天波雷達的接收站位於武漢與西安之間的某處，相當內陸，不設在靠近海邊的原因一方面是避開盲區，另一方面是避免容易遭受空襲。

三、圖中灰色的地區就是天波雷達覆蓋的偵察範圍，這是美國航空母艦進入台灣地區的主要方向。我們看到美國的航空母艦和大型水面船隻只要進入距離台灣兩千公里的海面就會被這座天波雷達偵測到。

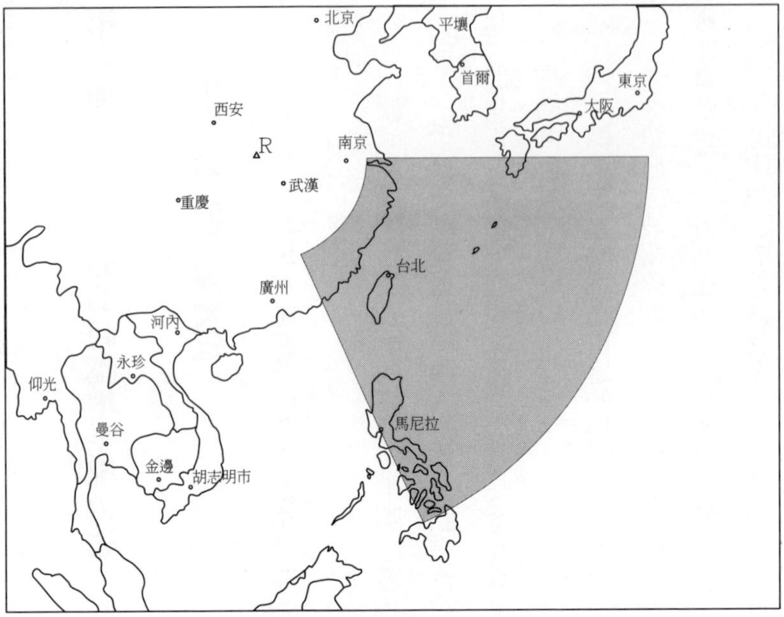

圖三：中國大陸天波雷達的覆蓋範圍

四、八百～三千公里的探測距離是英國《簡氏防務週刊》的報導，不知來源為何，也不知是真是假。作者認為這個探測距離雖然勉強夠用，但不夠安全。如果作者是系統工程師，一定將探測距離達到至少四千公里，而且照射角度會稍微偏北一點，務必覆蓋包括東京灣與關島在內的水域，這個要求非常、非常重要，而且並不難辦到。

五、這座天波雷達的位置選擇非常適中，完全覆蓋從東部海面接近中國的任何航道。美國航空母艦如果企圖從日本海經對馬海峽進入黃海，要不被發現和追蹤是不可能的，唯一剩下的可能途徑是繞過菲律賓的南端或是經麻六甲海峽進入南海，然後由南海接近中國大陸。

六、南海相對東海，不但非常狹窄而且到處都有島礁，偵測航空母艦容易多了，黃海就更容易了。黃海基本上一架預警機就可以搞定，南海則麻煩一點，對預警機續航力的要求也高很多，如果單靠預警機至少需要多架才行。

中國大陸的地波雷達

大陸在地波雷達也做了相當成功的研發，並且至少已經在浙江瑞安市以東八公里處的海岸線上部署了一套地波雷達（OTH-SW）系統。這套系統也採用了發射地點與接收地點分離的設計，兩處相隔二．六五公里。

外界對中國大陸的地波雷達瞭解很少，只知道覆蓋角度為九十度，探測距離大概是三百公里。有關它的性能數據都是猜測，無法做進一步的討論。

雷達數據都是高度機密，外面的人只能知道大概，不可能得到精確的數據。

瑞安市地處東海邊與溫州市接壤，行政上被溫州市管轄，屬於溫州市的一部分。瑞安的地理位置在台灣海峽的北端，海峽北端的寬度不到兩百公里，所以瑞安地波雷達站的選址是經過精細思考的，地波雷達三百公里的探測距離完全無縫地覆蓋台灣海峽北端的出入口，可惜地波雷達的探測距離太短，覆蓋不了釣魚台，更無法探測到琉球群島。

作者認為：

一、一般而言雷達使用的頻率越低，雷達的體積就越大，發射的功率也越高，像超視距雷達這樣的頻率發射功率都在數百萬瓦以上，非常耗費能量。

二、南海海域不是很寬，而且遍布島礁，五十～一百公尺長的天線陣列建在島礁上也不成問題，如果能源供應的問題能夠解決，解放軍在南海的西沙、中沙與南沙的島礁上各建一座地波雷達站，再配上一、兩架預警機填補空隙就可以無縫監視所有在南海主航道上來往的船隻。但是能源供應是一個大問題，島礁上蓋一個幾百萬瓦的發電廠幾乎是不可能的，也容易受到破壞。

三、比第二項更簡單，也更安全的方法是在湖南南部的山區建一座天波雷達，不但覆蓋整個南海，也覆蓋越南、馬來西亞、新加坡、文萊、菲律賓和麻六甲海峽。

四、作者個人認為天波雷達是反航空母艦艦隊最重要的探測手段，也許單憑天波雷達就足夠完成搜索、發現與長時間連續跟蹤等一系列的任務，其他的偵察手段不過是輔助而已。

在後面論述反艦彈道導彈的操作時，作者將對第四項做進一步的說明。

第七節　一些簡易的雷達知識與術語

雷達是人類在二十世紀發明的最偉大的遙測工具

在介紹了超越地平線的雷達後，下一個論述題目本來是長程無人偵察機。但是很多網友非常質疑「天波雷達」偵測與追蹤航空母艦的能力，他們認為「天波雷達」的誤差能達到好幾百公里，根本沒有什麼實用價值，並指出六〇年代蘇聯的「天波雷達」如何的不成器。

如果要以蘇聯六〇年代的雷達能力作為標準，本章是寫不下去的。不要說蘇聯，即使雷達功力遠在蘇聯之上的美國也是不行的。世界上最早有下視能力的雷達應該是美國的 F-15 戰鬥機，首架服役的時間是一九七四年。所以上世紀的六〇年代，無論是哪個國家的天波雷達都不可能用來偵測海面上的船隻。

雷達，這個人類在二十世紀發明的最偉大的遙測工具，在過去的五十年有了天翻地覆的改變。由於作者認為「天波雷達」是探測航空母艦艦隊最關鍵的感應器，甚至有可能獨自完成發現與追蹤三千公里外的大型船隻這樣艱鉅的任務，於是有必要在這個時候更深入地討論一下雷達這個探測器。

作者將用最基本的常識與最簡單的算術來說明現代雷達，特別是「天波雷達」的價值。

什麼是「分貝」？

我們常聽人說：飛機場的噪音是一百分貝、地下鐵車站當列車經過時的噪音是一百二十分貝、美國洛杉磯級核子潛艇的噪音是一百一十分貝、女人尖叫的聲音是八十分貝等。

這些話到底是什麼意思呢？

原來科學家和工程師在計算自然現象的過程中，常常需要用到比值，也就是兩個數量的比有多少倍，這個比值在科學和工程的研究中通常存在一個非常、非常大的範圍，譬如從一到一百億，不但用起來非常不方便，而且也不可能製作成圖表。想想看，有誰能把一和一百億兩個長度同時畫在一張圖表上讓大家都看見？

所以科學家就發明了一個新單位叫做「分貝」（decibel，簡寫符號為 dB），它的定義如下：

兩個數量P1與P2的比值 P2/ P1 用「分貝」來表示就是

$$\log_{10}(P2/P1)\ (\text{dB})$$

這裡log是以10為底的對數函數（Logarithmic function）。

作者希望你還沒有忘記中學的數學，以10為底的對數函數的定義是：

如果 $\log A = B$，那麼 $10^B = A$

這裡 10^B 代表 10 的 B 次方。

這裡要特別說明，對數的底（base）不是非用10不可，也可以換成其他任何正數，譬如8，但是顯然流行不起來，因為絕大部分的人都是十個手指的。不過一個例外是用極限觀念定義的常數 e。

$e = \lim (1 + 1/n)^n$，當 n 接近無限大

此處 lim 代表 limit，就是極限的意思。e 的值大約是 2.71828，e 的指數函數和以 e 為底的對數函數被數學家發現非常有用。

以10為底的對數函數，數學家稱為常用對數（common logarithm）。

以 e 為底的對數函數，數學家稱為自然對數（natural logarithm）。

好了，現在你就可以看到「分貝」應用的威力了。

0 分貝 = 1 倍，也就是相等；

1 分貝 = 1.26 倍；

2 分貝 = 1.60 倍；

3 分貝 = 2.00 倍，也就是大約兩倍；

4 分貝 = 2.50 倍；

5 分貝 = 3.20 倍；

6 分貝 = 4.00 倍，也就是大約四倍；

7 分貝 = 5.00 倍，也就是大約五倍；

8分貝＝6.30倍；

9分貝＝8.00倍，也就是大約八倍；

10分貝＝10倍，也就是正好十倍；

20分貝＝100倍，也就是正好一百倍；

30分貝＝1000倍，也就是正好一千倍；

40分貝＝10000倍，也就是正好一萬倍；

50分貝＝100000倍，也就是正好十萬倍；

60分貝＝1000000倍，也就是正好一百萬倍；

100分貝＝10000000000倍，1後面有10個0，也就是正好一百億倍。

你一定會問：說了半天，這個對數和分貝到底有什麼好處？

回答：對數的好處就是把乘方和開方變成乘除，把乘除變成加減。你說，這省了多少事？想想看，開五次方和除五，那個容易？

所以只要一本對數表在手，什麼麻煩的計算都變得容易多了，這在還沒有掌上型計算機的年代是非常有用的計算工具。怪不得錢學森離開美國的時候什麼高深的火箭書都沒帶，卻帶了一本對數表，但是卻被聯邦調查局的幹員沒收了，因為他們以為是有關國家機密的密碼。

我們看下面的例子。

如果一個音響設備的推銷員A對你說：「這套高級音響的訊噪比（signal to noise ratio）是一百零三分貝」，他的意思是接收器是非常乾淨的，訊號的功率（power）是雜音功率的兩百億倍。

如果另一家音響設備的推銷員B對你說：「這套高級音響的訊噪比是八十分貝」，他的意思是接收器是非常乾淨的，訊號的功率是雜音功率的一億倍。

A推銷的音響比B推銷的價錢高，很自然地你想知道這多花的錢到底值不值？為了比較這兩個音響，熟悉分貝的你不必換算成嚇死人的實際倍數搞得手忙腳亂，而是直接用分貝做心算。

103dB − 80dB = 23dB

20dB是一百倍，3dB是兩倍，23dB就是二百倍。

只需要幾秒鐘，你立刻就算出A推銷的音響比B推銷的音響乾淨兩百倍。

回到文章開頭最原始的問題，「飛機場的噪音是一百分貝」……「女人尖叫的聲音是八十分貝」等是什麼意思呢？

回答：作者也不知道。「分貝」是比值的單位，說話的人並沒有把和什麼東西比說出來，所以他們說的話是沒有意義的。

譬如作者每次看到大陸網友誇耀「基洛」級潛艇是多麼安靜，號稱「海洋黑洞」，發出的噪音只有一百分貝等，作者總是看不懂，因為他們沒有指出代表零分貝的噪音是什麼，所以一百分貝是沒有意義的。不同的作者所用的零分貝很可能是指不同的東西，這些文章的數字一點意義都沒有了。

電波的頻率、週期、震幅與相位

任何波動（無論電波和還是聲波）都可以用三角函數來代表，譬如正弦函數（Sine function，數學符號寫作sin x，此處x是一個角度）和餘弦函數（Cosine function，數學符號寫作cos x，此處 x是一個角度）。

當電波在傳送的時候，有四樣東西工程師非常注重，那就是頻率（frequency）、波長（period）、震幅（amplitude）與相位（phase）。

頻率與波長互為倒數，在前面我們已經談過了。

震幅（amplitude）是電波上下起伏的大小，我們可以把它看作是電壓，從＋V到-V上下震動。

「相位」（phase）是一般人都不注意，但是電機工程師非常重視的東西。

我們知道電波是一個連續變化的東西，我們用正弦函數sin x做例子。

當x是 0度的時候，sin x＝0，電波是在沒有能量的靜止狀態，然後電壓開始升高；

當x是90度的時候，sin x＝1，電波的電壓達到最高點，然後電壓開始降低；

當x是180度的時候，sin x＝0，電波回到靜止狀態，然後電壓繼續降低，進入負值；

當x是270度的時候，sin x＝-1，電波的電壓達到負的最高值，然後電壓開始降低；

當x是360度的時候，sin x＝0，電波回到靜止狀態，完成一個週期。

所以同樣看到電波的電壓是 0，它可能是一個波動正要開始的時候，也可能是正好進行到一半的時候，前者電壓走正方向，後者電壓走負方向，對工程師而言，兩者是非常不同的。

同樣看到電波的電壓是0.5，它可能是一個波動進行到1/12的階段（三十度）電壓正在上升的時候，也可能是波動進行到5/12的階段（一百五十度）電壓正在下降的時候，對工程師而言，兩者是非常不同的。

「相位」（phase）是指電波的波動從0度到360度進行到哪一個階段，這對工程師的意義非常重大。

工程師特別注重電波的相位關係，譬如正弦函數Sine和餘弦函數Cosine對工程師而言是同一個函數，它們不過是相位差了90度而已。

一個雷達工程師在處理訊號的時候，如果任何時候取樣他都能夠把握電波訊號的相位（phase），他就可以非常有效地把訊號整合起來，然後把它從雜音中分離出來，發現目標和追蹤目標就變得非常有效與迅速。

這種能夠保留相位訊息（phase information）的雷達叫做「同相雷達」（coherent radar）。

早期的雷達都是非同相的（non-coherent），雷達從非同相（non-coherent）進入到同相（coherent）是一個質的飛躍，一項革命性的進步。早年「非同相雷達」的探測能力跟現代的「同相雷達」相比，可以用「天差地遠」四個字來形容。同樣的「天波雷達」，用六〇年代的「非同相雷達」的性能來揣摩現代的「同相雷達」，會產生嚴重的誤導。六〇年代的訊號處理能力與今天的能力相比相差何止十萬八千里。

雷達天線的功率比值圖形（antenna pattern）

電磁波的發射和接收都需要經過天線（antenna）。常見的天線有兩種：

一種是碟型天線（dish antenna），譬如裝在屋頂上接收衛星訊號的小耳朵；

一種是杆型天線（bar antenna），譬如汽車上收聽無線電廣播的金屬杆。

杆型天線當然還有比汽車天線更複雜的，最常見的一種叫做「八木天線」，是日本東北帝國大學的八木秀次博士（Dr. Hidetsugu Yagi）和他的助手宇田新太郎博士（Dr. Shintaro Uda）在一九二〇年代發明的，所以有時候也稱為「八木・宇田天線」，簡稱「八木天線」。

「八木」天線發明後便開始在全球流行，有非常多的家庭用這種天線來收聽無線電廣播。今天的美國人在屋頂架設的電視天線和「八木」天線非常相似，應該是它的一種改良型。

八木天線的工作頻率屬於高頻波段（HF band），如果把發射電波選擇在十～二十公尺這個範圍，對探測隱形戰機非常有效。這是因為隱形戰機的大小尺寸和波長很接近，容易引起共振，這樣就很容易被雷達探測到。

中國大陸的戰艦大多裝設有八木天線，特別是大型戰艦，據說對F-22和F-35這類的隱形戰機探測距離超過兩百五十公里，非常有效和有用。

中國的遼寧號航空母艦也裝設了高頻天線陣列，這些天線相當巨大，短的大約五公尺，長的大約十公尺。遼寧號航空母艦的高頻天線陣列可以成水平陣列，也可以豎起來成垂直陣列，也可以收起來，這應該和不同的應用時電波的極化（polarization）有關。

單從遼寧號的外表，我們除了知道它有高頻天線陣列，並不能確定它的特殊應用，這些天線陣列可以用來探測隱形戰機，也可以用做地波雷達探測遠處地平線下的船隻，也可以作為長波通訊用，譬如和潛艇的通訊，用途非常廣泛。

天波雷達的天線也屬於杆型天線，它的結構就非常複雜了。

除了像汽車上收聽無線電的那種簡單天線是全向的，絕大多數的天線不論是哪一種，它們接收訊號的能力跟面對的方向有非常密切的關係。

天線設計是非常專業的，裡面有很大的學問，成百上千的電機工程師在這上面拿博士學位，每年發表數以百計的研究論文。譬如很少人能看得懂美國天波雷達那些複雜的天線是怎麼設計的，裡面顯然有大學問。但是，不管他們的學問有多大，最終設計出來的產品一定要畫出這個天線的功率比值圖形，我們一看圖形就什麼都瞭解了。國父孫中山說「知難行易」就是這道理。有了天線的功率比值圖形，什麼事情都好辦了。

家裡有裝設小耳朵的人都知道，天線都是上下左右對稱的，在天線的正中央垂直於天線碟面的這條向外延伸的直線叫做「正前方」（boresight），這個「正前方」就被稱為是「天線所對準的方向」。

任何天線在「正前方」所收到的訊號都是最強的，我們把這個強度定為 0 分貝（0dB）。然後其他方向收到的訊號強度與「正前方」的訊號強度的比值就被記錄下來。由於它們都比正前方的數值小，這些比值都小於 1，所以它們的分貝值都是負數，譬如：0.5 = -3dB，0.1 = -10dB，0.01 = -20dB，0.001 = -30dB 等。

所謂「天線的功率比值圖形」就是以「正前方」的訊號強度為 0 分貝，然後把其他方向的強度以分貝為單位畫出來。

「天線的功率比值圖形」有時候也稱作「天線放射圖」（antenna radiation pattern），或者更簡單就叫作「天線圖」（antenna pattern）。

你一定會問：這方向有無限多個，怎麼能把所有的方向都畫出來呢？

回答：你說的對，但是有兩個方向最基本，一個是水平方向（也就是左右水平移動的方向，英文叫做

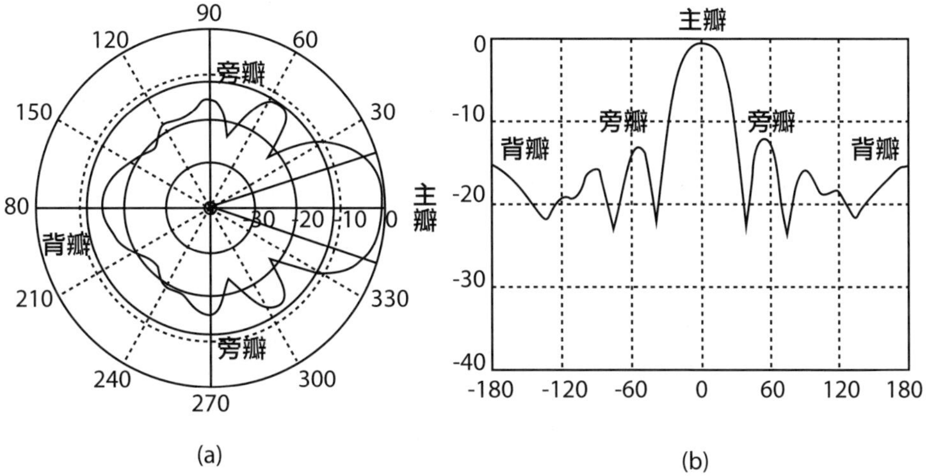

圖四：（a）用極座標繪製的「天線圖」；
（b）用矩型座標（又稱為卡迪爾座標）繪製的「天線圖」

azimuth），一個是垂直方向（也就是上下高低移動的方向，英文叫做 elevation），只要這兩個方向決定了，其他方向也就決定了，所以天線工程師通常只畫這兩個方向。

好了，我們現在已經知道要做什麼了。

首先，天線接收到的電波是電壓（也就是電波的震幅）V。

理論上，科學家已經計算出電波的電壓在天線不同方向的分布是：

$$V = K \cdot (\sin x) / x$$

此處 K 是一個常數，不同的天線設計這個 K 值也不同，所以他們的圖形基本上都一個樣子，只是胖瘦不同而已；x 是距離全線正前方（boresight）的方向距離（也就是角度差）。

其次，負的電壓也是有能量的，所以工程師真正有興趣的是功率（power）P，它的定義為：

$$P = V \cdot V = V^2$$

因此，我們要的「天線的功率比值圖形」基本上是下面這個曲線：

$$P = K^2 \cdot (\sin x)^2 / x^2$$

上面這個公式是理論值，事實上每個天線設計出來後都需要實際去測量，它們跟上面的理論數值是有出入的，真正的雷達探測與追蹤所需要的計算都以測量出來的實際數值為準，所以這個測量的工作非常、非常重要。

上一頁圖四中的兩張圖是典型的工程師繪製的「天線的功率比值圖形」：

（a）圖的優點是強度與方向的關係非常形象地接合在一起。正前方就是正東，左手是正北，右手是正南，背面是正西。任何方向來的信號，天線收到的強度比正前方下降多少分貝非常形象地一目瞭然。

（b）圖的優點是所有方向的天線接收強度全部排在一起比較，非常清楚：

一、在天線正前方（boresight）的接收功率最大，大約在正負四十度的地方降為零；

二、雷達工程師把上面這個圖形看成是花瓣，中間最高的這一部分（圖中正負四十度之間的部分）雷達工程師稱為主瓣（Main Lobe）；

三、主瓣以外的其他部分都稱為旁瓣（Side Lobes）；

四、正負一百二十度之間的部分稱為背瓣（Back Lobes），因為這些是從天線的背面接收到的訊號；

五、主瓣之外的旁瓣，根據離開天線正前方（boresight）的距離，順序被稱為第一旁瓣、第二旁瓣……（左右不分，因為是對稱的）。一般而言，前幾個旁瓣的峰值會依次遞減，但是工程師加權以後就不一定了。

很少人會去畫出所有角度的天線圖，因為三度空間的圖反而看不清楚細節，並沒有任何實際的好處。

讀者一定吃過海參或是苦瓜，他們身上都長著大小不一的肉刺。形象地說，三度空間的天線圖就像一個海參或是苦瓜，只是在正前方有一個肉刺特別長大，它就是主瓣。

但是這些主瓣以外的「小肉刺」也不能太小看，在雷達作業中，它們雖然不是主角，但也扮演了非常重要的角色，尤其是在反電子作戰（Eclectronic Counter Measure，簡稱 ECM）和反反電子作戰（Eclectronic Counter Counter Measure，簡稱 ECCM）。它們雖然在接收訊號上比主瓣低了二十~四十分貝，但是如果遇到強大的干擾電波，經由這些「小肉刺」進入雷達接收器的噪音能量是相當可觀的，通常足夠淹沒訊號，使雷達螢幕上出現一片雪花，什麼目標都看不見。

天線的「加權」

天線工程上有一種技巧叫做「加權」（weighting），就是設計天線的工程師在天線不同的部分把訊號做不同程度的放大，這就改變了整個「天線圖」。

你一定會問：工程師為什麼要這麼做呢？

答案是：如果不做「加權」的工作，那麼第一旁瓣的峰值只比主瓣的峰值低 13dB（二十倍），這就很容易受到干擾。為了減少這種憂慮，工程師就設計了各種不同的加權來降低所有旁瓣的功率，特別是靠近主瓣附近的區域。

經過加權後，旁瓣通常都在 30dB 以下，甚至可以做到 40dB 以下，這樣被干擾的情況就大大改善了。

但是旁瓣變低了，這些被壓抑的功率去了哪裡呢？

答案是：去了主瓣，加權後的主瓣通常會胖一點。

雷達的波束寬（Radar Beam Width）

雷達工程師最看重的部分是主瓣中功率下降不超過三分貝的部分，也就是功率下降不到一半的部分，這個寬度，工程師稱它為雷達的「波束寬」（beam width）。每個雷達的波束寬都不一樣，譬如第二八五頁的圖四告訴我們這個雷達的波束寬大約是四十度。

所有雷達的照射與探測距離都以波束寬內的主瓣為準，其他部分不予考慮。所以波束寬是雷達性能非常重要的一個指標。

當雷達進行搜索的時候，你可以把天線發射的電波看成是一隻手電筒放射出去的光束，這個光束的形狀是一個發散的圓柱（如果天線是圓形）或四方柱（如果天線是四方形），它的角度就是波束寬（beam width），只有在這個波束照射到的東西，雷達才看得見，因為波束寬以外的照射雖然仍有能量，但是雷達工程師不予考慮。

雷達的波束寬既然如此重要，那麼有沒有公式可以計算呢？

答案：有的，而且很簡單。

雷達的波束寬由雷達的波長與天線的長度所決定。如果雷達的波長是 M，天線的長度是 L 或直徑是 D，那麼這個雷達的波束寬 W 是：

W＝0.88．M / L radian（如果天線是四方形）

W＝1.02．M / D radian（如果天線是正圓形）

1 radian＝57.3 度。

此處作者再加上三點說明：

一、上面這個公式是指沒有加權的天線。

二、如果天線加權，波束會變胖。胖多少呢？這就要看設計的工程師是如何加權的。

三、如果你不知道對方是如何加權的（假設你是一個不稱職的間諜，偷不到對方的加權表），但是又非得向老闆交代不可，那麼作者教你一招，那就是管它三七二十一，把波束寬乘1.21，也就是加二十一%。這樣雖不中亦不遠矣。

大約比波束寬度再寬一倍的地方就是理論上功率為零的零點（null）。這個常識大家必須具備。譬如某個天線的波束寬是十度，也就是說從正前方（boresight）算起，離開它五度的地方，接收功率就下降了一半，那麼再離開五度，也就是距離天線正前方十度的地方即理論上的零點，在這附近是收不到訊號的。這就是為什麼屋頂上的小耳朵如果被風吹歪了一點，家裡的衛星電視很可能就收不到訊號了。工程師的設計都是要求天線必須對準發射台，誤差不能超過波束寬的一半，這些都寫在架設天線的手冊中。如果你裝的是中耳朵或大耳朵，那麼安裝就必須更穩固，更不能容忍方向的偏差，因為天線越大，波束的寬度就越小，偏差了波束寬度的一半就更容易發生了。

零點（null）對雷達工程師是很有用的，它遍布於各個方向，就是前面所說的「小肉刺」的根部。在進行電子戰時，如果發現敵方用干擾機發射強大的噪音，雷達工程師在計算出干擾源頭的方向後就可以重新改變「加權」，把某一個零點對準干擾源，干擾電波就不能進入雷達接收器了。這種反干擾的技巧叫做「零點消滅干擾源」（jammer nulling）。

上面計算波束寬度的公式非常重要，只要我們知道某座雷達的發射頻率和天線大小，我們就可以算出它的雷達波束寬是幾度，進而推算出它的大概性質。

由於頻率與波長成反比，上面這個公式告訴我們頻率越高波束越窄，天線越大波束也越窄，這個關係是必須知道的常識。

波束越窄就越能分辨兩個非常接近的目標，這在軍事應用上非常重要。這也是為什麼只要環境許可，雷達工程師總是要求安裝最大的天線。

中國的天波雷達的波束有多寬？

前面我們論述中國大陸的「天波雷達」，它的天線陣列尺寸為60×1100公尺。那麼，它的波束寬是多少呢？

我們只知道「天波雷達」的頻率是3-30MHz，所以波長在十～一百公尺間，我們就取中間值，假設波長為五十五公尺。

雷達的運作，水平方位（azimuth）永遠比高低方位（elevation）重要，所以合理的假設是天線在水平方位長一千一百公尺，在高低方位長六十公尺。根據上面的公式，再假設大陸的天線是加權的，我們得到：

水平方位的波束寬＝1.21・0.88・55/1100 radian＝0.0532 radian＝3.05度；

高低方位的波束寬＝1.21・0.88・55/60 radian＝0.9761 radian＝55.9度。

所以我們看得很清楚，這座天波雷達的波束是左右非常窄（三・〇五度），高低非常寬（五五・九度）的一個扇形波，像扇子一樣掃瞄地球的表面。

在三千公里的距離，這座天波雷達照射的範圍是：

水平方位的長度＝0.0532．3000公里＝160公里；

高低方位的長度＝0.9761．3000公里＝2928公里。

網友爭辯的焦點在於水平方位大陸這座天波雷達照射的範圍太寬，超過一百公里，目標可以藏在這個廣大的雷達波照射區的任何角落，水平誤差因此可以達到一百多公里，這還是假設波長是中間值的五十五公尺。

如果我們採用ＨＦ波段最大的一百公尺波長，那麼天波雷達在三千公里距離的探測誤差就有可能超過三百公里了。如此大的探測誤差是沒有實用價值的。

問題：上面這個爭論，焦點就在天波雷達的水平距離誤差是不是就是它的照射寬度呢？

回答：不，絕不是。如果雷達波束的照射寬度就是誤差寬度，那麼幾乎所有火控雷達指揮的火炮都打不到目標了。

為了準確回答上面的問題，我們必須進一步討論雷達追蹤是怎麼回事。

第八節　雷達的操作

雷達模式

雷達因為需要的不同，在操作上有許多不同的模式（mode），花樣繁多，但是最基本的有三個模式：

一、搜尋與發現；

二、邊搜尋邊追蹤；

三、單目標追蹤。

當然，最現代的雷達還有一種非常有用的模式叫做地面成像（ground mapping mode），其中解析度最高的一種叫做「合成孔徑雷達」（Synthetic Aperture Radar，簡稱 SAR），這是現代空對地作戰精準攻擊最重要的雷達模式，也是全天候精準投彈必不可少的手段。

我們把重點放在最基本的三個模式：搜尋、發現與追蹤，它們是每個雷達都具有的基本模式。

搜尋（Search）

雷達在空中或海面搜尋目標，就跟你在黑暗中用手電筒尋找空中的蚊子或地上的一根針完全一樣。如果是搜尋空中目標，先決定搜尋範圍，譬如左右六十度和上下三十度，於是先把這個範圍正前方的水平方位和高低方位以雷達波束寬為單位劃成格子，然後依照順序一格一格地掃瞄，譬如從左上方開始水平向右掃瞄，掃瞄一列以後，雷達天線在高低方向下降一個波束寬，然後向左掃瞄，到了左邊的邊界角度，天線再下降一個波束寬，然後向右掃描……，如此這般直到所有格子都掃描完畢。然後又從左上方重新開始掃描。

對海或對地的搜尋也是一樣，先決定搜尋範圍，譬如左右六十度，於是先把這個範圍的海面或地面以雷達波束寬為單位劃成格子，然後以雷達波束寬為單位依照一定的順序一排一排地掃瞄。

這就是雷達的搜尋工作。

發現（Detection）

在任何一個「格子」裡，當雷達波束照射的時候，雷達的接收器（radar receiver）就開始處理從這個「格子」接收到的訊號，經過整合後就得出一個速度與距離的方陣，每一個方陣單元都有距離、速度、功率（power）等資料。

雷達工程師會設計一個目標取捨的數值標準（這個數值的設定是有學問的，此處不深入討論）。任何方陣單元如果探測到的功率（power）超過這個數值就是目標，也就是說，一個目標被發現了，雷達裡面的電腦就會通知操作員（譬如發出嗶嗶聲）並且把它的相關資料顯示在雷達屏幕上。

任何方陣單元如果探測到的功率低於這個數值，電腦就會拋棄它，當作什麼也沒看見。

這就是雷達的發現工作。

注意，雷達雖然發現了目標，只是把這個目標的相關資料告訴操作員而已，雷達的搜尋工作仍然繼續照常進行，完全不受影響。至於雷達操作員看到這個目標後有什麼進一步的決定，那是操作員的事，操作員自有一套他自己的標準決定這個目標重不重要。

追蹤（Track）

如果操作員覺得某一個被發現的目標很重要，譬如目標接近到某個程度、目標速度特快、目標回波特大等，操作員便會按下一個鈕，決定追蹤它，於是雷達便進入追蹤的模式。

追蹤的模式有兩種，一種是「單目標追蹤」（single target track，簡稱 STT），另一種是「邊搜尋邊追蹤」（track while scan，簡稱 TWS）。通常是先進行「邊搜尋邊追蹤」，最後可能選定一個目標做「單目標追蹤」。

相對於搜尋，追蹤模式的過程要複雜非常多。當一個目標被選定追蹤，雷達裡面的電腦就為它特別設立了一個資料夾（file）並且編號，資料夾裡面儲存這個目標所有的相關資料。所以每一個被發現的目標都有自己的編號和資料夾。

雷達進入追蹤模式的時候會設定一個觀察的週期，也就是每隔多久會觀察它一次，這個週期是系統工程師選定的，通常短於雷達的掃瞄週期，譬如掃描一次是兩分鐘，被追蹤的目標有可能每二十秒就要觀察一次，避免它逃脫。當下次觀察的時間到了，雷達會把天線轉到這個目標預測會出現的方位來確定它還在不在。這個過程說來輕鬆，其實非常複雜，裡面包含很大的學問。

雷達追蹤困難的焦點就在：你怎麼知道下次看到的目標就是這個目標？所以雷達追蹤技巧的精髓是：雷達軟體不但必須預測這個目標下次應該在什麼地方出現，而且必須給出誤差不能大於某個數字。

好了，雷達每次觀測同一個目標時不外乎下面三種情形：

情況一

如果雷達看到一個目標，並且在預測的範圍內，雷達就在資料夾填上它的新位置，但同時保留它的舊位置。理論上，過去觀察的位置越多，預測未來的位置也就會越準，一般而言，系統工程師會決定要保留多少個舊位置作為預測下一個位置的基礎；

情況二

如果雷達什麼目標都沒有看到，雷達就在資料夾上填寫目標消失，並且查看連續消失了幾次。如果次數不到N就決定繼續觀察，並且預測下次它應該在什麼地方出現；如果連續消逝的次數達到N，那麼雷達的電腦就認為這個目標已經永久消逝了，於是把它的資料夾刪除、編號也取消；

情況三

如果雷達看到一個目標，但是它不在這個目標預測出現的範圍內，電腦也把這個目標當作情況二處理，但是把探測到的目標當成一個新目標，另外設立一個資料夾（file）並且編號。

這就是雷達追蹤的過程。

論述到了這裡，有幾個非常重要的觀點讀者需要瞭解，所以我們有必要提出進一步的說明。

追蹤數目

讀者在閱讀軍事文章中，常常會看到這樣的敘述：某型戰鬥機的火控雷達可以同時追蹤二十個目標，並且選擇其中的六個目標進行攻擊。

這是什麼意思呢？

在上面我們論述雷達的追蹤過程中提到，每一個追蹤的目標都有一個編了號碼的資料夾，裡面儲藏所有有關這個目標過去的追蹤資料，和預測下一次觀察時它的位置與容許的誤差，這裡面牽涉的學問叫做「估計理論」（estimation theory）。這個估計過程中有一段過濾雜音的手續，通常採用一種叫做「卡曼濾波」（Kalman filter）的技巧，它的計算非常複雜，不是一件簡單的事，即使是高速電腦也非常耗費時間。

任何電腦的中央處理器（CPU）的計算能力是有限的。雷達操作所需要的計算很多，通常有一些固定的事情（house keeping work）必須先處理，剩下的時間才能分配到各種操作模式（operating modes）的計算。系統工程師把所有的計算工作依照優先順序加以排列，但即使最不優先的工作也必須在某一段時間內完成，這個時間稱之為「模式時間」，它也許是十毫秒（mili-seconds），也許是一百毫秒，由系統工程師來設定。

由於追蹤目標每增加一個，計算量就增加很多，系統工程師必須確定所有的計算在規定的時間內能夠全部完成，否則就會出亂子。如果計算的時間不夠，只有兩種解決方法，一是延長「模式時間」，二是限制追蹤的數目。延長「模式時間」就要放慢雷達天線的掃瞄速度，如此一來整個雷達的作業能力就要降低，茲事體大，系統工程師通常不願意。所以剩下的唯一選擇就是限制追蹤的數目了。也就是說，追蹤數目是在掃瞄速度能夠接受的情況下的最佳妥協。

所以我們看得很清楚，任何雷達一旦定型，它能夠追蹤的目標數目是固定的。如果在實際作戰中出現的目標超過這個數目，多出來的這些目標雷達就顧不了了，因為追蹤數目一旦飽和，雷達軟體便不再接受新的目標。

飽和攻擊

從「追蹤數目」的定義，我們就可以看出「飽和攻擊」的理論基礎是什麼。所謂「飽和攻擊」就是攻擊者的數量超過這個雷達系統能夠處理的目標追蹤的數目，在這種情形下被攻擊者只能聽天由命。

所以追蹤數目是衡量一個雷達優劣的重要指標之一。敵人必須付出大於追蹤數目的攻擊力量才能進行飽和攻擊。

至於同時可以攻擊多少個目標主要是跟攻擊者攜帶的導彈數量有關，這倒不是重點，也跟雷達的能力無關，因為通常雷達能夠追蹤的目標數目遠大於戰鬥機攜帶的武器數目。譬如雷達追蹤了二十個目標，它會把這二十個目標依照威脅程度的大小順序排列出來提供飛行員決定。如果這架戰鬥機只攜帶了兩枚中程空對空導彈，飛行員頂多也只能夠選兩個目標攻擊；如果這架戰鬥機攜帶了二十枚中程空對空導彈，那麼飛行員選擇攻擊全部二十個目標也不是問題。但是今天的戰鬥機頂多攜帶八枚空對空導彈，其中通常只有一半或頂多六枚是中程的。

軍艦攜帶的導彈數量比飛機多得多，但是早期的軍艦對空導彈是裝設在可以上下和高低轉動的發射架上，一個發射架通常只配置兩枚導彈，它們的發射速度很慢，因為發射架的轉動需要時間，發射後重新填裝所需要的時間就更長了，所以軍艦能夠同時攻擊的目標數很低，仍然遠低於雷達追蹤的數目，防禦能力同樣是受限於導彈而不是雷達。

但是最新式的軍艦裝有垂直發射系統，這些導彈都是儲藏在垂直發射井中，不但載彈量很大，而且可以隨時處於發射狀態，所以它們的發射速度非常快。譬如美國「提康德羅加」級導彈巡洋艦（Ticonderoga class guided missile cruiser）攜帶的對空導彈數量為一百二十二枚，而且都在垂直發射井中隨時待命，但是神盾雷達系統的追蹤能力是達不到一百個目標的，這時候防禦的能力就限制在雷達了。

追蹤的誤差

「邊搜尋邊追蹤」最大的問題就是，天線必須不定時地中斷掃瞄去照射這些被追蹤的目標，然後再回到中斷的位置繼續掃瞄。直到現在，絕大多數的雷達是機械轉動的，這不但對天線的轉動造成負擔，而且由於有動量（momentum）的緣故，在追蹤照射時會造成較大的天線瞄準誤差（antenna pointing error），直接導致追蹤數據的誤差。

相控陣雷達（Phase Array Radar）在「邊搜尋邊追蹤」的模式中，它的優越性就立刻顯露出來了。由於它是電子轉動的，瞄準任何方向可以在不到千分之一秒完成，而且沒有動量（momentum）的問題，所以具備更迅速與更精確的追蹤能力。

大型地基雷達在七〇年代以後開始有相控雷達，機載雷達有相控雷達則是九〇年代以後的事了。

無論是傳統機械式掃瞄的雷達還是能夠電子掃描的相控陣雷達，它們目標定位的誤差都比雷達波束寬要小很多，我們在下一節中將有詳細說明。但是無論是哪一種雷達，最準確的追蹤是「單目標追蹤」，因為它是連續追蹤，在這個模式中，天線對目標保持連續照射。

被追蹤的目標如何反應

現代戰機，特別是美國戰機，在機身的各個部位都裝設有雷達接收器，接收不同頻段的電磁波。美國飛行員戲稱這些雷達接收器是他們的「American Express Card」。（American Express Card是美國一種常見的信用卡，特別強調為旅遊者服務，它廣被國外商店接受，它的廣告最後總有這麼一句名言：「American Express Card, don't leave home without it.」美國飛行員這麼稱呼雷達天線是一種美式幽默，但也充分顯露出雷達接收器的重要性。）

從被雷達照射的目標而言，搜尋、發現、追蹤、連續追蹤，這些過程的每一個階段目標感覺到遭受威脅的程度是不同的。

如果很長一段時間才被照射一次（譬如每兩分鐘一次），目標會很安心，因為它知道自己不過是被搜尋而已，有沒有被發現還不一定，也許有，也許沒有。

如果被照射的頻率增加（譬如每二十秒一次），目標就知道自己不但已經被發現了，而且幾乎確定被追蹤，警報器這時候會提出警告，譬如：「飛行員請注意，你現在正在被追蹤。」通常這種警告是發自一位年輕女子的聲音，因為男人對女子的聲音特別敏感。

如果被連續照射，目標就知道自己不但被追蹤而且已經被鎖定（單目標追蹤）。如果電腦根據電波的特性（waveform）判定這是敵人的火控雷達，那麼攻擊導彈可能即將發射或已經發射了，這時候警報器一定會發出強烈警告，因為時間上，目標本身已是危在分秒而不是旦夕。目標在這個時候一般會採取猛烈的機動企圖脫鎖（break lock），飛機會進行翻滾，船艦會開啟近程防禦系統，並且採取蛇行來躲避攻擊。

單目標追蹤的原理

上一段，我們說的是目標在雷達搜尋、發現與追蹤下會採取什麼行動。

這一段，我們要深入討論，雷達在「單目標追蹤」的運行下做些什麼。

雷達的作業無論是搜尋、發現或追蹤，只要天線還在不停地掃瞄，測定目標的精確度一般並不會有什麼差異，但是一旦進入「單目標追蹤」（single target track），也就是鎖定，那麼情形就完全不同了。

「單目標追蹤」是非常、非常重要的運作，為什麼？

答案是：當雷達進行「單目標追蹤」的時候，雷達天線不再掃瞄，而是對目標進行持續照射與精確跟蹤。

什麼叫做「精確跟蹤」？

我們先觀看下面的圖形，「精確跟蹤」就非常容易瞭解了。

單脈沖天線

雷達波的發射每次都是一個很短的電波，時間長度從不到一微秒（micro-second）到幾毫秒（mili-second），雷達術語叫「脈沖」（pulse），然後間隔一段時間再發射一個脈沖。如果你看過電影中醫院的開刀房，就會看到實時的心臟跳動的心電圖，雷達波的發射就像脈搏的跳動一樣，故得此名。

單脈沖雷達（monopulse radar）就是一種能夠用一個脈沖（single pulse）就可以修正目標角度誤差的雷達。神奇吧？

雷達能夠做到這一點看似有點不可思議，其實這個能力說穿了並不是什麼高深的學問，只是中學程度的腦力而已，不值得驚訝。「單脈沖雷達」的關鍵就在它的天線是一種經過特殊設計的天線，叫做「單脈沖天線」（monopulse antenna）。

「單脈沖天線」如第三〇二頁圖五所示，工程師用通過正中心的水平線（azimuth line）與高低線（elevation line）把天線分成四塊。從右上方那一塊算起，逆時針方向去數，定義為I、II、III、IV等四塊，就像我們中學數學裡平面座標的四個「像限」（quadrants）。

單脈沖雷達在運作時不是只計算整個天線蒐集到的功率，而是把每一個「像限」分別蒐集並計算它的功率。

追蹤誤差的計算

當我們要估計水平方向的誤差時，我們就把左邊上下那兩塊的功率加起來，再把右邊上下那兩塊的功率也加起來，然後用右邊那一半（正方向）減左邊那一塊（負方向），就得到圖五希臘字母大寫的Δ，念成delta。也就是說

$$\Delta = (\mathrm{I} + \mathrm{IV}) - (\mathrm{II} + \mathrm{III})$$

$$\Sigma = \mathrm{I} + \mathrm{II} + \mathrm{III} + \mathrm{IV}$$

（Δ在數學符號中常用它代表差；Σ在數學符號中常用它代表和。）

這個Δ函數畫成圖形就如第三〇二頁圖五所示。你看：

如果$\Delta > 0$，那就表示目標在右邊正的一方，於是天線就要往左修正一點點；

如果$\Delta < 0$，那就表示目標在左邊負的一方，於是天線就要往右修正一點點；

如果$\Delta = 0$，那就表示目標在正中，天線不必修正。

好，我們已經知道天線要朝那個方向修正了，但是修正多少呢？

回答：我們只要把Δ除以整個天線蒐集的功率總量Σ就可以得到修正量OBA，OBA是Off Boresight Angle的縮寫，意思就是從正前方偏移的角度。

Δ／Σ的圖形如第三〇二頁圖五最下方所示。當雷達天線的指向誤差很小的時後，譬如OBA小於波束寬的一半，Δ／Σ的圖形呈一直線，工程師可以精確地估計出誤差的修正量是多少。

$$\mathrm{OBA} = K \cdot \Delta / \Sigma \text{ 度}$$

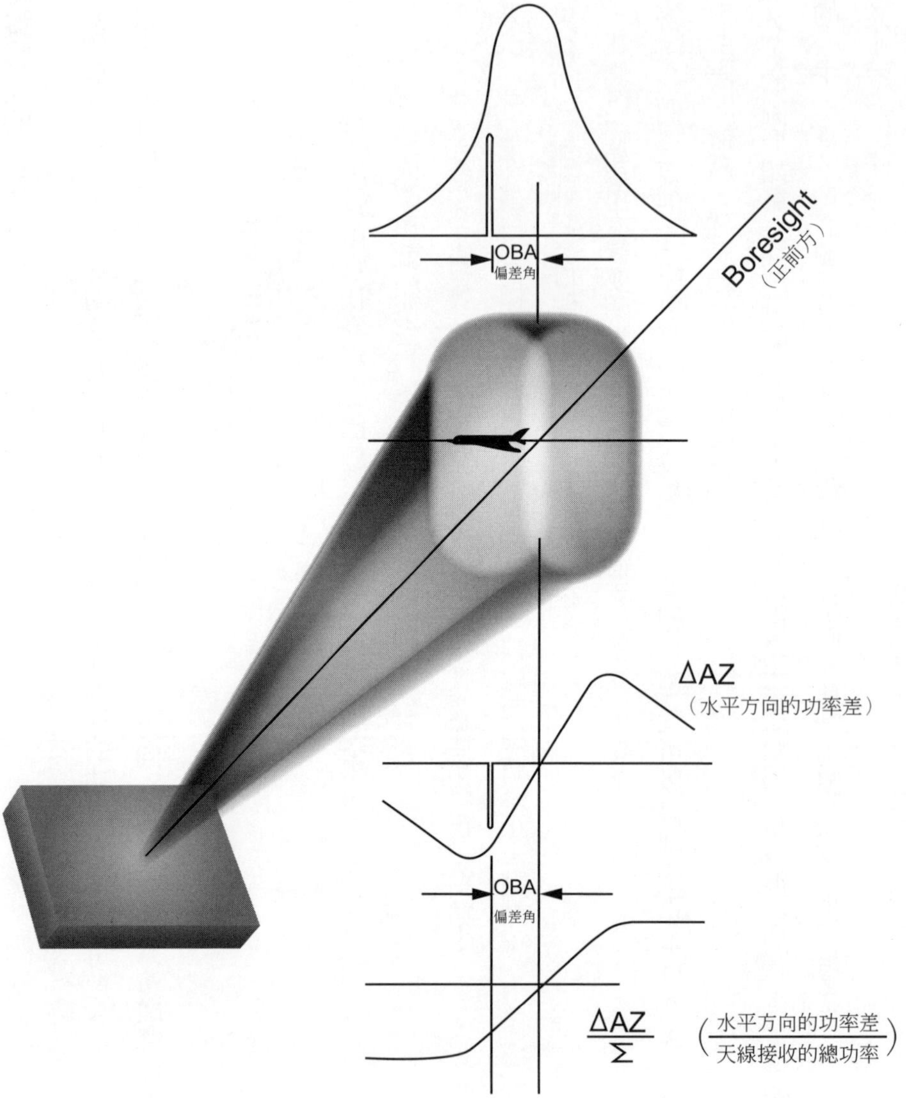

圖五：單脈沖雷達（monopulse radar）的追蹤原理

此處K是這段直線的斜率，天線工程師可以由實驗來決定K的值，它的圖形畫在右頁圖五的最下面。

右頁圖形用一架被追蹤的飛機做例子，它明顯出現在天線的左半部，所以左半部蒐集得到的功率（II＋III）大於右半部蒐集得到的功率（I＋IV）。

因此，△＝右半部功率－左半部功率＜0，於是它告訴我們：

一、目標在天線的左半部（負方向），天線需要向左修正；

二、修正量是K‧△／Σ度。

追蹤誤差的修正

在實際執行精確跟蹤的時候，天線不會轉動全部OBA這個角度，因為這很有可能會修正過量（over shoot）導致天線來回震動。

通常的情形是天線只轉動一部分

C‧OBA

此處C是天線工程師決定的常數，介於0與1之間，譬如○‧五。由於雷達的追蹤週期非常短，通常每秒鐘進行至少十次以上，高的情形可以達到每秒五十次，所以OBA很快就接近0了。譬如C＝○‧五，經過十次修正以後，誤差已經小於原來的千分之一，所需時間還不到一秒鐘。

以上所說的是水平方向的計算與修正，高低方向也是一樣，唯一的不同就是用上半部的功率和（正方向）減下半部的功率和（負方向），也就是

△＝（I＋II）－（III＋IV）。

雷達追蹤的角誤差

我們在這一節簡單扼要地介紹了雷達操作的三個最基本的模式：

一、搜尋與發現；

二、邊搜尋邊追蹤；

三、單目標追蹤。

我們更進一步對目標角度的測量進行比較深入的論述，利用「單脈沖天線」（monopulse antenna）對目標做出角度修正是雷達應用中最基本和最重要的技巧。

現在讓我們為這一節的論述做一個簡單的結論：

一、雷達的定位是根據目標測定的角度與距離來決定，前者遠比後者重要。

二、角度追蹤（angle track）是所有雷達追蹤項目中最基本、最重要，也是必不可少的，遠比距離追蹤（range track）來得重要，這是因為在很多應用中，單憑「角度追蹤」（angle track）就足夠完成任務了，譬如：空對空導彈。

三、「單目標追蹤」（STT）採用的是閉環控制（close loop control），非常精確，角度誤差非常小。火控雷達的單目標追蹤誤差可以小到低於兩百分之一度，這個精確度跟波束寬應該沒有什麼關係。

四、「邊搜尋邊追蹤」（TWS）採用的是開環控制（open loop control），誤差要比「單目標追蹤」（STT）大一些，但是無論如何也遠小於雷達波束的寬度，因為單脈沖雷達一次OBA的估計就非常準確，通常誤差小於波束寬的十分之一。

第九節　中國大陸「天波雷達」的探測誤差

繞了一圈，知識已備，現在讓我們回到中國大陸「天波雷達」探測誤差的問題上。

水平距離的誤差

「天波雷達」的操作跟任何地基雷達的操作完全一樣，最先是進行「搜索與發現」模式。如果有目標被發現，電腦會通知操作員（譬如發出嗶嗶聲），並且把目標資料顯示出來標示在顯示器的地圖上。

雷達操作員在目標被發現時會根據電腦顯示的資料決定這個目標是否重要。如果操作員認為這個目標不重要，他可以忽略它，就當什麼事都沒發生，雷達繼續執行「搜索與發現」模式；如果操作員認為這個目標重要，他可以按下一個鈕要求追蹤，於是雷達便進入「邊搜尋邊追蹤」（TWS）模式。

船隻航行的速度很慢，「邊搜尋邊追蹤」通常會進行很長一段時期，至少完成一次或多次搜尋，雷達操作員可以用種種方法（雷達或非雷達）研判所有被發現的目標，並且對它們進行識別和威脅評估。

如果操作員找到某個目標，經過一段追蹤和識別後，最後研判確定它是一個重要目標，而且它的威脅程度最大，譬如一艘航空母艦以高速接近戰區並且進入攻擊範圍，負責作戰的總參謀部決定對這個目標發動攻擊，這個時候「天波雷達」就可以放棄所有其他的目標，對這艘航空母艦進行「單目標追蹤」

（STT）。

上面這個決定是非常自然的，攻擊航空母艦整個過程不到半小時，即使面臨多艘航空母艦的進攻也應該是一次一艘（one at a time），打完一艘再打下一艘，只要選定威脅最大的那一艘發動攻擊就可以了，反正戰鬥不到半小時就結束了，另一艘也跑不遠，沒有理由同時追蹤兩艘，所以沒有理由在決定攻擊後不採取「單目標追蹤」的模式。

中國大陸「天波雷達」的水平方向天線陣列長達一千一百公尺，同樣的接收單元少說有二十～三十個，有可能多達七十～八十個甚至上百個，作者猜想一定是偶數個。這樣我們就可以把整個陣列分成右邊的一半（正方向）和左邊的一半（負方向），並分別計算出它們的功率。

$\Delta =$（右邊的一半）－（左邊的一半）；

$\Sigma =$（右邊的一半）＋（左邊的一半）；

每次測量到的目標水平誤差角度（Off Boresight Angle）為

$OBA = K \cdot \Delta / \Sigma$

然後天線會修正 $C \cdot OBA$，$0 < C < 1$。

OBA會隨著追蹤的次數很快趨近於0，但不會是0。

問題：到底最後OBA會有多小呢？

回答：作者沒有實際的數據支持天波雷達的水平誤差，畢竟作者不是間諜，連天波雷達的樣子都沒親眼見過。不過作者可以用我的「educated guess」做出合理的估計：

如果X波段STT能夠做到誤差小於兩百分之一度，HF波段的STT誤差沒有理由不能做到小於二十分之一度，這已經放大一個數量級了。

二十分之一度的水平角度誤差在三千公里造成的水平距離誤差是二．六公里。

如果有讀者硬要說單脈沖雷達的追蹤誤差跟雷達的波束寬真的有什麼關係，譬如波束越窄ＯＢＡ的斜率越大，微小的誤差因而更容易被修正之類的，那麼大陸「天波雷達」的波束寬只有三．〇度，跟大多數的機載火控雷達在伯仲之間，遠小於絕大多數的導彈導引雷達。

譬如美國的先進中程空對空導彈AMRAAM（代號AIM-120）的直徑為十八公分、波長為三公分，所以它的波束寬至少十二度，也許接近十五度（因為雷達天線的直徑要比導彈的直徑小一點）。如果波束寬就是追蹤角度誤差的話，那麼美國的AIM-120除非瞎貓碰上死耗子，否則不可能打中任何飛機。

如果說「天波雷達」的波段雜音特多，那麼系統工程師可以延長訊號整合的時間，取得同樣的訊噪比，把訊號從雜音中分離出來。這在現代的訊號處理上是完全沒有問題的，多一點計算就是了。

在單目標追蹤的情況下，作者想不出任何「天波雷達」的角度誤差會比X波段的火控雷達差的理由，放寬一個數量級應該就可以消除所有ＨＦ波段可能產生的顧慮。因此二～三公里的水平距離誤差是非常合理的。中國大陸的雷達專家高手如雲，不可能做不到。

一些雷達探測的漏洞

工程上的玩意兒是不可能完美的，工程師也是凡人，不可能設計出沒有漏洞的雷達，更何況雷達的探測與追蹤都是用或然率（probability）來計算的，根本沒有百分之百保證的事情，不可能做到密不透風或是萬無一失。所以讀者如果一定要抬槓，可以沒完沒了。作者在這裡就舉一個例子來說明。

當雷達波發射出去，雷達工程師不可能知道在這個電波的照射下有多少個目標藏在裡面。我們從單脈沖雷達的追蹤原理就可以看出，雷達工程師千辛萬苦計算出來的目標位置，其實並不是目標的真正位置，而是在同一個脈衝的照射下，同一個距離（range gate）裡面所有雷達反射物形成的「功率中心」（power centroid）。好了，這對敵人就有漏洞可以利用了。我們看下面這個特殊的戰場安排。

中共的天波雷達在水平方向的波束寬是三度，所以在四千公里的水平照射距離是二百一十三公里。美國的航空母艦可以由一艘驅逐艦在相隔兩百公里的距離上與這艘航空母艦平行、等速、直線航行，航空母艦與驅逐艦的航行方向都是對準天波雷達的接收方向（也就是武漢與西安之間的某處）。所以無論航行多久，雖然這兩艘軍艦間隔的距離會漸漸縮短，譬如在航行到距離只有一千公里的時候，相距只有五十公里，但是對天波雷達而言，這兩艘軍艦始終都在同一個照射電波和同一個距離（range gate）裡面，所以天波雷達是不可能把這兩個目標分開的。

根據單脈沖的追蹤原理，天波雷達測定的目標角度是航空母艦與驅逐艦的「功率中心」（power centroid），也就是說，如果航空母艦的雷達反射測得的功率是一百，驅逐艦測得的功率是一，假設在這個照射波的同樣距離內沒有任何其他反射物的話，那麼天波雷達測定的方向是偏離航空母艦朝向驅逐艦百分之一的方向，也就是說，距離在四千公里的時候偏差了兩公里，距離在一千公里的時候偏差了五百公尺。

好了，如果驅逐艦上裝設了角反射器（corner reflectors）使雷達的反射面跟航空母艦一樣大，那麼情形就非常嚴重了。在這種情況下，天波雷達測出的「功率中心」（power centroid）正好是航空母艦與驅逐艦的中間線，所以距離在四千公里的時候偏差了一百公里，兩千公里的時候偏差了五十公里，即使航空母艦航行到距離已經接近到了一千公里（已經進入中國領海）的時候也偏差了二十五公里。

美國航空母艦戰鬥群如果能夠做到這個地步，那麼中國的天波雷達誤差是驚人的，有可能導致任務失敗。尤其如果驅逐艦上的角反射器大到航空母艦的十倍（很容易做到），那麼天波雷達測定的角度就嚴重向驅逐艦傾斜了，即使在一千公里的距離，誤差也可以達到四十五公里，這樣的目標追蹤是完全失敗的。

這種情形在天空中也是一樣。譬如中國的驅逐艦向來襲的F/A-18編隊發射一枚海紅旗9導彈，美機編隊的前兩架F/A-18立即轉頭、兩機之間相隔一段距離（譬如一百公尺），然後勇敢地平行（side by side）對準這枚導彈直線飛去。理論上，海紅旗9的雷達導引頭始終把它的追蹤方向對準兩架飛機的「功率中心」（power centroid），但那個位置事實上空無一物，最後海紅旗9一定是在兩架飛機之間穿過去而錯失所有的目標。

「天波雷達」由於電離層的不穩定所造成的誤差

在本章第五節作者曾經說：天波雷達的誤差一般在二十～三十公里，但是經過特殊算法，精度可以增加一個數量級，把誤差改進到二～三公里。

有網友非常死心眼，一定要追問到底是什麼特殊算法，非得講明白，否則就不相信。這是很可笑的，作者不會在這個問題上糾纏下去，但是作者也不能不說幾句話。

二十～三十公里的照射誤差是源於電離層的不穩定性，而電離層的不穩定性完全是因為太陽照射程度的不同而產生的。所以只要把太陽的照射和電離層的高度與密度之間的關係搞清楚，就一定可以做出改良，這裡面最容易做的就是季節與每天的時辰。六〇年代無法做出這些改良，因為測量電離層的手段與效率受到限制，電腦計算的能力也非常有限。現在中共發射了這麼多地球資源衛星與地球環境衛星，測量電離層的方法發展出多種不同的手段，能夠迅速收集大量數據做分析。如果作者是系統工程師，只要根據這些資料做成圖表，天波雷達在不同的情況下使用不同的參數進行計算，幾乎可以保證把誤差改良一個數量級。這是常識，是作者個人合理的「educated guess」，不需要向任何人證明，也不可能得到任何證明，除非有人是間諜。

台灣人的問題就是過分崇拜美國的科技，又刻意輕視中共的科技，譬如如果作者說美國科學家可以透過特殊算法把天波雷達的精確度增加一個數量級，我想沒有台灣人會對這個說法有任何懷疑，這就是偏見。

其實中共的科學研究在某些方面是居於領先地位的，電離層的研究應該是其中之一。中國大陸的基礎科學研究有相當扎實的根基，尤其是在空間環境的基礎物理。譬如武漢大學對電離層與電波傳送的研究，從八〇年代初就開始了，幾乎累積了三十年的經驗，今天大陸收穫的成果是多年辛勤鑽研獲得的，不是一夜之間就發現什麼奧祕，或是別處可以偷來的。台灣人孤陋寡聞，自己不下功夫，卻又心存偏見，大言不慚，這實在是很糟糕的毛病。

工程的研發雖然主要依靠科學的理論基礎，但是很多細微末節是必須依靠經驗來完成的。這種經驗不是理論可以推測出來，而是要靠實驗一步一步證實、修改與優化，耗時又費錢，所得到的結果都是國家非常寶貴的科技財產，這些科技數據當然屬於機密，哪有可能是某些台灣網友號稱的什麼公開的演算方法。中國憑什麼要公開？

任何跟軍事工程有關的科學數據中共是不可能公布的，作者個人認為電離層與太陽照射之間的關係就是其中之一。中共不會傻到把這些花大錢蒐集到的敏感資料公諸於世。這沒什麼好奇怪的，對於軍事工程的科技數據任何國家的做法都一樣，即使賣武器也不會賣敏感資料。譬如美國賣給盟國的飛機，其中的雷達軟體只給「binary code」，盟國的科技人員不但看不懂，而且即使破解了你也連一行code 都不敢改。美國在軍售條約中明文規定，如果code被改動，即使只改一行，美國就不負責維修與升級。美國是傻子嗎？

我們再舉個例子，美國的GPS導航衛星精度非常高，其中一個原因就是美國經營導航衛星的時間最久，蒐集到的太空資料與應用細節比任何其他國家都多，這是美國稱霸太空的本錢。譬如光壓對衛星的影響，美國的研究就比任何其他國家徹底。美國會把這些資料公布嗎？當然不會。

所以任何人大叫如果中共不把特殊計算方法公布出來，他就不相信中共科學家能把天波雷達的誤差改進到二~三公里。這就非常好笑了，相不相信是他個人的判斷，不相信拉倒就是，沒有人會企圖說服他。有關武器裝備的細節真正知道內情的人也不會說出來，就好像美國科學家不會公布光壓對衛星的影響如何計算道理是一樣的。任何人如果抵死不相信美國科學家能夠計算光壓對衛星的影響，那也是他個人的事，不相信拉倒就是了。

台灣網友有本事就用同樣理由和態度要求美國公布光壓對衛星影響的計算方法，或者更實際點，要求美國賣給台灣的F-16必須提供雷達軟體的source code，看看美國會不會理你？

我們在公開媒體的論述都是根據個人自身的經驗做合理的邏輯推論與科學解釋，有時候也有猜測的成分。如果沒有合理的推論與猜測，文章就成了純粹人云亦云的報導，幾乎沒有什麼閱讀的價值了。但是這種猜測必須是一種分析與判斷後的educated guess，不是胡亂猜。每個人的知識程度不同、專業經驗也不同，所以能夠做出的educated guess也不同，所以世界才這麼有趣。本書內容屬於科技常識，其中沒有任何機密。

第十節　中國的天波雷達體系

天波雷達體系

讀者不要天真，中共的天波雷達不是只有一個雷達站，而是一個完整的體系。

解放軍不是傻瓜，至少大陸那些主持規劃天波雷達體系的委員會成員都不是傻瓜。作者確信的是，中共的天波雷達體系不是只有一個雷達站，而是一個龐大的建築群，除了有雷達接收天線和雷達信號處理的設施，還有電離層監測站、氣象站、通訊網路、防禦體系等一系列的綜合支援和軍事設施，幾乎肯定還包括一個專用的發電站與電力供應系統。整個體系一定是一個具有相當規模的軍事工業綜合體（military industrial complex）。

天波雷達能獨力完成任務嗎？

無論是氣象還是其他的地球物理環境，它們的改變都是連續的，所以只要環境資料能夠很快地實時修正（updated in near real-time），中共的天波雷達所發揮出來的遙測能力幾乎確定可以達到獨立搜索、發現、跟蹤三千公里甚至四千公里以外的大型海面船隻。

如果中共的天波雷達在三千公里的距離追蹤誤差與電離層導致的照射誤差都小於三公里的話，那麼整個天波雷達的實際總誤差就小於（$3\times3+3\times3$）的平方根 $=4.3$ 公里。

所以攻擊航空母艦的彈道導彈在天波雷達指示的地點五公里的範圍內一定可以找到航空母艦，這個半徑五公里的搜索面積對東風彈道飛彈上的雷達不是一件困難的事，這點工作量幾乎可以說是當吃白菜。

這就是為什麼作者在本章第六節的結尾說：「作者個人認為天波雷達是反航空母艦艦隊最重要的探測手段，也許單憑天波雷達就足夠完成搜索、發現與長時間連續跟蹤等一系列的任務，其他的偵察手段不過是輔助而已。」

天波雷達的威脅與防禦

作者認為中國的天波雷達站最脆弱之處，不是目標測量的誤差可能過大，而是容易遭受敵人的武力攻擊。

老美不是傻瓜，中國這座天波雷達在中美軍事對抗中毫無疑問是美軍的眼中刺，如果不拔除，美國航空母艦就要冒很高的風險才能進入中國大陸海岸三千公里以內，這仗就沒法打了。這個嚴重性不僅僅是在軍事上，而是上升到了政治層面，足以導致美國被迫做出戰略收縮、不得不放棄她在亞洲的勢力範圍，因此美國是絕不肯善罷干休的。

目前的情況中美彼此心照不宣，雙方對這座天波雷達都低調處理，尤其是美國用意明顯。老美故意大談偵察衛星，有的沒的，盡說些狗屁不通的評論，譬如說中國需要一百多顆衛星才足以有效覆蓋海洋之類的屁話，這是刻意的誤導，更是障眼法，其實美國心裡比誰都明白，武漢與西安之間的天波雷達才是中美軍事對抗最致命的關鍵點，也是美國處心積慮要拔除的目標。

中國也不是傻瓜，大陸在安全方面必定為這座天波雷達體系做出嚴密的防衛布署，除了中空和高空的導彈防禦，對超低空的巡航導彈尤其有必要布置特殊的防禦設施，譬如偽裝、地下化、設置假目標、在巡航導彈最可能進出的航道口建立防禦網或防禦牆之類的障礙物。

大陸的天波雷達站固然是美國首選的攻擊目標，不過一旦中國本土內陸遭受攻擊，戰爭必定升級，這就不在本書討論的範圍之內了。

《簡氏防務週刊》的報導

讓我們先回顧一下第六節《簡氏防務週刊》是如何報導中國大陸「天波雷達」的，讀者請觀看第二七四頁圖三中國大陸天波雷達的覆蓋範圍。

作者認為這張描繪的地圖並非事實，而是《簡氏防務週刊》一幅帶有偏見和自我安慰的地圖。作者說過，如果我是系統工程師，一定把探測距離增加到四千公里，掃瞄範圍再偏北一點，使覆蓋範圍務必包括東京灣與關島的水域，這並不難辦到。

現在我們就進一步討論這個可能性。

對《簡氏防務週刊》報導的一些評論

一、增加探測距離到四千公里

增加探測距離到四千公里主要的目的是覆蓋關島，它是美國在遠東最重要的海空基地，戰略地位非常顯著。中國工程師只要改變發射頻率就可以使電離層的反射高度增加，如此就能夠探測更遠的距離，輕易超過四千公里。事實上，在前面我們已經論述過探測四千五百公里外的船艦是天波雷達的典型運用距離，一點都不困難。

除此之外，由於探測距離增加也需要做一些調整。

二、加大發射功率

這個恐怕不太實際，幾乎不必考慮。

三、增加天線陣列的長度

中國在一九七〇年建立的實驗性質的天波雷達，其天線陣列長達二千三百公尺。而本世紀初開始運作的天波雷達，其天線陣列長度只有一千一百公尺，連前者的一半都不到，顯然有很大的增長空間。中國大陸沒有這麼做有兩個可能，一是現在的天波雷達已經覆蓋關島的水域，二是中國認為沒有覆蓋關島水域的必要。作者認為前者的可能性更大，因為後者的想法是愚蠢的。

不管如何，用增加天線陣列的長度來達到覆蓋關島水域是一定可行的，只看中國政府肯不肯花錢。

四、增加訊號整合的時間

以前我們就論述過，任何微弱的訊號只要觀察目標的時間（time on target）與訊號整合的時間足夠長就可以把它從雜音中分離出來。飛機或飛彈的速度非常快，要求觀察目標的時間足夠長也許會有問題，但是船艦的速度這麼慢，要逃出天波雷達的照射需要很長的時間，所以長時間目標觀察與訊號整合完全不是問題。

這個方法唯一付出的代價是計算機的工作量增加非常多和掃描的速度可能需要減慢。

前者不該有問題，因為中國有超級電腦，處理這種訊號當吃白菜。

後者的可能性非常小，掃描的速度即使必須減慢也不需要慢很多，對整個系統的性能（system performance）影響很小，尤其船隻移動的速度比飛機慢很多，威脅是以小時計，而不是以分鐘計，掃描的速度對天波雷達而言並不是很關鍵。

更進一步說，四千公里的探測距離並不需要全方位覆蓋，只需要覆蓋日本和關島附近的方向就可以了，所以能夠影響整個掃瞄的時間是微不足道的。

第三個方法最可行，什麼花大錢的硬體建設都不需要，也沒有任何技術難題，純粹是軟體改良就可以解決所有的問題。當然，超級電腦也是要花錢的，但是國防是何等大事，面對消滅海上最大的威脅，這點錢算什麼？想想看，我們只要一台超級電腦就能計算出四千公里外的航空母艦，這超級電腦太值得了。

五、覆蓋範圍再偏北一點

覆蓋範圍再偏北一點主要的目的是覆蓋日本所有的港口。

這個問題其實根本不是個問題，所有的工作只是相位的移動而已，一切都是免費的，不做白不做。

讀者想想看，這麼大又這麼長的天線陣列是不可能實際轉動方向的（physically turned in direction），一定是經由相位（phase）的控制來改變方向。這長長的一千一百公尺的天線陣列，每一個單元一定裝設有一個相位移動器（phase shifter），只要移動每個接收單元的相位就可以改變天線對準的正前方（boresight），這是相控陣天線的基本原理。

相控陣天線改變正前方向唯一的損失是接收面（aperture）變小，但是只要限制方向的改變角度不要太大，那麼接收功率的損失就在可控制和可接受的範圍之內。接收面變小是根據餘弦定律（cosine law），一般而言，相控陣天線改變正前方的角度被工程師限制在正負六十度，因為轉六十度的時候，接收面的面積正好降低到原來的一半（cosine 60度＝0.5）。

天線的接受面減少一半是工程師願意接受的範圍。

讀者觀察大陸的預警機「空警2000」就可以發現到預警機背上的相控陣天線被分成固定的三面，每一面管前面的一百二十度視角，之所以定下這個一百二十度的視角就是上面所說的道理。「空警2000」背上的天線是三面固定的相控陣天線。如果角度以正前方（機頭方向）作為零度，然後開始順時針方向逐漸增加角度，那麼回到機頭方向正好是三百六十度。

三面固定的天線：正前方的一面掃瞄從三百度到六十度；右邊的一面掃瞄從六十度到一百八十度；左邊的一面掃瞄從一百八十度到三百度。

從掃瞄的角度來看，每面陣列都是從負六十度到正六十度，在掃瞄達到邊緣，也就是正負六十度的時候，天線實際作業的面積最小，而且正好是零度（boresight）時天線面積的一半。也就是說，像這樣三面固定的相控陣天線，具有全方位的覆蓋，而且即使在最壞的情況下頂多只在幾個特殊的角度損失一半的功率，這點損失工程師是可以接受的。

對《簡氏防務週刊》的質疑

《簡氏防務週刊》說中國大陸這座新的天波雷達覆蓋的角度是六十度，只有通常相控慣例設定的一百二十度掃瞄範圍的一半，非常地罕見、不合常規情理，這就使作者相信《簡氏防務週刊》在隱瞞什麼，因為中共的系統工程師不可能不瞭解覆蓋日本沿岸港口的重要性，更不可能不知道關島在美國航空母艦運作中的戰略地位。

說了這麼多，如果還有讀者不明瞭的話，那麼我們就把話說得更白一點。

美國的航空母艦雖然是核動力，具有幾乎無限的續航力，但是其他的水面支援船隻與護衛船隻都不是核動力的，雖然也有可能從夏威夷啟航，馬不停蹄地直接參與東亞的戰鬥，但是這種運作非常勉強，而且具有一定的危險性（隨隊的補給船非常容易遭受潛艇攻擊）。所以作者幾乎確信航母艦隊必須停泊東亞的港口獲得補給，否則戰鬥能力就要大打折扣，或者打完仗後沒有足夠的燃料回家。

天波雷達覆蓋關島和日本沿岸港口，最重要的目的是航空母艦的追蹤可以從港口開始，這麼做有兩大好處：

首先是搜索與追蹤可以在很小的範圍內進行，而且完全沒有識別的問題；其次是，在必要的情形下中國可以直接攻擊停泊在港口的航空母艦。

上面這兩點所帶來的戰略價值非常高，對敵人的威脅之大是無法衡量的，作者不相信解放軍的參謀部看不到。所以《簡氏防務週刊》的覆蓋範圍圖有意避開所有的美軍海外基地，是一種自慰的笑話。

想想看，中共的工程師只要犧牲一點點天線接收面（aperture），譬如向北增加三十度，就可以不但覆蓋日本沿岸的港口，而且也覆蓋了對馬海峽；如果增加六十度（也就是回到正常的一百二十度覆蓋範圍），那麼這座天波雷達就覆蓋整個日本海了。這是不花一文錢就可以做到的事，為什麼不做？

中共的系統工程師不可能看不到這些非常關鍵的戰略重點。不過你想想，如果這張圖覆蓋的範圍北起日本海，南至菲律賓海，把俄國、韓國、日本、琉球和關島所有東亞的港口與水域全部一網打盡，這個震駭會有多大？

《簡氏防務週刊》的編輯們不得不對中共的天波雷達做技巧性的政治處理，能隱瞞一點是一點，盡量降低這座天波雷達對西方國家人心的衝擊。但是只要懂一點基礎雷達的人一看這圖就會心生懷疑。

《簡氏防務週刊》認為中國的系統工程師是傻瓜嗎？還是《簡氏防務週刊》認為公布真相茲事體大，

所以選擇做半真半假的報導？

第十一節　長程無人偵察機

前面我們花了很長的篇幅介紹超視距雷達並探索其性能，這是因為超視距雷達在彈道飛彈攻擊大型海面船隻的運作中占非常關鍵的地位。作者個人認為單憑天波雷達（OTH-B）就足以完成搜索、發現與長時間連續跟蹤等一連串艱鉅任務，其他的探測與跟蹤手段不過是輔助而已，長程無人偵察機就是重要的輔助手段之一。

無人機是未來發展的主要方向

無人機（Unmanned Air Vehicles，簡稱 UAV）的發展有相當長的歷史，至少有半個世紀。美國早在上世紀六〇年代的越戰時期就已經使用無人機了，先是用無人機作為靶機進行射擊訓練，後來發展成偵察機對胡志明小徑進行偵察照相。

隨著科技的進步，無人機除了偵察任務，也開始攜帶武器進行對地攻擊，選擇目標是雷達站、碉堡、坦克、飛彈基地等，應用相當廣泛。

最近的發展趨勢是要能夠進行空中格鬥，這是非常重要的一步，如此一來，無人機就漸漸演變成無所不能了。

不少軍事專家預測第四代戰機後，有人駕駛的戰機將到此為止（走到頭了），第五代戰機將是無人機的天下。作者個人對無人機的發展與前途深具信心，但是要說無人機能夠取代有人機則有所保留。作者判斷的依據是認為「人工智慧」是沒有前途的，在能夠預見的未來（譬如五十年內），「人工智慧」不可能會有任何突破。

我們看得很清楚，所謂「人工智慧」（artificial intelligence，簡稱AI）轟轟烈烈搞了二十多年，沒有搞出什麼名堂，甚至沒有奠定任何理論基礎，基本上是胡鬧一通，不可能成為一門學問，也不可能有什麼發展。譬如一張照片，你叫機器分辨是男人還是女人，機器是沒辦法判定的。搞了多年，所謂「人工智慧」很多時候還不如三歲小孩。

儘管「人工智慧」非常不成熟，無人機成為未來飛機發展的一個主要方向是無可置疑的。飛機上少了人也就少了支持生命的許多必要裝備，無人機可以做得比較小、輕、巧、隱身和流線型。當然，更重要的是，無人機可以從事非常危險的任務、做出非常猛烈的動作（譬如遭受導彈攻擊時進行高G機動）和長時間人體無法忍受的任務。

更進一步說，至少在空中偵察這方面，無人機取代有人機已經是明顯的趨勢，這是因為戰場偵查具有高度危險性，而偵察任務的操作又相對非常簡單。目前的長程無人偵察機科技含量非常高，各種性能非常先進，而且仍在快速進步中，在彈道導彈攻擊航母的運作中，它毫無疑問是執行搜索、發現與跟蹤海面大型船隻一種非常有力的工具。無人偵察機的最大優勢是解析度非常高，因此在目標的識別能力上遠遠超過任何其他的手段，這就與超視距雷達形成非常好的互補作用。

無人機在偵察上的重要角色大家都知道，但是無人機還有一項非常關鍵而又較少為人所知的角色，那就是實時資料的傳輸。我們要瞭解攻擊航空母艦是一個非常大型的作戰體系，不但參加的角色眾多，而且作戰分布的面積非常遼闊，就像一座縱橫數千公里的網子，因此資料的傳輸非常關鍵，不但要求安全保密而且必須是實時（real time）。這項工作全部交由衛星通訊顯然是不夠用的，高飛的無人機有良好的通訊器材，又有數百公里的視野，自然成為數據鏈傳輸的節點，非常適合在攻擊航空母艦的過程中擔負各種資料、數據、圖表的安全傳送工作。

無人機的問題

最後作者要說的是，無人機這個名詞其實是有點誤導的。所謂的「無人機」只是飛機上沒有人，但是在地面上為了操縱這架無人機是需要人的，而且是需要很多人。譬如無人機拍攝到的景象需要地面人員作實時判斷才能採取進一步的行動，因為人工智慧沒有能力做這些事。

所以無人機的迅猛發展並不是因為「人工智慧」取代了人的作用，相反地，是因為透過實際影像的傳輸，可以在地面上有更多的人進行分析與操作。夠諷刺吧？

美國是全世界使用無人機最多的國家，包括在阿富汗戰場大量的運用，其使用的頻繁程度超過有人駕駛的飛機，而且無人機在戰場上的運作有進一步增加的趨勢。墨爾（Moire）是美國一家從事諮詢服務的公司，它在二〇一〇年初發表了一個報告，預計二〇一〇年美國花費在無人機的產品和服務方面的費用將達到三十五億美元。

更有趣的是，墨爾公司的報告強調，雖然無人機在美軍中確立了不可動搖的地位，但是有兩個因素阻礙對無人機的進一步投資：

首先是無人機的可靠性不足，無人機的墜毀事故是有人機的四到五倍；

其次是運作無人機比有人機昂貴，譬如運行一架「影子-200」無人機需要三十二人。其實無人機還有一個缺點，那就是無人機目標研判的錯誤是有人機的好幾倍，美軍無人機在阿富汗誤炸是經常發生的事。

作者對墨爾公司這份報告很感興趣，「人工智慧」的笑話在這個報告中一覽無遺。無人機的墜毀事故比有人機高出數倍並不奇怪，但是運行一架「影子-200」無人機需要三十二個人就非常令人訝異了。「影子-200」幾乎是最小型的無人機，空重才九十公斤，不過是個大型玩具而已，能有多大和多複雜的功能？這也需要三十二個人來操作，真是不可思議。頂多一個班（九人）就能完成的工作，居然需要一個排，美軍的作戰效率也太差了。作者認為這裡面有美軍編制的浮濫與腐敗。

「影子-200」只有數位電視和紅外線感應器等基本遙感設備，只能在天氣良好的情況下工作。目前全世界有三十二個國家在研發無人機，成品超過五十種，至少有五十五個國家裝備了無人機。無人機的流行和巨大的發展是可以預期的。

作為比較，中國解放軍有類似「影子-200」的無人偵察機，這種無人偵察機參加了二〇〇九年中共建國六十週年的國慶閱兵典禮，只是作者不知道它的型號，也沒有關於它的進一步的資料。這種無人機跟美軍的「影子-200」一樣可以從發射架的軌道發射升空，也可以用傳統輪子的方式滑行起飛，不過，中共的這種無人機比「影子-200」大得多，空重應該有數百公斤，性能也應該高出很多。

接著本書將用兩個國家的例子來說明長程無人偵察機，一個是美國，主要的代表是「全球鷹」；另一個是中國大陸，主要的代表是「翔龍」。

美國研發的無人機

在無人機的研發與製造上，美國走在最前面，也是全世界其他國家追趕的對象和模仿的目標。由於中國的先進無人機比較神祕，作者採用較多的美國無人機是為了方便說明。

美國研發的無人機有很多種，但是主要集中在「捕食者」（Predator）、「收割者」（Reaper）、「影子」（Shadow）和「全球鷹」（Global Hawk）這四種，其中前兩個有攻擊能力。

武裝無人偵察機

美國的武裝偵察機主要有兩種，「捕食者」和「收割者」，後者（MQ-9 Reaper）是由前者（RQ-9 Predator B）改良而來的。

「收割者」（MQ-9）外側掛載四枚「地獄火」導彈（一種雷射制導的反坦克導彈），內側掛載兩枚威力較大的制導炸彈。像這樣一架武裝偵察機其攻擊火力相當兇猛，「收割者」確切地說更像一架無人攻擊機。

「收割者」裝備有衛星通訊天線，還有前視紅外線攝像儀。衛星通訊能力對任何長程偵察機都是必要的。事實上，在阿富汗進行作戰任務的無人機，它們的操作人員都在位於美國大陸本土的控制室，所有的戰場影像與操作指令都是透過衛星通訊。你看，這種作戰方式跟你在家裡玩電子遊戲不是一模一樣嗎？是的，的確一樣，不過他們殺的可是活生生的真人。作戰效率我們先不管，對美軍作戰人員而言，這種作戰方式是絕對安全的，滿足美國國防部零傷亡的要求。

二〇〇七年五月一日，美國成立了四三二聯隊，這是美國第一支建制的無人機作戰部隊。這個聯隊以「收割者」為主力，駐紮在美國內華達州的一處空軍基地。

讀者不要小看「收割者」這種無人機，它可以攜帶兩枚五百磅重的精確制導炸彈或者十四枚地獄火反坦克導彈，是一個有真正意義的地面攻擊機。在滿載的情形下，執行攻擊任務時可以連續飛行十四小時；執行偵察任務時可以連續飛行超過二十四小時，作戰能力相當可觀。

「收割者」並不便宜，每套裝備（無人機加地面控制設施）的價錢為六千九百萬美元，比一架 F-16C/D 還貴。

非武裝無人偵察機

美國的非武裝無人偵察機主要就是「全球鷹」與「影子」兩個系統作為高低搭配。

「全球鷹」是全球最好的高空長程無人偵察機，它的性能參數是無人偵察機性能上限的指標。它的性能非常卓越，是這類飛機的高端代表和性能指標。我們來看一些美國軍方公開的性能參數。

空重：九千二百磅（四千一百八十二公斤）

任務載荷（payload）：一千九百磅（八百四十六公斤）

攜帶燃油：一萬四千五百磅（六千五百九十一公斤）

起飛重量：二萬五千六百磅（一萬一千六百三十六公斤）

巡航速度：美國沒有公布，估計是六百公里/小時

巡航高度：大於六萬五千英尺（接近兩萬公尺）

巡航時間：四十二小時

目標區逗留時間：在三千海里（五千四百公里）外的目標區可以逗留二十四小時

最大航程：一萬四千海里（二萬五千二百公里）

酬載種類：

a. 光學儀器，就是各種攝影機；

b. 紅外線探測器，就是熱成像儀；

c. 雷達：可以偵察地面（海面）的移動目標，也有合成孔徑雷達影像（Synthetic Aperture Radar，簡稱SAR）的能力，後者是雷達識別目標非常重要的手段。

從上面這些數據可以看出「全球鷹」是一個非常優秀的無人偵察機，它在巡航高度、巡航時間和最大航程上是極為傑出的。「全球鷹」的搜索範圍在二十四小時內可以覆蓋四萬平方海里（十三萬平方公里）的面積，這個能力媲美偵察衛星。

「全球鷹」不是前面我們看到的有點像玩具的無人飛機玩具，它是一個大傢伙，是體型大到足可載人飛行的巨大偵察機。

「全球鷹」極為出色的巡航時間得利於機身的設計，有非常長的機翼，它的翼展長達一三〇．九英尺（四十公尺）。這種極長的機翼類似六〇年代的U2有人駕駛偵察機，目的都是高空和長程，缺點是速度很慢。

中國研發的無人機

二〇〇六年十一月的珠海航展，中國大陸首度展出了多年研發的無人機模型，設計思想很先進，甚至還帶點科幻的味道，這也沒什麼奇怪的，沒有了載人的安全考慮，設計自然可以非常大膽。

中國無人機的型式繁多，連美國的「全球鷹」都有中國版。但是中國對無人機非常保密，展出的全是模型，沒有一件實物。總體來說，中國在飛機的設計與製造上是有基礎的，電子裝備與遙感儀器近年來也突飛猛進，基本上與美國在同一水平，差距很小。作者認為中國的無人機與美國的差距主要還是在發動機上，只要發動機的高效率與耐用性這兩關能夠克服，其他諸如電子設備和感應器等都沒有什麼問題，有些性能差距，譬如解析度，在作戰上，這點差距並沒有實際上的意義。

武裝無人偵察機

中國的無人偵察機以彩虹系列為主。

「彩虹三」（中國代號CH-3）是一款中國研發而且準備外銷的武裝無人偵察機，它的全套設備包括「彩虹三」中程無人機、地面車載遙測控制站和地面保障設備。

「彩虹三」中程無人機為輪式起降，視戰場情況做不同的有效載荷搭配，適用於戰場偵查、數據中繼、情報蒐集、電子戰與反裝甲作戰。巡航高度五千公尺，巡航時速兩百二十公里，操作半徑兩百公里，最大續航時間十二小時，最遠航程兩千四百公里，最大起飛重量六百三十公斤，最大任務載重一百公斤。

「彩虹三」可以掛載兩枚AR-1雷射導引的空對地導彈，射程二～八公里，破甲厚度超過一千毫米，穿透鋼筋混凝土的厚度超過一千四百毫米，足以摧毀所有的現役坦克與輕型地堡。

「彩虹三」的性能與美國的「捕食者」大致相當，「彩虹三」的速度比「捕食者」快很多，但是攻擊力稍遜，主要是因為「捕食者」的任務載重比「彩虹三」高出一倍，能夠攜帶的武器比較多。

非武裝無人偵察機

中國大陸研發無人戰機也有很長的一段歷史，研發的範圍當然也包括高空長程偵察機，這是無人飛機最重要的應用區域，大陸已經研發出多種產品，其中最傑出的是「翔龍」。

「翔龍」目前還處在保密狀態，大陸只展出模型。

「翔龍」無人機的外型設計非常有特色，採用了罕見的連翼布局，前後兩對機翼相連形成一個菱型的框架。與常規布局的飛機相比，連翼飛機結構結實、抗顫振性高、飛行阻力小導致較遠的航程。

中國大陸公布了一些有關「翔龍」的基本數據，我們整理如下：

空重：九千二百磅（四千一百八十二公斤）

任務載荷（payload）：六百公斤

起飛重量：六千八百公斤

巡航速度：大於七百公里／小時

巡航高度：大於一萬八千公尺

巡航時間：十小時

最大航程：七千五百公里

大陸並沒有公布任務載荷的種類，不過諸如可見光的攝影機、紅外線探測器和地面觀測雷達都是早已具備的東西，而且在預警機上已經運行很多年了，即使是合成孔徑雷達影像（SAR）這種比較先進的雷達功能大陸也早就具備，這些都不是問題。

幾點評論

一、無論「翔龍」還是「全球鷹」，塊頭都相當大，是大到足以載人的飛機，不是玩具型的小飛機，當然十一噸的「全球鷹」比七噸的「翔龍」大了超過五〇％，基本性能自然比較傑出。

二、「翔龍」的作戰半徑已經達到兩千～兩千五百公里，最大航程達到七千五百公里，基本具備了搜尋、探測與追蹤航空母艦的功能。

三、「翔龍」的性能與「全球鷹」有相當一段距離，「翔龍」唯一領先的地方是航速，但這並不是關鍵性的優勢。在安全和偵察能力上，飛得高比飛得快重要；在偵查效率上，飛得遠和能夠長時間巡航也都比飛得快重要。

四、「翔龍」最大的劣勢是發動機不如「全球鷹」，導致整體性能全面落後「全球鷹」。

五、「翔龍」不可能有「全球鷹」這麼長的續航力和滯空時間，「全球鷹」攜帶的油料（六．五噸）也比「翔龍」（四．一噸）多。「翔龍」最需要的是一個更省油的發動機。

六、「翔龍」不久將換裝先進的WS-15渦輪風扇發動機，「翔龍」的滯空時間將從現在的十小時增加到二十～二十四小時，有效載荷也將達到九百公斤，當然速度會慢一點。改進的「翔龍」與「全球鷹」在性能上就非常接近了。

七、「翔龍」唯一能做而其他探測手段不能做到的，是長時間、連續的精準追蹤與目標識別。這裡強調的是「精準」二字，這對攻擊中的彈道導彈非常有幫助。一旦「翔龍」探測到海面上的大型船隻，它是不是航空母艦非常容易判定，因為「翔龍」感應器的分辨率非常高，另一方面，目標船隻的位置和速度可以非常精確地測量到，最後，以「翔龍」的續航力，連續追蹤數小時是沒有問題的，後援和備分偵察機也可以及時補上。

八、也許有讀者會嚴重質疑「翔龍」探測和追蹤的精準性。是的，在大陸的「北斗」導航系統完成全球覆蓋以前，「翔龍」本身的精準定位是有問題的。作者不知道目前北斗的雙星定位能覆蓋多少西太平洋地區，即使誤差大到兩、三百公尺也夠用了。其實縱然不能被「北斗」的導航衛星覆蓋，「翔龍」的導航問題也並非沒有彌補的辦法，譬如「翔龍」可以利用已知島嶼和礁石的位置，週期性地給自己的慣性導航做矯正，這個主動雷達定位的技術至少三十年前就有了。當然，如果長時間在三百公里範圍內什麼島礁都沒有，「翔龍」的定位精準度會漸漸喪失，這就要看「翔龍」的慣性導航系統陀螺儀的飄移度（drift rate）有多大了。作者認為，無論如何，無人機本身的定位不是問題，並且可以由多種方法來獲得。

第十二節　攻擊大型海面船隻的彈道導彈

反艦彈道導彈

在論述了如何大面積搜索、發現、長時間連續追蹤大型海面船隻以後，下一個行動自然就是根據長時間追蹤所蒐集的資料發起攻擊，我們的主角終於出場，那就是為攻擊大型海面船隻量身訂做的彈道導彈。

攻擊海面大型船隻的彈道導彈與普通的對地彈道導彈在外型、動力系統、電力系統、導航系統、姿態控制系統等方面是完全一樣的，唯一的不同是增加了末端制導與末端機動的能力。

相對大面積搜索、探測與追蹤大型海面船隻，目標船隻一旦確定並且進入連續追蹤後，它的型號、位置、速度、攔截點等相關資料就輸送到導彈電腦記憶體，接下來的工作 就是發射攻擊彈道導彈完成攻擊任務，這個工作是比較容易的。

與攻擊固定目標的彈道導彈相比，攻擊船隻的彈道導彈必須具有跟蹤目標與機動修正的能力。無論是使用雷達還是紅外線作為尋標器，目標追蹤都是非常成熟的技術。至於機動，既然進入大氣層，只要有方向舵就行了，水面船隻移動的速度比飛機慢多了，這些對導彈而言都不是什麼難事。

東風-21丙

根據早年的消息，中共解放軍用來攻擊海面船隻的彈道導彈是東風-21丙，在二〇〇八年〈漫談導彈〉這個系列文章中作者就曾經介紹過。

東風-21丙在東風-21家族中射程最遠，達到三千兩百公里，精度最高，已經確定它的彈頭有主動雷達制導進行末端機動，誤差半徑小於二十公尺。

二〇〇五年作者第一次閱讀到有關東風-21丙的性能時，這個導彈就特別註明是為了攻擊大型海面船隻設計的。但是二〇〇九年的文章，尤其是西方的報導，卻出現了一個新型號 DF-21D，也就是東風-21丁，文章說這才是解放軍用來攻擊大型海面船隻的彈道導彈。

最近這種說法應該比較有道理，因為東風－21丙的外形與制導方式都跟美國的「潘興二型」（Pershing II）非常相似。既然「潘興二型」是打擊地面固定目標的彈道導彈，東風－21丙應該也是。那麼為了打擊移動目標所做的修改，譬如導引系統、末段機動、資料融合與瞄準點的選擇等新增加的軟體，這些改動都相當大，所以另外給一個型號東風－21丁（DF-21D）也是合理的。我們就採用這個新型號來避免任何可能的混淆。

東風－21丁

東風－21丁是為了攻擊海面船隻由東風－21丙修改而來，屬於東風－21丙的變型，是東風－21家族的新成員。這個分類非常合理，東風－21丙是攻擊地面固定目標，東風－21丁是攻擊海面大型船隻。

根據有些報導，「東風－21丁」是雙制導，除了原有的雷達還加上紅外線感應器，後者「東風－21丙」是一定沒有的。所以「東風－21丁」的射程略近也是合理的。

有很多中文報導「東風－21丁」的射程是一千五百～一千八百公里，這應該是錯誤的，紅外線尋標器的重量很輕，東風－21丁即使彈頭多了這種感應器，射程也不會少這麼多。真正能大幅影響射程的是彈頭的裝藥量。

作者還是引用「美國海軍情報辦公室」（U.S. Office of Naval Intelligence）的權威報導，它說：「如果這個武器的瞄準系統被證明精確無誤，那麼『東風－21丁』將成為全球第一種具有移動能力的路基導彈，可以攻擊將近兩千英里以外、移動中的航空母艦」。

上面的「將近兩千英里」就等於「大約三千公里」，基本上比「東風－21丙」的射程只少一點點。

不過「東風-21丁」也有可能為了增加彈頭的裝藥量而降低射程，所以射程是一千五百～一千八百公里也可能是另一種內部型號，不過彈頭的重量就有可能超過一噸了。工程師不是傻瓜，他們的成品在重要性能參數上都是經過妥協（trade-off）與優化（optimization）的精打細算，絕不可能平白損失一半的射程。

作者相信「東風-21丁」的內部型號很可能不止一種。工程師會在射程與裝藥量之間做出不同的安排，譬如根據不同的射程和裝藥量分成東風-21丁一、東風-21丁二、東風-21丁三等。

「東風-21丁」是機動的，由重型卡車運載。它可以輕易地在公路上一天機動五百至一千公里，隨時隨地可以停下來進行發射，這對進攻部署、防禦被襲擊和被偷襲都有很大的好處。

「東風-21丁」三千公里的射程在戰略上是非常關鍵的，中國的國土遼闊，三千公里的射程正好覆蓋亞洲重要的戰略地帶，譬如亞丁灣的出口、波斯灣、阿拉伯海、整個印度半島、孟加拉灣、馬六甲海峽、印尼、關島、日本和全部的第二島鏈及其附近數百公里的海域。這個威力是不得了的，因為它使印度海軍、日本海軍和美國的七艦隊全部籠罩在中國可以隨時打擊與摧毀的陰影下。

下面我們就要進一步論述彈道導彈如何根據指示進行末端的導引與機動。

導彈尋找航空母艦

中程彈道導彈的飛行速度大約是音速的十二倍（每秒四公里），即使飛行三千公里也不到十五分鐘，航空母艦在這段時間頂多能夠移動十五公里。在即將進入大氣層以前，導彈會開啟主動雷達對目標區進行照射，這是任務成敗的關鍵，非常、非常的重要。因為攻擊導彈全憑控制中心輸入的資訊向目標區進行照射，如果在預定的範圍內看不到目標，任務就注定失敗了。

由於大型軍艦的速度相對中程彈道導彈的速度慢太多了，即使根據導彈發射時提供的軍艦位置，當東風-21丁初次打開雷達時，航空母艦逃離雷達照射區域的機率很小。如果東風-21丁在飛行途中能夠得到來自地面或空中預警機至少一次目標修正指令的話，航空母艦能夠逃離導彈雷達照射的機率基本為零。

讀者必須瞭解，在茫茫大海找一艘航空母艦猶如大海撈針，但是在十五公里半徑內尋找航空母艦就一點都不困難了。

導彈本身的定位

也許有讀者會質疑東風-21丁飛行中的自我定位能力，因為批評者總是在中國的「北斗衛星導航系統」尚未完備和美國會關閉GPS上作文章。其實中長程以上的彈道導彈是不需要衛星導航的，它們都是用天文導航為自己的慣性導航系統做修正，否則七〇年代的洲際導彈如何為自己導航？即使今天的洲際導彈也不用衛星導航，這是因為導彈只要飛出大氣層就可以看到星星，而星星圖不能作假，也無法干擾，是老天爺賜給我們的絕對安全而又免費的禮物，這是為什麼世界各國的中長程導彈都採用天文導航。東風-21丁在大氣層外至少可以做兩次修正，足夠維持本身導航的精確度，讓它在返回大氣層前看到目標。

導彈施放誘餌

在進入大氣層前的這段時間，東風-21丁能做的工作是施放誘餌。誘餌可以是鍍了金屬的氣球，也可以是角反射器（進入大氣層後），譬如每秒一個，形成每四公里一個的一串珠子。許多懂一點軍事的讀者又懷疑了，他們會問：美國海軍的反導導彈「標準3」是紅外線制導的，釋放雷達誘餌有什麼用？

答案是：「標準3」導彈雖然是紅外線導引，但是決定發射「標準3」與計算它的攔截點的是神盾雷達系統。東風-21丁在這個時候連續釋放角反射器，神盾系統是無法分辨真假的，這將導致標準3發射後在攔截點找不到真目標。

目標從絕對位置到相對位置

只要導彈在第一次雷達開機的時候看到目標，導彈與目標的相對位置就被確定了，從這時候起，所有的定位問題（絕對位置）已不再重要，剩下的問題是如何追蹤與機動。

這時候導彈的優勢就完全顯露出來了，因為水面船艦的速度相對而言太慢了。導彈的速度是水面船隻的兩百倍，這不是貓捉老鼠的問題而是老鷹捉小雞的問題。

東風-21丁裝備有燃氣舵和空氣舵，所以無論在大氣層外或是大氣層內都可以進行機動。

「黑障」問題

進入大氣層後最大的問題是「黑障」。「黑障」是一種物理現象，當任何航天器返回大氣層時由於摩擦產生的熱量，使航天器的表面產生離子層，這個離子層會嚴重阻礙甚至隔絕電波的接收與傳送，導致航天器通訊系統的失效。但是隨著高度下降、空氣的密度增加，電離層的現象就會消失，「黑障」現象也就跟著消失了。所以「黑障」問題是一個暫時性的問題，通常發生在離開地面三十五~八十公里的大氣層中。

對「東風-21丁」而言，「黑障」不過是十多秒的事情，航空母艦在這段時間頂多移動四百公尺，不會逃離導彈感應器的視界。

倒是攻擊導彈在「黑障」期間可以做各種機動使海面軍艦的「神盾系統」早先計算的攔截點發生錯誤，因為這段時間「神盾系統」也看不到攻擊導彈，不可能做出修正。但是「東風-21丁」的慣性導航系統知道自己機動了多少距離，所以一出了「黑障」，雷達立刻就可以捕捉到目標。所以對攻擊導彈而言，「黑障」反而是一個非常有利的物理現象。作者非常確信「東風-21丁」會在黑障區做水平機動來躲避海面雷達的照射，造成雷達追蹤的困難和誤判，因為這是天賜良機。

資料融合與瞄準點的選擇

最後的三十公里是沒有「黑障」的，這時候「東風-21丁」幾乎是垂直下降，速度也略有降低，根據在大氣層內是否有做水平機動，作者合理地猜測這段時期的速度至少是音速的六倍，有可能高達八倍，這時候距離碰撞的時間大約只剩下不到十五秒。

出了「黑障」區，「東風-21丁」的雙感應器應該同時在工作，導彈的計算機會比較雷達和紅外線探測的結果而做出適當的、綜合性的選擇與決定，美國的軍事術語叫「資料融合」（data fusion）。作者個人認為如果天氣好或是當距離足夠接近時，紅外線的圖像會是主要考量，因為熱成像的解析度非常高，可以作為瞄準點的選擇（aim point select），導彈將選擇瞄準軍艦最脆弱的部位來達到最大的殺傷力。

選擇瞄準點在軍事上早就得到不同程度的應用，並不是什麼新技術，但是這種技術千變萬化，是科學，也是藝術。各國科學家和工程師的道行高低不同，心思巧妙也不同，產生的效果自然大不相同。二〇一三年十二月十四日，「嫦娥三號」成功軟著陸月球表面，它在月球上空三十公尺處懸停，選擇登陸點的精彩表演令人印象深刻，這是中國大陸向全球展示其領先世界的「選擇瞄準點」高科技。

「選擇瞄準點」是一項非常關鍵的技術，美國和蘇聯的無人探月太空船曾經多次失敗，原因就是登月飛行器在軟著陸時不幸掉入大坑，導致傾斜、傾倒甚至翻覆。當中國的探月器在月球上空懸停，選擇著陸點，然後平穩地降落在一片平地上，國外的科學家對這項技術發出一致的讚嘆。這個看似簡單，其實是一項非常複雜的運作，中國大陸不但為此做了科學研究，並且在上海附近實地進行了模擬實驗，這才發射「嫦娥三號」並得到一次成功，這背後是下了大本錢、做足了功課的。同樣地，如果「東風-21丁」撞上美國的航空母艦，那絕不是隨機的（撞到哪裡算哪裡），而是選擇了瞄準點。科學技術是軍民共用、原理相通的，我們可以想像，當美國軍方看到「嫦娥三號」進行選擇瞄準點的時候，心都涼了。

最後誤差的估計

作者不是軍事間諜，當然不可能知道「東風-21丁」返回大氣層後是如何機動的，尤其各種機動的數據是極高的機密，連第二炮兵的軍官都不會知道，這是導彈系統工程師中非常小的圈內資料。

但是基礎原理大家都知道，科技的成熟度也可以相當準確地估計到，憑這兩點就可以做出合理的評估。這是為什麼俄國科學家有信心估計「東風-21丁」最後撞擊的誤差大約是十公尺，這跟作者的估計相符合。

讀者可以懷疑作者的估計，但是作者相信十公尺的誤差是基於航空母艦做出最大的機動，否則誤差可能還不到十公尺。

還記得中共在二〇〇七年一月十一日，發射一枚彈道飛彈，擊毀一個運行在六百八十七公里高的衛星嗎？這顆衛星很小，長寬兩公尺、高二．二公尺，體積像大一點的冰箱。攻擊運行中的衛星與攻擊運動中的航空母艦原理是完全一樣的，而且攻擊衛星的相對速度要比攻擊航空母艦高得多，中共的控制技術能夠做到誤差小於兩公尺。唯一不同的是衛星不能機動，但是船隻不比飛機，是不能做9G機動的，特別是像航空母艦這種大型海面船隻，即使全速蛇行也達不到1G，勉強可以躲避魚雷。而導彈的機動性遠高於飛機，通常大於20G，在六至八倍音速的攻擊下，航空母艦的機動幾乎可以看成是靜止的。在現代的追蹤技術與控制能力下，作者認為誤差不會超過十公尺（1 sigma error），這是作者的 educated guess。

東風－21丁被攔截的機率

東風－21的彈頭與彈身在推進階段完成後就分離了，只有彈頭進入大氣層進行攻擊。彈頭是圓錐型（直徑一．四公尺，長二．五公尺，重六百公斤），圓錐形的雷達截面非常小，尤其是它的正面，彈頭也許有雷達吸波塗料，不知道神盾雷達對這種彈頭的發現距離與追蹤距離是多少。作者不做評論。

美國海軍有標準導彈（Standard missile）可以對東風導彈進行攔截，根據蒐集到的情報，攻守雙方都可以輸入各種參數值將整個攔截的過程進行電腦模擬，這樣就可以得到攔截率了。所以攔截率有多少，雙方雖然不敢十分確定，但是心中都有譜。

作者認為美國的攔截率只有十％，絕不會超過二〇％。這是個人的看法與判斷，不想與人爭辯。

東風-21丁的彈頭

東風-21丁彈頭的裝藥至少有五種：

一、核子彈：使用核子彈頭攻擊航空母艦的機率極小，幾乎是零，除非中國陸地遭受核攻擊。但是一旦真用了，則航空母艦必亡，戰爭也必定升級。很多年前，一位研究戰術的美國軍官就曾對作者如此說，沒有任何艦隊可以抵抗核攻擊。

二、電磁脈衝彈：摧毀敵人的電子系統，在軍艦上空爆炸，命中率很高。

三、雲爆彈：又稱「燃料空氣炸彈」，主要是殺傷人員與破壞軍艦甲板上的裝備，在軍艦上空爆炸，命中率很高。

四、高爆彈：六百公斤的圓錐體高爆彈頭以超過音速六倍的速度（保守估計）撞擊，它的動能可以穿透航空母艦的甲板在航母的內艙爆炸。使用高爆彈擊中航空母艦的機率比子母彈低，但是一旦擊中，則航空母艦很可能沉沒，戰爭有可能會升級。

五、子母彈：彈頭內裝幾千顆子彈，這些子彈可能是鋼珠，也有可能是箭型的穿甲硬合金，都是非爆炸性的，而是用動能穿甲。母彈被設定在航空母艦上空某個高度炸開，就像散彈打鳥一樣，航空母艦被命中幾百顆子彈的機率非常高。這種情形下，航空母艦是不會沉沒的，不過即使只打中跑道所造成的損傷也是相當可觀，如果命中彈射器或是雷達天線這些關鍵設施，那麼航空母艦就不能正常運行了，只能盡快脫離戰場返航。這其實是中國最希望看到的結果，既打退了美國航空母艦，完成政治使命，美國也保留了顏面，不會升高戰爭。

作者認為大陸使用子母彈的機率最高。

第十三節　東風-21丁帶來的政治衝擊

台灣的軍事專家

如果有些讀者因為意識形態，或任何政治理由，不願意相信上面這段科學的評估，那也沒有辦法，沒有人能說服這些人，也沒有這個必要。

我們用立法委員林郁方做例子。林郁方委員對「彈道飛彈打航母」嗤之以鼻，他說「哪有這種事，彈道飛彈都是只能打固定目標的」，令人啞然失笑。

這就是為什麼林郁方委員的軍事評論是聽不得的。

一方面林郁方是一個文科生，沒有任何科技的背景，他完全沒有評估軍事科技的資格。林郁方在「國防委員會」做再久的立法委員也沒有用，軍事科技不是他道聽途說就能瞭解的，他的判斷基本上都是瞎猜和政治語言。

另一方面，也更重要的是，林郁方有選票壓力，他必須否定中共的軍事能力和強調美軍的無敵來表達他的「愛台灣」，因為這樣才會有選票。

作者不會反對也無法反對政客用自己的意識形態來反對中國大陸，因為每個人都有表達自己思想的權利。但是作者強力反對和猛烈抨擊任何人用扭曲科學的謊言來反對中國大陸，因為科學是客觀中立不帶任何政治意識和宗教色彩的。

以前台灣中天頻道每星期有一個小時的軍事節目，名稱已經不記得了，作者看過幾次就不看了，因為水平太差。主持人是個年輕小伙子，他經常邀請林郁方委員和台大政治系一位楊姓教授作為特別來賓進行專家說明。但是這兩位都是文科生，沒有一點點科技背景，他們居然有膽量上電視大談他們完全不懂的東西。只要一牽涉到軍事高科技，他們兩個就胡說一通，有時候簡直是刻意誤導，有理無理都朝著「美日必勝、中共必敗」的結論上靠，令人搖頭。

作者必須指出，這種根據個人的政治意識形態來扭曲軍事科學是推動「台獨」和「獨台」最重要的手段，對台灣的前途傷害極大。

讀者一定會問：為什麼？

這個答案很簡單：由於台灣是數選票的民主政治，如果大部分的台灣民眾認為美國與日本的武力大於中國大陸，則與大陸的和平談判是沒有台灣民意基礎的，不可能成功，導致的必然下場是武力統一。

作者很多年前就對兩岸的統一戰爭做過評估，一旦戰爭打響，台灣的有效抵抗不會超過七天。這種戰爭有什麼意義？想想看，武力統一的過程中能沒有重大的人命傷亡和財產破壞嗎？誰要為這些沒有必要的代價買單呢？林郁方委員嗎？

最有意思的是，有一次林郁方委員在中天節目中一本正經地說，他訪問過美軍太平洋總部，在美軍基地的報告會議中，美軍太平洋司令就坐在他旁邊，司令曾經當面親口對他說，中共沒有足夠的兩棲作戰船隻，所以根本沒有登陸台灣的能力……，中共如果強行登陸必定導致失敗云云。於是林郁方委員以「圈內人」的姿態、用美軍太平洋司令的「身邊話」作為無上權威的終極裁判，告訴全台灣的人：「安心啦！」

你想想，美軍太平洋戰區司令除了如此說他還能說什麼？說他很可能抵擋不住中共的導彈飽合攻擊嗎？還是說他的大型戰艦有可能不會在戰時進入中國海岸線三千公里以內？他如果這麼說還想不想做海軍司令了？

林郁方委員把美軍太平洋司令的政治語言當聖經，來到中天電視台當上帝的話來傳播，因為他基本上沒有分析和判斷兩棲作戰的能力。兩棲作戰是所有作戰中最困難、最複雜、科技含量最高的戰爭。林郁方委員沒有任何知識能對美軍太平洋司令的話作做出一丁點的反駁或質疑。除了當上帝的話全盤接受，林郁方委員還能說什麼？

「中天」這種軍事節目能看得下去嗎？看久了會變笨的。

美國的「不上道」

如果一個軍事或政治的評論者並不靠此為生，那麼理性和科學的估計就比較能夠進入他的分析與考量，這需要有一定的科學背景才能做到。也只有如此背景的人才能做出合理與有價值的判斷。

作者預估在中共的激烈反對下，美國航空母艦不會進入黃海演習。國際間就像黑社會，作者這麼判斷是假設美國還懂得道上的規矩。

從軍事實力的角度來看，美國今天把航空母艦開到中國首都附近的海面上耀武揚威是欺負人的強出頭，既缺乏正義又不具備這個實力。是的，今天的美國海軍已經不具備在中國海岸邊巡弋的實力了。美國海軍今天在中國海岸邊炫耀武力其實是自不量力的虛張聲勢，這跟二戰後的法國在越南強做殖民主子而力有未逮的情形是一樣的，都是見壞不肯收，知其不可而為之的強出頭，直到遭遇奠邊府之戰慘痛的全軍覆沒，這是西方民族的特性。

從美國目前的經濟狀況和對中國的高額負債來看，美國的行為叫做不識實務。

你見過欠債的在債主門口耀武揚威的嗎？

從「叢林原則」的規矩來看，美國的行為叫做「不上道」。

不上道的都需要被教訓才會懂得守規矩。

從爭奪霸權的角度來看，美國的行為是霸權沒落下的自然掙扎。

想想看，那個世界拳王不是鼻青臉腫下台的？

事實上，黃海太小了，用不上「東風-21丁」，中共的其他武器已經足夠阻止美國的航空母艦進入黃海，美國的行為不過是厚顏無恥地在附庸國面前強充門面罷了，為的不過就是撐出老大的場面，保住老大的顏面和位置。

如果今天韓戰再度爆發，美國的大型船隻肯定不會進入黃海，作者認為連東海都不會進入。為什麼？因為無論黃海或東海，甚至日本海都是「死亡之海」，作者估計中共能夠打五百公里的各種反艦導彈大概超過一萬枚，無論神盾還是鬼盾都不可能抵擋，這是科學。

如果解放軍全力介入二十一世紀的韓戰而雙方都不用核子武器，中國大陸用導彈就可以封鎖對馬海峽（斷了美韓聯軍的補給，也斷了他們撤退的後路），韓國會在一個月內亡國，甚至不到兩個星期。

作者每次看到韓國人用狂妄的言語挑釁中國大陸就覺得好笑，尤其是軍事挑釁（譬如吹噓它的F-15K和巡弋飛彈可以攻擊北京等），簡直是幼稚如小兒。在朝鮮半島南北對峙的局勢中，南韓從來沒有具備過戰略優勢，因為地緣政治決定一切。

韓戰如果在二十一世紀爆發，韓國人怎麼死的都不知道。聽過「戰場遮斷」的軍事術語吧？美國海軍今天不會也沒有這個能力冒著導彈雨來保住韓國的航運線。明眼人看得一清二楚，韓國國內生產的糧食嚴重不足，一旦海運被切斷就成了孤島，五千萬人吃飯立刻成了問題。美韓聯軍能夠戰勝中朝聯軍的機會是零。

朝鮮半島完全在中國的掌握之中，駐韓美軍只能嚇唬北韓人，美國自己也明白。

「東風-21丁」改變了亞洲的戰略形勢

上面論述的戰略態勢不只是應用在韓國，而是適用於整個東亞。六十年風水輪流轉，不論是朝鮮半島、台灣海峽、日本四島、黃海或東海，今天中國與美國在東亞的戰爭遊戲基本上攻守的態勢已經改變了，攻守易位的關鍵就在導彈，尤其是反艦導彈。

想想看，大陸萬枚導彈伺候，日、韓、台都是嚴重缺糧的孤島（它們糧食的自主供應量分別是需要量的五〇％、四〇％和三〇％），戰時會亂成一鍋粥。肚子扁扁的時候，數飛機和吹噓武器性能參數就成了笑話，美國即使一百八十七架F-22和二十架B-2全上也無法改變日、韓、台孤島挨餓的態勢。小打小鬧美日還行，一旦真打大打則必敗無疑。

時間對中國有利，戰爭能拖就拖，最好拖過二〇二〇年「北斗」覆蓋全球，最好中亞一直拖住美軍。但是中國必須表示不怕打仗，而且為了國家主權不惜打大仗，這樣才能鎮懾住美國和日本，其他小國就更不用說了。中國需要把狠話說在前面，中國只要受到武力攻擊，所有出動武力的海空軍基地都會遭到中國徹底報復，絕不寬貸。你看那個國家敢對中國用武？你看那個國家敢挑釁中國的主權與利益？

彈道導彈攻擊航空母艦最大的優勢是執行不對稱戰爭，表現在毫不在乎美國航空母艦的數量。中國大陸製造二百枚「東風-21丁」的花費不過十億美元，以中共今天的國力簡直是輕而易舉。解放軍一百枚「東風-21丁」在大陸機動伺候，打一個航空母艦戰鬥群跟打十個航空母艦戰鬥群沒有什麼不同。「東風-21丁」的威力就在此。

科技改變戰術，重大的科技突破（譬如彈道導彈打航母）則改變了戰略。人類唯一無法改變的是地緣政治，譬如日、韓、台在地理位置上的孤立。今天在中國家門口打仗，美國是不可能戰勝的。

面對「東風-21丁」的正確態度

如果作者是直接相關的防守者，譬如美、日、韓、印的海軍司令，我不會對「東風-21丁」的發展無動於衷或嗤之以鼻，而是一定會採取嚴肅和適當的行動，譬如竭力獲取這方面的情報，重複進行進一步的電腦模擬和加強反導的研發工作。事實上美國海軍正是這麼做，這是非常理智的。

想想看，如果美國海軍司令像林郁方委員一樣對「東風-21丁」嗤之以鼻，那麼也不會有美國政客發出「如果航空母艦被擊沉，美國將攻擊中國本土和使用核子武器」這種非常不得體、幾乎是瘋狂和絕望下歇斯底里的威脅了。歷史上，美國政客說這種話是極為罕見的。

想想看，美國對中國的核武能力百般試探而不可得，對中國核反擊的力量根本沒有底，哪個美國總統敢下令對中國動用核武？

事實上，如果美國的航空母艦被「東風-21丁」擊沉，美國最可能的反應是退出亞洲戰場，戰爭升級的可能性不大。作者絕不相信美國會為了損失一艘航空母艦與一個核大國打核戰，把整個國家賭下去。美國精於算計，美國不是不想打核戰，而是美國無法控制核戰的後果。

亞洲的勢力範圍將重新劃分

從科學的角度來看，「東風-21丁」是不是能夠擊中三千公里外美國的航空母艦已經不是一個需要辯論的問題，美國真正應該思考的問題是「標準3」對「東風-21丁」的攔截率是多少，和是否應該把「愛國者三」也搬上軍艦做最後一道防禦。但是無論怎麼做，美國的航空母艦都是處於完全挨打的位置，已經失去它們存在的意義。挨打不是航空母艦存在的目的，航空母艦唯一的任務是攻擊，徘徊在中國海岸線兩千公里外只能挨打的航空母艦算什麼？

「東風-21丁」改變了亞洲的戰略形勢，美國的勢力逐漸收縮，甚至退出亞洲是必然的趨勢。亞洲的勢力範圍在很近的未來必將重新劃分，世界的格局將進入後美國的多極時代。

日本是亞洲的禍源，作者個人其實並不希望看到美國力量撤出日本，因為日本的侵略性太強，而惡人需要惡人治。中國的儒家思想不可能感化日本，而美國對日本野性的壓制則相當有效。所以除非日本像德國一樣承認自己的戰爭罪行，把戰爭罪行寫入歷史課本從小教導日本學生痛改前非，不斷向全球表達真心的懺悔（譬如天皇每年十二月到南京的大屠殺紀念館下跪懺悔），否則美國在日本駐軍就有其必要。

但是無論如何，新的亞洲格局下，琉球和台灣必須劃入中國的勢力範圍，關島必須無害化。中國如果夠精明，就應該根據「波茨坦公告」的第八條，堅持日本放棄除了本州、九州、四國與北海道之外的所有島嶼。尤其是九州島以南日本所有的島嶼，無論大小必須全部歸屬中國，一次解決東海的主權問題。

第十四節　指揮中心

指揮中心從地面轉移到空中

攻擊航空母艦是一個龐大的軍事運作，主要分三部分：情報蒐集、導彈攻擊和指揮控制。前兩項我們已經論述過了，這一節我們論述指揮控制。高科技的戰爭都是環環相扣，指揮與控制是最關鍵的。

這個指揮與控制的工作可不簡單，所有從衛星、超視距雷達、無人偵察機等蒐集到的情報，都要實時加以分析和做出決定，發射的導彈也絕不會只有一枚，作者估計攻擊一艘航空母艦至少要發射四枚彈道飛彈，最多可以達到十二枚（一個導彈旅齊射）。除此之外，我們很容易想像在進行海、空、潛、二炮聯合作戰的飽和攻擊時，戰場上的船隻至少數十艘，戰機與導彈的數目都以百計，指揮與控制的工作非常、非常的繁重。

這個繁重的作戰指揮中心可以設在地面或海面，當然也可以設在空中。作者認為以設在空中最為適宜，這就是大型空中預警機扮演的角色。空中預警機的應用非常靈活，它可以更接近前線和更容易接收各種資訊和發出各種指令。在異常複雜的情況下，譬如敵人的航空母艦戰鬥群不止一個，解放軍可以由多架預警機組成網絡進行聯合作戰。換言之，一架空中預警機照顧一個航空母艦戰鬥群，應變非常靈活與方便。空中預警機太好用了。

由於航空母艦出現的位置和進攻的方向變化無窮，大型空中預警機的靈活性就充分顯示出來，哪裡有事就飛到哪裡指揮。雖然我們討論的主題是「彈道導彈攻擊大型海面船隻」，但是攻擊航空母艦的命令一旦發動，實際加入攻擊行動的絕不會只有彈道導彈，一定有其他的攻擊武器配合演出，天上飛的、地上跑的、海裡游的、水底潛伏的全歸這個大型空中預警機統一指揮與控制。想想看，這統一指揮的任務何其繁重！

大型空中預警機和它的指揮任務就是本節討論的主題。

預警機的重要性

大型空中預警機本身沒有任何武器，但是它是戰爭效率的倍增器，有了它，作戰的效率增加何止十倍，空中預警機扮演的關鍵角色首次印證在「貝卡谷空戰」（一九八二年的第五次中東戰爭），再次印證則是一九九一年美國對伊拉克的「沙漠風暴」和隨後「空中禁飛區」的執行。進入二十一世紀，空中預警機已經成了空軍不可缺少的裝備和任何戰爭的例行作業。

空中預警機在空戰中扮演的角色太重要了，這就是為什麼美國對以色列出售預警雷達給中國大陸會強力出面阻止。美國的強力阻止其實一點都不奇怪，表現的不過是美國的「狠」。這件事真正有趣的地方是美國表露的「陰」。

以色列依照江湖規矩，在跟中共商量做這筆生意之前是向美國政府請示過的，並且得到美國的同意。空中預警雷達的買賣不比簡單的槍砲，幾乎一定要為客戶修改設計以滿足客戶的特殊需要，過程非常繁複。中以兩國專家經過漫長的談判、修改、議價、再修改、正式簽約、生產工程樣品、檢驗樣品等一連串繁瑣的交易程序美國都不吭氣，但是等到正式要交貨的時候，美國突然出面強力阻止，意志非常堅決，態度非常強硬，沒有一丁點轉圜的餘地，使得以色列不得不屈服。

大家一定奇怪美國為什麼要來這一手？猜猜看，為什麼美國要先同意後翻臉？

其實道理很簡單，這是一種策略。美國的目的不但要讓中國買不到貨令中國「竹籃打水一場空」，而且要讓中國損失寶貴的發展時間。後者的重要性絕不亞於前者，這就是美國「陰」的地方。

美國的精明算計與留下的後遺症

作者曾經說過美國精於算計，是一隻笑面虎。阻止以色列出售中共預警雷達玩弄的手法就是一個好例子，美國算計之精明在這個軍售過程中表現得一清二楚，非常厲害。但這絕不是唯一的例子，類似的情況也發生在伊拉克身上。

歷史上科威特是伊拉克的固有領土，是被老牌帝國主義的英國強分出去的，伊拉克當然不服。薩達姆．海珊並不莽撞，依照江湖規矩，伊拉克在出兵收復科威特之前是跟美國請示過的，而且得到美國的默許，這情形跟以色列的例子一模一樣。可是等到伊拉克正式出兵攻占了科威特，美國立刻翻臉，並且趁機出兵攻占並控制伊拉克，下手狠毒的程度比對待以色列嚴厲多了，因為伊拉克不是美國的盟友。

美國這種反覆變臉的手法是美國的國策，算計雖然精明，但是有後遺症，那就是美國政府的話沒有信用，無論是美國的敵人或是盟友都要非常小心。

如果你是美國的敵人，一切行動的考慮必須建築在自己的實力；

如果你是美國的盟友，一切行動的考慮必須建築在美國的利益。

以色列相信美國的話，忘了美國的利益，能不被利用嗎？伊拉克相信美國的話，忘了自己的實力，能不吃大虧嗎？

讓我們回到東亞，釣魚台和台灣的問題在美國參與的情況下也是一樣的。中國大陸絕不能因為美國答應袖手旁觀而進行武力統一台灣，這有可能中了美國的「拖刀計」。台灣問題是否武力解決必須建構在解放軍面對美日韓台聯軍的戰鬥實力上，而不是美國說什麼。

面對與中共爭奪釣魚台，日本如果想拖美國下水，一切行動的考慮必須建築在美國的利益上而不是《美日安保條約》。

可憐的台灣，既要看中共的軍事實力，又要看美國的國家利益，甚至還要看日本的臉色，一天到晚念茲在茲、嘮叨不休的《台灣關係法》其實是最不重要，也最不可靠的。

美國機關算盡卻丟了誠信，我們靜觀國際情勢後面的演變。

中國大陸的預警機

自從美國從中作梗，把中國向以色列購買的空中預警機這事破壞以後，大陸痛下決心，自力更生，結果數年後研發出比以色列的「費爾康」更先進的空中雷達預警系統，而且隨著運載飛機的不同，大陸生產了各種形式與不同尺寸的預警雷達來匹配，因此發展出多種類的預警機，真可謂遍地開花。我們代表性地提出兩種預警機作為說明，它們是「空警2000」與「空警200」。

很顯然，從外觀我們就知道「空警2000」與「空警200」所用的飛機與雷達都不同。

「空警2000」用的載機是俄國製造的大型軍用運輸機「伊流申-76」（IL-76），四個噴射發動機、載重較大、飛得較高、航程較遠、航速較快、滯空時間較長。

「空警2000」的雷達是三面相控陣雷達，覆蓋三百六十度度全空域。「空警200」用的是中國製造的中型軍用運輸機「運八」，四個螺旋槳發動機、載重較小、飛得較低、航程較近、航速較慢、滯空時間較短。「空警200」的雷達是兩面相控陣雷達（俗稱「平衡木」），因為它的長相很像體操的平衡木），只能覆蓋左右一百二十度的空域，不能覆蓋前方和後方。

值得一提的是，讀者不要以為「平衡木」就一定比「大圓碟」性能差，這要看它的應用。在很多應用上，尤其是敵前探測，是只需要觀察一側的，而且最重要的地面探測手段，合成孔徑雷達成像（SAR），也是側面觀察的。由於飛機的平衡、穩定、空氣阻力等問題，「平衡木」可以很長，「大圓碟」則不能太大。只要「平衡木」的長度大於「大圓碟」的直徑，它的功能就超過「大圓碟」。

中國發展「空警200」主要的原因固然是不讓俄國掐住脖子，但是「空警200」在某些應用上有其獨到的優勢也是重要的因素。

評論空中預警機首先要看的就是運載飛機的大小，這就跟軍艦首先看噸位一樣，因為大小就決定了大部分的性能。

一、大飛機飛得高、飛得遠、滯留空中的時間長；

二、大飛機的任務載荷大，能夠攜帶更多的遙感儀器，特別是巨大的雷達天線，天線越大，雷達的偵測距離越遠、解析度也越高；

三、大飛機能攜帶更多的任務專家在空中分析敵情。

上面的第三點非常、非常的重要。空中預警機事實上就是一個空中的作戰指揮中心。想想看，戰場方圓千里、牽涉到數百架戰機與數十艘戰艦，還有空中數不清的導彈，指揮這樣一個戰場談何容易。到目前為止，預警機蒐集到的大量資料還沒有辦法由電腦自動處理，必須通過人的分析、研判，然後做出決定。一架預警機的功能除了各種硬體設備，機上能夠配備多少任務研判的專家（mission specialists）同時作業，是這架預警機性能和效率非常重要的指標。

空中預警機最重要的硬體設備就是雷達。在所有的空中預警機中，中國大陸的「空警2000」雷達是最先進的，超過美國空軍的Ｅ３Ｃ空中預警系統。

從外觀我們看到美國空軍最先進的預警機Ｅ３Ｃ使用的是普通的碟型前線，採用機械式的旋轉來搜尋目標。這種機械掃描雷達是有嚴重缺點的，除了多目標追蹤不夠精確，機械式旋轉的天線每旋轉兩小時就要休息十五分鐘，否則會過熱。在伊拉克上空就曾經因此發生嚴重問題，海灣戰爭時，就在Ｅ３Ｃ預警機關閉雷達的十五分鐘，戰場缺乏空中預警機的支持，導致一架英國攻擊機遭到美軍戰機的擊落，因為美軍戰機無法識別英國攻擊機是敵是友。

中國的「空警2000」使用的是先進的相控陣雷達天線（phase array antenna），採用的是電子掃描而不是機械掃瞄，整個圓盤是固定不動的，它有三個相控陣面，每個陣面負責掃描前方一百二十度，邊掃描邊追蹤，其效率、精確度與追蹤目標的數目遠比機械掃瞄的雷達高。美國目前正在為Ｅ３Ｃ的改良型（也許叫Ｅ３Ｄ）研發相控陣雷達天線，在E3D出現以前，Ｅ３Ｃ的功能不及「空警2000」。

除此之外，我們看到中國的「空警2000」機頭下方還有另外一座雷達，這是專門用來觀察地面和海面目標的。所以「空警2000」有能力同時觀察空中與地面，而美國的Ｅ３Ｃ沒有觀察地面或海面的能力，必須仰賴其他的偵查機，譬如JSTARS或一種安裝新型對地（海）觀測雷達的U2，這是因為觀測地面或海面移動目標（Ground Moving Targets Identification，簡稱GMTI）需要另外一套設備和技術，硬體和軟體都不同。

據作者所知，「空警2000」如果不是唯一，也是極少數有能力同時做MTI與GMTI的預警機，譬如美國的E3預警機（暱稱哨兵或望樓）就沒有這個能力。「空警2000」是目前領先世界的大型長程空中預警機。

「空警2000」毫無疑問是大陸性能最高的預警機。除非中國研發出比IL-76性能更好的運輸機，「空警2000」應該是「彈道導彈攻擊大型海面船隻」首選的指揮中心。作者估計，指揮攻擊航空母艦的任務至少需要二十~三十位任務專家在現場做分析，「運八」沒有這個能力。

「彈道導彈攻擊大型海面船隻」是一個非常複雜的軍事運作，我們在下面要論述在作戰前這個系統是如何操作的。

戰爭不可能突然發生，都是有跡可尋的，當情勢緊張和戰事緊迫時，首要之務就是啟動情報工作。

衛星探測

最早需要做的工作，就是發射小衛星對熱點進行偵查，這需要時間。遙感衛星和發射衛星的火箭都不是臨時可以製造出來的，即使發射也需要很多天的準備，這就考驗一個國家的軍事機制和應變能力了。

一九九二年大陸著名航天科學家陳芳允先生，首次提出地球環境觀測小衛星星座系統的技術方案。

在衛星軌道中，有一種軌道叫做「太陽同步軌道」，它的傾角略大於九十度，也就是說，軌道通過地球的南北極，這種衛星也稱為極軌衛星。由於地球的自轉，衛星每周飛過的地方都不同。我們在前面說過，衛星運行的高度越高，則週期越長，所以如果高度選擇恰當，我們就可以安排它正好每十二小時飛過地球的同一點，也就是說地球上任何一點，衛星每天兩次在同一個時候出現在正上空，譬如上午八點十五分和下午八點十五分。由於這個緣故，衛星是「跟著太陽走」的，所以叫做「太陽同步軌道」。在「太陽同步軌道」運行的衛星稱為「太陽同步衛星」。

陳芳允先生在一九九二年的方案中就建議發射七顆太陽同步極軌衛星，高度七百二十一公里，傾角九十八度，週期一〇〇．七八分鐘，衛星觀測幅度為四百公里。

所以我們看到每顆太陽同步極軌衛星以四百公里寬的帶子觀察地球，地球上的任何一點每天在同一時間通過兩次。如果有七顆這樣的衛星平均分布，那麼地球上任何一點每一百零三分鐘就觀察一次。航空母艦最高航速每分鐘不到一公里，所以如果第一次看到它，第二次觀察同一區域時這艘航空母艦頂多航行一百零三公里，衛星的觀察帶有四百公里寬，所以它一定在觀察帶內，跑不掉的。這樣就完成了對航空母艦的連續追蹤。

雷達探測

任何大型軍艦，只要進入中國大陸海岸線三千公里以內，就進入天波雷達的探測範圍，我們在前面幾節有詳細的論述。

這個時候航空母艦的追蹤就不是每一百零三分鐘一次，而是雷達的掃瞄週期，多半不到十分鐘就觀察一次，到了攻擊前進入單目標追蹤（STT模式）則進入連續照射，幾乎是每隔幾秒鐘就可以修正一次測量到的目標資料。然後在發射前將最新的資料輸入到東風-21丁的電腦記憶體。但是目標追蹤的工作不會停止，雷達追蹤會繼續進行直到目標被消滅或任務被取消。

無人偵察機的探測

為了確認目標，在某個時候放出無人偵察機做進一步的仔細觀察有其必要。雖然無人偵察機的防禦能力很差，但是如此危險又重要的任務，正是無人偵察機設計的目的。如果被打下來就打下來，這就是戰爭的消耗，至少沒有人員傷亡。更何況也有可能不被打下來或是任務完成後才被打下來，這就值得了。

無人偵察機的探測數據非常準確，高於衛星和天波雷達，尤其無人偵察機的解析度非常高，特別有利於目標識別。攻擊敵人的航空母艦是重大的戰略運作，即使犧牲幾架無人偵察機也是值得的。

從港口開始追蹤

除此之外，美國就只有十一艘航空母艦，它們停泊在哪個港口都有紀錄，這是瞞不了人的。航空母艦不比潛水艇，潛水艇可以躲藏在海岸邊的山洞裡（大陸就有不少這種山洞），潛艇可以神不知鬼不覺地潛進去，也可以神不知鬼不覺地潛出來。航空母艦這種大家伙就沒有這個福氣了，即使在戰時也不可能隱藏在港口。航空母艦停靠的碼頭無論平時還是戰時都是公開的，沒有什麼祕密可言。

連續追蹤航空母艦的工作是從它準備離開港口那一刻就開始了。在這種情形下，每次搜尋某艘航空母艦的範圍都非常小，它不可能失蹤。

只要擁有前面論述的探測科技，航空母艦的軍事行動要做到隱蔽是不可能的。當然這個科技目前只有中美俄三個國家能夠做到，在可見的未來也不會太多。

指揮、控制、通訊與情報蒐集

動員力量

戰爭一旦打響，戰場情況是千變萬化的，尤其中美都是大國，一旦動員起來就不得了，特別是中國。中國有數以萬計的漁船在海上作業，還有各種商船在海上航行，他們都可以發射中小型的無人偵查機，最小型的無人偵查機甚至可以用手拋擲發射、用網收回。當他們偵測到美國的航空母艦戰鬥群，可以透過衛星和無線電傳達消息。這些都是戰爭進行中不可預測的因素。

輔助力量

除此之外，中國肯定會有很多潛艇埋伏在航空母艦可能經過的重要航道上，或是放置海底監聽器。上面這些都是非常規的探測方式，屬於輔助性的偵查，它們的存在肯定構成不可忽視的探測力量，但是都不在我們的論述範圍內。

主要力量

探測美國航空母艦戰鬥群最主要的手段，是透過衛星和天波雷達（OTH-B），作者尤其看好後者，因為它是隨時就位的，任何時候一開機就立刻工作。

最重要的是，天波雷達可以獨力完成所有探測與追蹤的工作。

空中預警機的角色

一旦美國航空母艦戰鬥群被衛星或天波雷達偵察到，空中預警機便可以飛往最佳的指揮地帶在高空盤旋，同時派遣長程高空偵察機，飛往航空母艦的發現地點進行更精確的偵查。所有蒐集到的情報，不論是從什麼管道獲得的都輸送到這架空中預警機進行比對和研判。

空中預警機非常昂貴，又攜帶很多戰情分析專家與作戰專家，其價值無可估量，是中國大陸反航母作戰在整個戰場上價值最高的目標。但是空中預警機是沒有任何防衛能力的，因此保護預警機是中國反航空母艦作戰最重要的任務，中國必須在擁有制空權的空域中使用預警機，而且一定要有備分以防萬一。

當中共的領導決定攻擊美國航空母艦的時候，「東風-21丁」根據空中預警機傳達的資訊發射，由預警機進行目標跟蹤並發射目標中途修正的指令。

「東風-21丁」大氣層外的機動

為了穿透美國的導彈防禦系統，中國在太空中曾經進行過多次發動機關機、開機、再關機、再開機的試驗並獲得成功。這項技術在對付美國國家導彈防衛系統（NMD）上非常有效。同樣地，它在對付美國軍艦上的戰區導彈防衛系統也會非常有效。

在燃料許可下，東風-21丁在彈道初期可以做跳躍式機動，發動機關機降低彈道，然後重新啟動發動機升高彈道，這樣至少可以反覆兩次，這種運作方式為的是迷惑對方不能判定攻擊地點，縮短敵人反導彈的反應時間。東風-21丁這麼做企圖欺騙的對象不是航空母艦戰鬥群的神盾系統，而是迷惑飛行途徑中敵人的地基雷達，譬如台灣的「鋪路爪」（PAVE PAWS）長程早期預警雷達。

台灣這座預警雷達是美國製造的、非常巨大的相控陣雷達，是美國針對大陸彈道導彈的早期預警雷達，探測距離達三千公里，除了新疆與西藏外，可以覆蓋整個中國大陸，台灣對大陸的戰略地位和可能的傷害從這裡就可以看得非常清楚。所以只要大陸的彈道導彈上升到足夠的高度，台灣的「鋪路爪」立刻就能探測到，然後把資料傳輸給美國，可以為美國爭取到多十分鐘的預警時間，這十分鐘對防禦洲際導彈的核攻擊是非常寶貴的。

台灣安裝「鋪路爪」預警雷達完全是為美國做狗。是的，「鋪路爪」的功能就是看門狗，一看到飛彈就汪汪叫。「鋪路爪」的功能是對洲際導彈提供早期預警，對美國有用，對威脅台灣的短程導彈沒有什麼用，早一分鐘知道又怎樣？所以「鋪路爪」對台灣本身的防衛並無貢獻，台灣應該向美國收取地租和管理費。如果「鋪路爪」還是台灣出錢的話（據說台灣花費了十四億美元），那就更冤枉了。你聽過自掏腰包買武器又自帶便當為別人看門的狗嗎？

更進一步說，「鋪路爪」雷達是個惹禍上身的東西。如果中美爆發大戰，這個雷達是首先被攻擊的目標，十層樓高的龐大身軀又不會移動，孤單地聳立在二六二〇公尺的山頂上，是台灣位置最高的雷達站，這不是討打嗎？它的戰時生存率是零。「鋪路爪」在戰爭爆發不到一小時就會成為一堆瓦礫，這是可以百分之百保證的。作者不明白，台灣花費鉅資購買這個只對美國有利益、對自己一丁點好處都沒有、又惹禍上身的昂貴玩具幹什麼？每年還要付美國七億元新台幣（兩千三百三十萬美元）的操作與維護費。這不是二百五嗎？

東風-21丁在大氣層外的機動，其目的就是擺脫美國在沿路設置的早期預警系統，我們用模擬狀況來說明。

東風-21丁發射上升到某個高度後，立即被台灣的「鋪路爪」捕獲，但是美國航空母艦並不知道即將被攻擊，神盾的探測距離沒有那麼遠，也有可能導彈也許還在地平線下，所以必須仰賴遠處的地基雷達，譬如台灣的「鋪路爪」提供訊息。

「鋪路爪」根據東風-21丁的彈道計算出它的攻擊地點，然後即時通知防禦單位，譬如遠在兩千公里外的航空母艦，於是整個航空母艦戰鬥群立刻啟動導彈防禦程序。這是美軍的如意算盤。

如果東風-21丁突然降低高度，「鋪路爪」的計算機就會誤判情勢，譬如認為導彈是攻擊琉球美軍基地，而使得位於琉球東邊兩千公里的美軍航空母艦毫無防範。東風-21丁這一招可以用兩三次，每次「鋪路爪」的判斷都不是東風-21丁真正要攻擊的目標，直到為時已晚，航空母艦已經大難臨頭。這是解放軍的如意算盤。

作者個人並不欣賞東風-21丁這種機動，我總認為航空母艦的反應時間不是問題，至少不是最大的問題。東風-21丁對付航母艦隊的導彈防禦系統最有效的手段就是施放誘餌，大量的誘餌，不必浪費時間與燃料做任何佯動，單刀直入攻擊航空母艦就行了，佯動所耗費的燃料還不如用來多裝誘餌與增加裝藥量。

東風-21丁後面的運作就固定了，它們的運作已經由科學家設定的電腦程序來自動進行，其中需要智慧處理的軟體在前面第十二節已經論述過了，譬如何時打開雷達進行目標照射，何時進入大氣層，如何對準目標和調整飛行姿態，如何釋放誘餌，如何通過「黑障」，如何開啟雙感應器，如何進行資料融合與選擇瞄準點，如果是子母彈的話，母彈如何釋放子彈等，這些都由攻擊導彈的電腦自動處理，不勞「指揮中心」費心。

但是彈道導彈攻擊後的效果是由「指揮中心」確認和評估的，這方面我們就不多說了。

立體進攻，統一指揮

攻擊航空母艦是一個龐大又複雜的軍事行動，一般說來，是由太空、高空、低空、海面與水下各種不同方向的立體進攻，令防守者手忙腳亂，「彈道導彈攻擊大型海面船隻」不過是由太空方向攻擊航空母艦的一種特殊攻擊模式，它的重要性是最難（幾乎不可能）防禦的。這麼多的進攻方式如果各自為政、各打各的，那就亂了套了，不但浪費火力而且容易產生誤傷，所以需要一個統一的指揮中心才能發揮最佳效果。

這個指揮中心以空中預警機來擔任最為適合，因為它最靈活。由於進攻的管道太多、牽涉的武器和人員數量龐大，這個預警機必須是大型的，至少要足夠容納二十～三十位專家同時工作的大型運載飛機，才能完成如此複雜的任務。

空中預警機的飛行高度大約在三萬呎（十公里）左右，所以它的海面探測距離不會超過四百公里。預警機不敢進入航空母艦艦載機的攻擊半徑（六百～八百公里）之內，因此探測航空母艦不是它的任務。

空中預警機的主要功能是接收各個管道的訊息、實時研判任務與下達指令，所以通訊才是最重要的，是它的主要工作。

除了通訊，空中預警機探測敵機與指揮友機的任務也是重要的，譬如維持空域的空中優勢，又譬如指揮轟六、殲轟七、蘇愷30攻擊航空母艦等。但是對「彈道導彈攻擊大型海面船隻」的任務而言，預警機最主要的工作是戰場通訊與實時研判。

第十五節　不同角度的反應

中國大陸發展「彈道導彈攻擊大型海面船隻」進入實戰階段這消息公布後，引起各方的談論，我們選擇一些具有代表性的在此討論。

海軍是中華民國偏安台灣的本錢

台灣四面環海，台灣海峽最窄處也有一百六十公里，說寬不寬，說窄也不窄，至少比三十二公里的英倫海峽寬多了。一九四〇年的德國面對英國的強大海軍都只能望著三十二公里的英倫海峽嘆口氣，一九四九年的中共沒有海軍，解放軍的陸軍再強大，面對台灣海峽也是一籌莫展。

海軍是高科技軍種，在三軍中不但科技含量最高，也最耗費錢財，還需要一些傳統。海軍基本上是錢堆出來的，海軍的傳統更是靠時間的磨練才能塑造出來，當年一窮二白的中國要建設海軍談何容易。

國軍靠著美國贈送的四艘二戰時期的驅逐艦（陽字號），和七艘護航驅逐艦（太字號），就牢牢地把持住台灣海峽的制海權，一直到七〇年代末，足足三十年。以大陸優秀的人力與龐大的物力都如此辛苦，建設海軍的困難可想而知。也就是這樣，中華民國得以偏安台灣到今天。

一百六十公里的海峽要靠小船搶攻（攻占海南島的「萬船齊發」模式）是不可能的，必須有大船。這就是為什麼一九四九年三月蔣介石拼老命也要派空軍把叛變的「重慶號」炸沉，那時候還沒有陽字號驅逐艦，五千兩百噸的輕巡洋艦（九門六吋炮，三十一節航速）和一千兩百噸的護衛艦（四門三吋炮，二十一節航速），作戰能力是完全不成比例的。在一九四九年，一艘重慶號就可以改變台灣海峽的海上軍力優勢，蔣介石不是傻瓜。

海上作戰跟陸地作戰是兩回事，「小米加步槍」的精神力量是不管用的，建設海軍不論是船隻還是人員一切全憑科學，沒有任何其他竅門。大陸海軍只能科學建軍，腳踏實地一步步來，沒辦法「大躍進」。而毛澤東無產階級專政的政權要想建設現代海軍特別困難，因為無產階級的思想與知識精英的高科技發展是嚴重互相牴觸的。這就進一步延緩了中共海軍的發展，等到中共追到國軍海軍水平的時候都快要進入八〇年代，三十年都過了。

美國的航空母艦是台灣人心最大的鎮定劑

九〇年代開始，解放軍的海軍對國軍有了顯著的優勢，但是中共知道他們作戰的真正對象是美國海軍，所以仍然不具有武力統一的優勢。台灣人對這一點也非常清楚。

基本上，台灣人民的安定心理和反中意識全壓在美國海軍上，說得更確切一點，是全壓在美國海軍的航空母艦上。美國的航空母艦是台灣人心最大的鎮定劑。

台灣人民對美國航空母艦的依賴，在一九九六年的台海飛彈危機中，表現得最清楚不過了。當時台灣得知有兩艘美國航空母艦要來保護台灣，台灣人高興得不得了，有腦筋動得快的商人還要組團租船去看美國的航空母艦。這些商人固然頭腦簡單和想法天真，但是它代表兩個事實：

一、台灣人民並不把中共的飛彈看在眼裡；

二、只要美國航空母艦前來助陣，台灣人就什麼都不怕。

對台灣人民而言，美國航空母艦是不可戰勝的（invincible），它們在台灣人的心理具有無上崇高的地位。這就是為什麼本系列的主題——「彈道導彈攻擊大型海面船隻」特別刺激台灣人的神經。不開玩笑，一旦美國航空母艦被中國擊沉，將造成台灣人心的總崩潰。

台灣立法委員的發言

就是這種心理上的極度依賴，使台灣人無法接受中國大陸可以用彈道飛彈攻擊航空母艦這種說法，持這種觀念的台灣人占絕大多數，以立法委員林郁芳為代表。

二〇一〇年二月，台灣中廣新聞報導，美國參謀首長聯席會議的前顧問克拉斯卡發表論文，假想中國大陸在二〇一五年將有能力以中程彈道導彈擊沉美國航空母艦，取代美國在太平洋的霸權地位。林郁芳委員質疑這篇文章「太扯了」，林委員說，以彈道導彈擊沉航空母艦簡直是天方夜譚，顯示此文作者不是戰術方面的專家。林郁芳進一步以專家的姿態說，全世界沒有一個國家有能力用彈道導彈摧毀移動中的軍艦，因為彈道導彈不是巡航導彈，沒有那麼好的導引系統，這顯然是作者不懂彈道導彈。

看到沒有？這就是台灣傑出立法委員的水準。

這些立法委員，還有電視上的名嘴們，絕大多數沒有什麼科技知識，但是他們的聲音非常大，敢亂講，敢大言不慚，敢講他們完全不懂的東西。

林郁芳在台灣混得開，因為他專門說台灣人喜歡聽的，是典型的政客。

林郁方委員這種與科學事實不符但政治非常正確的語言，短期而言也許對台灣有點幫助（用謊話穩定人心），但是長遠而言對台灣造成的傷害非常巨大，直接對兩岸的和平談判與和平統一設置障礙。這不是小事，要知道兩岸的統一是中華民族偉大復興必須跨越的里程碑，在和平統一受阻的情況下，中國大陸必然採取武力統一的斷然措施。戰火無情，台灣人民的大量傷亡不可避免，林郁方委員和他的同事們負有不可推卸的責任。

台灣前國防部官員的發言

不過台灣也有明白人。中華民國前國防部副部長林中斌（現任淡江大學教授）發表評論稱，射程兩千五百公里的東風中程導彈是美軍航母最大的威脅，「它可以搭載五種彈頭，每一種都把美國的航母作為假想敵設計。由於在一九九六年台海危機的刺激，使得解放軍一直在尋求能夠打擊航母的彈道導彈，並最終於二〇〇四年開始部署這種導彈。」

林中斌是理科出身，雖然他的博士學位是政治學，但是學士和碩士都是地質學，跟大陸的溫家寶總理是同行。

林中斌不但認為彈道導彈打擊航母是可行的，而且判斷中國大陸這種導彈已經在二〇〇四年實際部署成軍了，時間比作者想像的早。當然以國防部副部長的身分而論，林中斌的情報管道當然比作者多得多，作者無法評論也沒有反駁的基礎。

弱者心態

台灣人還有一種有趣的心理，那就是認為中國大陸即使有這個能力也不敢攻擊美國的航空母艦，因為害怕美軍強大的、毀滅性的報復。作者從網友的回應文中摘錄一段這種說法：

「好吧，美國對DF-21D攻擊航空母艦可能一點抵抗力也沒有，那麼可以確定的是，當美國一艘航空母艦挨了一顆DF-21D時，就是USS Michigan把一百五十四枚巡弋飛彈對青島海軍基地全部射出去的時候。」

看到沒有？這就是台灣人非常典型的民族性——弱者心態。台灣人是帝國主義者治理下最聽話的順民。

當年日據時代，日本人派到台灣做官都眉開眼笑，派到韓國做官則愁眉苦臉，道理就在此。

日本的心態

「彈道導彈攻擊大型海面船隻」不僅對美國霸權是一種威脅，對日本更是一種沉重的打擊。日本是中國大陸旁邊的一個島國，中共這項軍事科技對美國不過是威脅到它的勢力範圍，但是對日本而言就關係到國家的存亡了，這非同小可，比美國的霸權問題要嚴重太多了。

基本上，這個軍事技術在標題上就已經點明了，目標是任何大型軍艦，航空母艦不過是其中價值最高的。其實日本所有超過八千噸以上的驅逐艦、一萬多噸與兩萬多噸的兩棲攻擊艦（也就是直升機母艦，日本的準航空母艦）和更大的運輸艦都是這個「遠程作戰系統」設計的攻擊目標。日本人對此是很難接受的，立刻的反應就是否定它。

日本對中國科技的輕視可以由讀者「高橋涼介」的發言作為代表，他認為作者在寫科幻小說，意思是一切都是幻想（fiction）。這也是非常有代表性的看法，所以值得一提。

首先聲明，本書不是科幻小說，是帶有科普性質的軍事評論。

其實就算科幻小說也分成很多種。

有一種是中國的武俠小說：「海天大俠仰望高大的北京城牆，突然縱身一躍，平地拔高二十餘尺，眼看力道將盡，距牆頂還有一段距離，只見海天大俠右腳一點左腳，英俊挺拔的身軀陡然又上升了二十餘尺，穩穩地飄落牆頭。」這個小說娛樂性很高但是故事不會成真，因為沒有科學基礎。

另外還有一種，譬如「三顆同步衛星組成全球通訊網」最先也是寫在一部英國的科幻小說裡，後來成為事實，因為它有科學基礎。

所以論述任何新奇的東西有沒有科學基礎是最重要的，看起來是不是小說見仁見智，也不重要。如果有了科學基礎，那就是可以實現的。以科學為本，根據幻想來創新，有什麼不好？因為只要科學基礎在，發展下去就能成真，剩下的工作不過是工程問題。

這本書所做的論述，說穿了，就是在科學基礎上以個人的經驗進行工程上的推論。這個推論中自然包含個人合理的猜測。本系列的論述科學基礎俱在，論述的是科技的自然發展，所缺少的只有屬於機密的工程資料，這是作者無法提供的，因此任何人當然也可以懷疑。譬如就有網友堅持不相信大陸的科學家能夠利用特殊的算法把天波雷達的精度提高一個數量級。

論述到了這個地步，作者不可能提供更多了。

不過不要緊，科學的基本精神就是可以驗證（repeatable），所以「彈道導彈攻擊大型海面船隻」一打起來就知道了，成或不成都會很精彩，保證非常熱鬧。

中國的高速發展和低調報導

中國在武器研發上一向是做得多說得少，彈道導彈攻擊大型海面船隻的研發工作自然也不例外。

一九九七～二〇〇二年，中國零星公開有關中國反艦彈道導彈的概念資料。

一九九九年，第一艘神州飛船發射，證明了中國的軌道機動技術。解放軍國防大學出版了反艦彈道導彈的概念資料。

二〇〇二年，中國公開出版有限的反艦彈道導彈資料。

二〇〇三年，第二炮兵公開了反艦彈道導彈的可行性研究資料。

二〇〇四年，第二炮兵出版了教條手冊，有兩頁是專門介紹反艦彈道導彈。

二〇〇六年，中國反艦彈道導彈公開的資料增多。

根據公開數據，從二〇〇六年到二〇一三年，中國總共發射了十八顆遙感成像衛星系列、電子偵察衛星和雷達偵察衛星，除了配備普通光電設備和無線電接收系統之外，其中有部分衛星使用合成孔徑主動側視雷達，譬如二〇〇八年十二月十五日發射的「遙感5」衛星。這些雷達偵察衛星已經不再需要極低的軌道與核能供電做保障，從而大幅降低了衛星的造價，也提高了服役的期限。這些太空偵察系統可以有效和全天候地搜索海上移動目標，及其蔓延十來海里的縱隊行駛痕跡。

二〇〇九年十一月，反艦彈道導彈的科研項目在CCTV-7台（中國國家電視的軍事頻道）公開。

二〇一〇年五月，中國航天科工集團四部副總指揮王根彬在公開刊物發表文章稱：

「我國固體導彈從無到有，隊伍也從小到大，這支隊伍靠著兩彈一星精神，航天傳統精神，研製出了我國第一代固體導彈，隨後從一九八八年至今二十年時間，國家僅投入了三十億元研製費，先後研製成功東風-21號甲、乙、丙、丁四個型號，完成了從核到核常兼顧，從攻擊固定目標到攻擊慢速活動目標的轉變，精度實現了CEP（Circular Error Probable）從幾百公尺在到幾十公尺的進步，真正形成了型號系列化，滿足了二炮部隊在新時期擔負遏制他國對中國使用核武器，遂行核反擊和常規導彈精確打擊任務。為國家做出了重要貢獻。這支隊伍勝不驕，敗不餒，艱苦奮鬥，走的是一條多快好省的發展之路。」

美國的報導

二〇〇四年，美國海軍情報局第一次提及了中國對反艦彈道導彈的公開興趣。

二〇〇五年，美國國防部在解放軍定期報導中第一次提及中國的反艦彈道導彈。

二〇〇七年，美中經濟安全審查委員會證實了中國反艦彈道導彈的進展。

二〇〇九年八月，美國認為東風-21丁火箭發動機工廠建成。

二〇〇九年十一月，美國海軍情報局稱，中國反艦彈道導彈接近形成戰鬥力。反艦彈道導彈開始受到美國的廣泛注意。

二〇一〇年四月六日，美國之音（Voice of America，簡稱 VOA）報導，美國太平洋地區總司令海軍上將羅伯特·威拉德（Admiral Robert F. Willard）在美國國會作證時，特別談到中國大陸岸對艦導彈的情況。威拉德說，中國正在以東風-21（北約代號 CSS-5）中程彈道導彈技術為基礎，製造一種專門打擊航空母艦的導彈。這是中國「反介入」戰略的重要組成部分。所謂「反介入」是指嚇阻敵人不敢進入被認為對本方有威脅的地區。

這是美國首次正式確認，中國反航母彈道導彈的研製工作已經進展到實際試射的階段。美國國防部稱，如果不能予以有效的還擊，這種不對稱武器系統就有可能對美國在西太平洋和波斯灣構成潛在威脅。

二〇一〇年十二月二十九日，根據《金融時報》的報導，美軍太平洋司令威拉德上將在接受日本報紙

《朝日新聞》採訪時表示，中國這種彈道導彈已具備「初步作戰能力」，這種導彈旨在威脅太平洋地區的美國艦隊。他並表示中國對美國在亞洲投射軍力之能力的挑戰來得比許多人預計的要快許多。

美國海軍戰爭學院（US Naval War College）中國軍事專家安德魯．埃里克森（Andrew Erickson）在回應威拉德上將的言論時表示：「現在我們知道了，中國的『反艦彈道導彈』已不再只是個夢想。」美國國防部所使用的術語「初步作戰能力」意思是：一些軍事單位已經開始部署該武器，並已具備使用能力。

威拉德上將表示，中國這種新式武器尚未具備可完全投入使用的性能，很可能還需要「數年」的測試，剩下的關鍵一步是在海上測試整個系統。

隨後的發展果真如威拉德上將所說。根據美國的情報研究機構判斷，二〇一一年至二〇一二年，中國在南海進行了多次東風-21丁的導彈發射試驗，並成功命中擊沉了由遠望四號航天測量船改裝的航母模擬靶船。

據美軍的報導稱，中國在二〇一二年至二〇一三年，首次實戰部署了東風-21丁反艦彈道導彈，該導彈的一個作戰旅被部署在廣東省肇慶附近。目前，美軍認為中國的反艦彈道導彈已經具備實戰能力，其第二個作戰旅可能部署在中國安徽省或河南省。

讀者也許會問：為什麼要部署在安徽省或河南省而不是海邊某處？

回答：部署在內陸是為了安全，不容易被偷襲。東風-21丁是公路機動的，每天至少可以機動五百至一千公里，只要海上出現威脅，任何時候都可以拉到海邊或隱蔽的山區發射。

第十六節　作者的評估

研發工作

二〇一三年年初，阿根廷一家軍事論壇公布了一張GOOGLE EARTH衛星照片，在圖片中顯示在中國戈壁沙漠中有一個長度大約為兩百公尺的巨型白色人造結構，據該論壇稱，這個人造結構在模擬美軍大型航母的甲板，並配圖進行了比較。在圖中，所謂模擬甲板被武器轟擊出兩個巨大的彈坑，十分醒目。

這張照片洩露的訊息並不大。想想看，東風-21丁連大海航行中的遠望四號都擊沉了，那麼打停泊在港口的靜止船艦還有什麼問題呢？

「彈道導彈攻擊大型海面船隻」不是天方夜譚，而是一個已經研發完成的武器系統。更正確的說，這是一個「遠程作戰體系」，攻擊航空母艦不過是其中的一個應用而已。

作者認為「彈道導彈攻擊大型海面船隻」的研發工作早就已經完成，但是密而不宣，因為大肆宣揚會加深「中國威脅論」，對韜光養晦的中國不利。中國密而不宣，讓美日猜測，僅管有疑惑也不敢輕舉妄動，這才是正道。

美國到處放話說什麼DF-21D即將試射，間接表示研發工作尚在進行，其實是一種政治宣傳，為的是淡化衝擊，竭力維持附庸國的向心力。

成軍時間

所謂成軍，就是一項武器被認為有效，於是進入部隊正式使用的時間，這是主觀的決定，並沒有一定的標準。譬如F-15最初成軍的時候並不具備發射中程空對空導彈的能力，但是空軍認為沒有這個能力也可以成軍，以後慢慢修改就是了。所以所謂的「成軍」，就是代表武器具有某種程度的戰鬥力，老闆說可以使用了，是沒有一定標準的。

「彈道導彈攻擊大型海面船隻」這套武器系統遠比F-15複雜，什麼時候成軍只有中共的「中央軍委」決定，也只有「中央軍委」知道成軍的條件。

美國對中國大陸武器發展的速度一向是慢了不止一拍，美國太平洋戰區司令在國會作證的評估過分保守，中國大陸這套系統不可能還沒有測試；林中斌的估計也許有點太樂觀，因為二〇〇四年大陸的空中預警機尚未成軍。

不過這並不表示林中斌的估計錯誤，他的判斷很可能是對的，因為空中預警機並不是這個系統必要的組成部分。由地面作戰中心指揮整個攻擊過程也未嘗不可，只是配合的武力少些、效率差些而已。

基本上，即使根據天波雷達的數據發射一顆陽春「東風-21丁」然後什麼都不理，也具有相當的殺傷力。

作者個人的估計是，大陸反航空母艦的彈道導彈系統已經成軍，時間大約是在二〇〇八年。作者的理由是，天波雷達（二〇〇一年）、大型空中預警機（二〇〇六年）和發射彈道導彈直接擊毀在八百六十七公里高的軌道運行、長寬高大約兩公尺的小衛星（二〇〇七年），所有「彈道導彈攻擊大型海面船隻」所需要的科技都已經展示了。基本攻擊的能力已經具備，以後的修改不過使這個「遠程作戰體系」更加完善、效率更高、技術更成熟、有更高的戰鬥力而已。

攻擊效果

這麼複雜的作戰系統要知道效果如何只有兩個方法：一、實戰；二、電腦模擬。

前者除非中美正式開打，否則沒人知道；

後者作者相信中美雙方肯定都做了，只是我們不知道結果而已。

任何武器系統都可以做成電腦模式，只要輸入參數就可以得到結果，通常是一個或然率。輸入參數是可以做手腳的，只要稍微改變參數內容，結果就會差很多。

所以電腦模擬只是一種遊戲，你可以相信，也可以不相信。

作者不用電腦模擬，把這個工作簡單化，就可以得到粗略的估計。

「東風-21丙」是一個高度準確的地對地導彈，西方國家的估計，它攻擊地面固定目標的圓周偏差率也就二十公尺，這是雷達導引的誤差。「東風-21丁」具備雙感應器，紅外線感應器的解析度比雷達高很多，即使追蹤的是移動目標，作者的估計誤差也在十公尺以內。

所以我們可以假設東風導彈能不能打中水面船隻完全看水面船隻能不能攔截它（反導能力）。

作者記得美國海軍配備的標準飛彈只有「標準3」（Standard Missiles 3，SM-3）才有反導能力，「標準1」和「標準2」只能對付飛機和巡航導彈，無法攔截彈道導彈。「標準3」第一次全程攔截的成功實驗是二〇〇六年六月二十二日。試驗的細節沒有公布，所以很難評論。成功幾次也不知道。這種按照計畫進行的攔截就像電影裡面套好招數的對打一樣，跟實際戰場的攔截是兩回事，這中間距離之大，只有內部的工程師知道。譬如有時候為了矇混過關（保住飯碗），工程師在目標上裝設了角反射器的情形也是有的。作者認為真實戰場「標準3」的攔截率非常低，如果不是零也好不了多少，樂觀的估計大約在十～二〇%之間。

大陸官方的中央電視台曾經洩漏「東風-21丁」不論是在大氣層外或是進入大氣層都有誘餌，這對艦隊的防守系統形成很大的挑戰，因為一艘神盾驅逐艦只有九十六枚標準飛彈，其中只有少部分是「標準3」。我們假設「標準3」占一半，也就是四十八枚。「標準3」這點數量是經不起誘餌折騰的。

多波次飽和攻擊

中國論述戰爭有句話：「傷其十指不如斷其一指」。這句話用在「彈道導彈攻擊大型海面船隻」上是最適合不過了。

美日可以小打小鬧，在這種情形下中國可以發射一枚子母彈頭的「東風-21丁」給美日聯軍一個警告。

但是一旦真打大打，中國應對美日聯軍的手法就完全不同了。

面對魚死網破的戰爭，大陸不可能只發射一枚東風-21丁，合理的估計是，解放軍至少發射四枚，最有可能是十二枚，因為解放軍的導彈旅有六個導彈營，每個營有兩個連，每個連有一個東風-21丁的發射車。

這種重大的軍事行動肯定是分好幾波攻擊，譬如每一波攻擊是四枚導彈，三波完成導彈旅的全部發射。航空母艦能夠逃脫三波攻擊、全身而退的機率幾乎是零。

我們用幾個假設的狀況做一些簡單的計算，這樣讀者就有感覺了。

狀況一（標準3的攔截率正常）

料敵從寬，我們假設：

一、解放軍只發射六枚「東風-21丁」（每個營發射一枚）；

二、「東風-21丁」不釋放誘餌（方便計算，幾乎不存在的假設）；

三、美國以二對一發射「標準3」；

四、「標準3」的單發攔截率是0.2。

那麼簡單的算術告訴我們：

兩枚「標準3」都沒有打中「東風-21丁」的機率是0.8×0.8＝0.64；

至少有一枚「標準3」打中「東風-21丁」（攔截成功）的機率是1-0.64＝0.36；

六枚「東風-21丁」都被攔截的機率是（0.36）×6＝0.0022＝0.22%。

六枚中至少一枚「東風-21丁」擊中航空母艦的機率是1-0.22%＝99.78%。

看到沒有？正常情況下，美國航空母艦能夠全身而退的機率幾乎是零。

狀況二（標準3的攔截率偏高）

當然，上面狀況一這個結果是假設「標準3」的單發攔截率只有二〇%。

如果「標準3」的單發攔截率可以達到五〇%（美國人號稱的）而其他的條件不變，那麼「東風-21丁」的彈頭被摧毀的機率是七十五%。

六枚「東風-21丁」都被攔截的機率是（0.75）×6＝0.178＝17.8%。

六枚中至少一枚「東風-21丁」擊中航空母艦的機率是1-17.8%＝82.2%。

狀況三（標準3的攔截率超高）

讓我們把參數再改一改，改成對美國最樂觀的情況，也就是說美國海軍對「東風-21丁」的攔截率為90%，不可能比這個更好了，打飛機都沒這麼準。攔截導彈改為一比一。

六枚「東風-21丁」都被攔截的機率是（0.9）×6＝0.53＝53%

六枚中至少一枚「東風-21丁」擊中航空母艦的機率是1-53%＝47%

也就是說，在超級樂觀的情況下，美國航空母艦進入中國海岸線三千公里所冒的風險是有一半機會被擊中。

你認為美國會冒這個險嗎？

由於計算機的小型化，裝備高速計算機的現代導彈都非常「聰明」，除了第一目標，電腦也會設定第二目標甚至第三目標。所以當第一目標消逝（譬如航空母艦被擊沉），「東風-21丁」會自動選擇攻擊附近其他的大型船隻。

現代的軍艦都非常昂貴，即使是八千噸的神盾驅逐艦造價都在十二億美元以上，用一千萬美元的「東風-21丁」攻擊並不吃虧。

所以發射多枚導彈可以保證摧毀，但是並不會造成浪費。

「彈道導彈攻擊大型海面船隻」改變了海軍作戰的遊戲規則

讓我們回到現實。解放軍發射幾枚東風-21丁、每枚導彈攜帶多少誘餌、採用什麼樣的變軌技術迷惑對方、選用什麼樣的彈頭等都是戰術技巧，只有戰地指揮官知道。本文要指出的是，無論是攻方還是守方，這都是一場非常科學的戰爭，是鬥力，更是鬥智。

最後要說的有兩點：

一、誘餌是關鍵因素

上面論述的狀況與計算都有一個共同的假設，那就是「東風-21丁」不釋放誘餌。只要解放軍採用施放誘餌的戰術，那麼彈道導彈與航空母艦之間的這場遊戲基本上就結束了。

即使攻擊的彈道導彈只有一枚「東風-21丁」，在釋放誘餌的情形下，航空母艦能夠全身而退的機會都非常小。

二、攻守易位

不論「東風-21丁」擊中航空母艦的機率是多少，航空母艦都處於完全挨打的地位，毫無還手之力，這在航空母艦的歷史中從未有過。

第十七節　戰略上的深遠影響

經過上一節的深入探討，「彈道導彈攻擊大型海面船隻」的論述也到了應該結束的時候。戰術性的結論已經在上一節談過了，現在只剩下戰略上和政治上的影響。

這一節我們論述「彈道導彈攻擊大型海面船隻」在戰略上的深遠影響。我們首先要指出的就是這項武器系統擁有非常卓著的不對稱性。

「效費比」的不對稱

根據估計，「東風-21丁」六百公斤的彈頭到達航空母艦的速度是音速的六倍，大約每秒兩公里，這個動能保證可以穿透航空母艦好幾層甲板（包括最上層的飛行甲板）在船艙的內部中心爆炸，如此深的穿透力誰知道能撞上什麼？最輕的情況是航空母艦失去作戰能力，如果撞上油庫或彈藥庫，那麼一枚「東風-21丁」就足以擊沉一艘航空母艦。

一枚「東風-21丁」的價格大約在五百萬美元至一千萬美元之間，這中間的價格差異就看內部安裝的電子儀器精緻的程度。我們就假設「東風-21丁」的造價為一千萬美元。

一艘「尼米茲」級的航空母艦本身的價格為四十五億美元（杜魯門號），船上的武器（飛機加導彈）大約與航母等價，也是四十五億美元。所以不計算船上五至六千名官兵的生命，一艘航空母艦單是硬體價值九十億美元。

所以一枚「東風-21丁」的價格大約是航空母艦的千分之一，即使發射十枚也只有一％，「效費比」

高得驚人，太划算了！

戰爭比的就是消耗，包括物質和人員，看誰先破產。這其中人員的補充至關重要。特別是航空母艦飛行員的培養必須經過長時間的訓練，補充尤其困難，這也是為什麼日本海軍在中途島戰役之後就一蹶不振，因為損失的優秀飛行員要再招募新兵從頭訓練談何容易。

「東風-21丁」和「尼米茲」級航空母艦如此不成比例的消耗戰沒有任何國家能夠承受，所以被稱為「不對稱戰爭」。

物質一：一千，人員零：五千，「彈道導彈攻擊航空母艦」應該是「不對稱戰爭」最經典的例子了。

攻守的不對稱

前面的文章說過，面對彈道導彈的遠程攻擊超出艦載機的作戰半徑，航空母艦只能防守和挨打，毫無還手之力。彈道導彈與航空母艦的戰爭在攻守上是完全不對稱的，航空母艦得勝的機率是零。

數量的不對稱

「彈道導彈攻擊大型海面船隻」的作戰方式完全不在乎敵國航空母艦的數量，對付一個航空母艦戰鬥群跟對付十個航空母艦戰鬥群沒有什麼不同。美國海軍要靠大型軍艦的數量取勝是不可能的。

美國在中東打擊伊拉克的戰爭，曾經出動四艘航空母艦，構成空中力量的絕對優勢。

這種「船海戰術」是欺負弱國的海軍表演，作者個人認為，動用四個航空母艦戰鬥群對付伊拉克這樣的小國太過分了，地中海和波斯灣都非常狹小，戰場已經過度飽和，這是over-kill，是美國海軍在世界舞台上演的表演秀，牛刀殺雞給全世界看。

美國軍事家認為跟中國的戰爭至少需要六艘航空母艦（美國海軍一半的力量）才能取得空中優勢。六個航空母艦戰鬥群對中國戰場而言也已經飽和了，但是這種傳統的海戰方式在面對中國彈道導彈攻擊的時候完全派不上用場，解放軍只要動用六個導彈旅，在航空母艦距離中國海岸兩千公里以外就結束戰鬥了，全部過程不會超過四小時。

一招制敵

前面第三章「中美博弈」論述的重點是：

美國的東西是兩大洋，遠離全球人口中心的歐亞大陸，屬於偏遠地區。美國要避免被邊緣化就必須不斷地在歐亞大陸製造動亂，然後投射本身的武力去調停，不但獲取政治的領導地位，並且獲取巨大的經濟利益（錢總是流向穩定的地方），一箭雙鵰，這是美國的基本外交政策。

由於被海洋包圍，美國投射武力幾乎全靠海軍。美國海軍的力量全部集中在航空母艦，其他艦艇包括核子潛艇都是航空母艦運作的配套船隻，這是美國海軍的作戰思想，也是美國海軍的建軍藍圖。航空母艦不但是美國海軍力量的象徵，也是美國國力和作戰力量實際的代表。

美國的航空母艦戰鬥群稱霸全球海洋超過六十年沒有遇到任何對手，對美國做出卓越的貢獻，它是鞏固美元最重要的單一力量。

中國大陸發展出來的「彈道導彈攻擊大型海面船隻」是六十年來美國航空母艦第一次遭遇的強烈挑

戰，解放軍這套系統把航空母艦從純粹的攻擊變成純粹的防禦，航空母艦完全失去了它設計的目的。基本上，威風凜凜的航空母艦戰鬥群在中國這套「遠程打擊體系」面前將成為無用之物。「彈道導彈攻擊大型海面船隻」可以說是一招制敵，擊中無敵美國海軍的軟肋。

作者必須強調的是，雖然解放軍的「彈道導彈攻擊大型水面船隻」可以一招制敵，但並不表示中國就沒有必要發展航空母艦。在逼退美國海軍以後，中國的航空母艦戰鬥群可以穩穩地控制四周的海域，從黃海、東海、南海一直到印度洋和波斯灣。

為什麼？

呵呵，因為中國的航空母艦後面有「東風-21丁」罩著。

擁有「彈道導彈攻擊大型海面船隻」的能力跟擁有強大的航空母艦戰鬥群並不衝突，中國必須二者兼備。

為了保障未來的發展、有效控制海外的資源與物流航道，中國必須擁有至少六個航空母艦戰鬥群，分別控制東海、南海與印度洋。

美國的反制手段

美國要擊敗中國的「彈道導彈攻擊大型海面船隻」系統有很多方法，導彈防禦是其中之一，也可以打掉中國的偵察衛星，但是最有效，也相對最容易的方法是摧毀中國的天波雷達，譬如使用B2隱形戰略轟炸機精確轟炸。

不過美國要深入大陸攻擊遠在武漢和西安附近的天波雷達站也不是那麼簡單，需要穿透層層的攔截網，但這不是重點。重點是，美國要準備承擔同等報復。

摧毀天波雷達站就是直接攻擊中國大陸的內陸，這是僅次於核攻擊的戰爭最高層級，是對全面戰爭的一種commitment，等同宣戰，政治意義非同小可，一定會遭受到對等的報復。這是因為美國走到這一步時中國已經被逼到牆角，中國除了宣戰就是亡國，已經沒有任何其他的選擇了。

中國沒有海外基地，尤其沒有美洲的海外基地，這是中美如果全面作戰中國最吃虧的地方。戰爭比的是生產力，如果美國可以攻擊中國大陸，而中國無法攻擊美國大陸，這對中國是極為不利的。二次大戰時，日軍對國軍的大型戰鬥每次進行到最後，幾乎一定動用毒氣，這是違反日內瓦公約的。但是日軍對美軍作戰從未用過毒氣，一次都沒有，原因就是日本知道，美國的毒氣彈比日本更厲害，害怕遭到報復，吃不了兜著走。所以「同等級報復」在戰爭中非常重要。

時代已經改變了，中共新一代的核子潛艇是可以發射巡航導彈的，這是除了使用洲際導彈（魚死網破的最後一擊）外，中國最有效的打擊美國本土的方式，也是中共研發095核子潛艇的主要目的。未來的中美戰爭，美國要想像二次大戰那樣逃脫本土遭受攻擊是不可能的，所以美國在攻擊中國本土大陸之前需要慎重思考「同等級報復」產生的後果。

簡單地說，美國如果攻擊中國大陸本土，那麼美國大陸本土遭受武力攻擊就沒有話說，這就超過本書論述的範圍了。

第十八節　政治上的深遠影響

本書論述的主題是政治，軍事角度是本書論述政治的特色。軍事是政治的主幹，政治是軍事的目的，所以軍事的論述最終還是要回到政治層面來，回歸本書的主軸。

作為這個超級武器系統的結論，本章的重點，很自然地，側重在因「彈道導彈攻擊大型海面船隻」所引起的的戰略考量和對國際政治的衝擊。

亞洲的戰略平衡被打破

「彈道導彈攻擊大型海面船隻」徹頭徹尾地改變了傳統海上作戰的方式，產生的影響是極為深遠的，這個「遠程作戰體系」不但改變了戰略，也打破了東西方的戰略平衡，回歸到古老的地緣政治。

西方因為擁有強大的海軍，所以發展的戰略是「以海制陸」，其理論基礎是全球七〇%的人口與工業都在距離海岸五百公里之內，也就是在航空母艦的打擊範圍之內。

中國大陸研發的「彈道導彈攻擊大型海面船隻」代表的戰略思想正好相反，是「以陸制海」，打擊的核心就是航空母艦，在航空母艦的攻擊範圍之外擊沉它。

西方苦心經營的、以航空母艦為核心的戰略攻勢面臨全盤瓦解，亞洲的戰略平衡被打破，其影響已經從軍事層面上升到了政治層面。

讀者一定會問：為什麼？

答案很簡單，因為靠海上霸權起家的美國被迫不得不做戰略收縮，亞洲的勢力範圍將重新劃分。中國需要在適當的時候宣布亞洲版的「門羅主義」。

美國的附庸國開始鬆動

超過半個世紀，美國的外交、經濟與軍事手段把中日韓台和東南亞國家都玩爛了，所有的條約都任意由美國單方面主觀解釋，譬如誰不遵守人權、誰不當操縱匯率、釣魚台是否屬於《美日安保條約》的範圍，美國是否因《台灣關係法》而有協防台灣的義務或權利、賣武器給台灣有沒有牴觸中美簽署的聯合公報等。無論碰到什麼問題，美國都能朝自己有利的方向自由解釋、收放自如、隨意反復，美國甚至安排陷阱然後任意變臉（如前述第十四節論述的以色列與伊拉克的例子）。

美國固然從這些行為獲取了極大的利益，但是也等於把自己的信譽玩爛了。說到底，什麼意識型態、人權觀念、普世價值、各種條約等都是空的，都是美國損人利己的藉口，更不要說諸如要求別人「做一個負責任的大國」這種沒有標準的圈套，這是真正的國際大笑話。

想想看，今天的美國用大量印鈔票的方式應付自己的赤字問題，不但讓通貨膨脹由全世界來承擔，而且這些氾濫的美元熱錢在全世界流竄尋求暴利，造成全球房地產市場與證券市場的波動。

美國是一個負責任的大國嗎？

還是，美國是一個製造問題、唯恐天下不亂、混水摸魚、損人利己的大國？

追根究底，美國能夠在全球製造對立，然後從中取利，因為美國有這個實力，特別是軍事實力。

美國所有的外交活動都是源自「叢林原則」，只不過她用其他美麗的詞彙做道德包裝而已。

在「叢林原則」下，中國大陸推出「彈道導彈攻擊大型海面船隻」真正打到了美國的軟肋，令美國措手不及也進退失據。

「彈道導彈攻擊大型海面船隻」的政治衝擊是巨大的，為什麼？

答案很簡單：美國的軍事力量已不足以控制亞洲小國，亞洲的政治板塊開始鬆動。想想看，小國都是觀風向的，需要尋求未來的新主子，否則何以生存？

「彈道導彈攻擊大型海面船隻」開始令美國不安和投鼠忌器，加上美國履行承諾和條約的信譽不佳，這將導致附庸國對美國信心的鬆動與凝聚力的喪失。例如在首爾召開的G20高峰會，美國積極活動，拉攏各國對人民幣升值施壓，結果反應非常冷淡，這就是附庸國開始鬆動的徵兆，這個現象跟八〇年代美國施壓日圓升值的一呼百諾有非常顯著的落差。

亞洲勢力範圍的重新劃分

「彈道導彈攻擊大型海面船隻」令美國的軍事行動在亞洲開始投鼠忌器，最明顯的例子就是在中國的強力抗議下美國取消了「華盛頓號」航空母艦進入黃海與韓國海軍進行聯合演習。

我們必須知道，在韓戰的時候，美國航空母艦是在黃海作戰的，美國航空母艦就在黃海巡弋，幾乎就在中國渤海灣的門口，戰鬥機與攻擊機從黃海的航空母艦上起落攻擊北韓的地面目標，特別是志願軍的補給線，黃海巡弋的美國航空母艦視中國如無物。當時中國大陸基本上沒有海軍，所以中國被欺負到家但也毫無辦法，這就是現實，現實是殘酷的。

六十年的變化太大了，但是美國毫不理會。直到前幾年，美國航空母艦仍然進入黃海巡弋，這就太過分了，因為美國海軍已經沒有這個實力，屬於欺負人的強出頭，但是中共沒有吭氣，韜光養晦到了這個地步也真是有超人的忍耐力。

西方人是不懂節制的，只要你不反抗，我就欺負你。這背後的哲學是：只要我能得手，我做的事就是對的。（As long as I can get by, I am doing the right thing.）這種西方文化中國人必須深刻瞭解和提防，否則會吃大虧。

「天安艦事件」後，黃海情勢開始緊張，韓國邀請美軍航空母艦在黃海與韓國海軍進行聯合演習，這真是欺人太甚，中國的面子終於掛不住了，這才爆發進行反擊，於是美國開始退讓。這件事情絕非偶然，美國的退讓也絕非心甘情願，而是實力不濟下不得不做出的妥協。

美國海軍退出黃海是中國勢力範圍擴張的一小步，但是它是亞洲勢力範圍重新劃分的一大步。如果沒有戰爭，亞洲勢力範圍的重新劃分是緩慢進行的，美國在黃海的耀武揚威也許還能拖上幾年。「天安艦事件」發生後，韓國的李明博總統想利用美國的海軍力量向北韓示威扳回面子，同時也向中國示威提升「大韓民國」面對中國的地位，狐假虎威也太明顯了。沒想到弄巧成拙，美國無法抵禦來自中國的壓力。韓國兩次放出與美國航空母艦在黃海聯合演習的風聲，美國卻兩次取消「華盛頓號」航空母艦進入黃海的決定，經過這麼一鬧，非但美韓展示軍威成為笑話，黃海反而提前劃入了中國大陸的勢力範圍。

美國海軍的收縮代表美國的戰略收縮，亞洲的眾小國將逐漸失去對美國的信心與依賴，而中國將填補這個空間。

未來西太平洋的海戰

是的，李明博的莽撞與不識大體，導致美國提早承認中國在黃海的勢力範圍。今後任何外國大型軍艦如果沒有得到中國大陸的允許，是不可能進入黃海了。

但是東海的情況有別於黃海，因為牽涉到更多的經濟利益和一個海軍遠比韓國強大的日本。

中國面對美日韓台這一仗遲早是會來臨的，只不過韓台是配角。

台灣如果在這場戰爭與美日聯合將成為中華民族的罪人，在中華民族的歷史上承擔羞恥的罪名，無論用什麼理由都無法洗刷。

日本人不是說「兩小時消滅中國海軍」嗎？機會終於來臨了。

日本人從不認為二次大戰敗於中國。只要看看日本戰後寫的歷史課本和今天說話的架勢，東海問題是不可能和平解決的。

尋求戰爭解決的是美國與日本，因為它們有共同的利益。

中國其實是被迫應戰，「彈道導彈攻擊大型海面船隻」將是中國在這場戰爭的科技奇兵。

中國的「彈道導彈攻擊大型海面船隻」對陣美國的「空海一體戰」

為了遏制中國的崛起，美國軍方提出了「空海一體戰」這個嶄新的戰術。換句話說，「空海一體戰」是美國國防部和美國軍事智庫為中國解放軍量身訂做的戰術。這幾年美國軍方把「空海一體戰」吹得天花亂墜，成了神兵天將。

那麼，美國這個「空海一體戰」到底是什麼東西呢？

其實，美國軍方對這個「空海一體戰」也只有一個概念而已，那就是把整個戰場綜合成幾個節點，每個節點都是支撐作戰最關鍵的地方，譬如航空母艦和空軍基地。所有的節點透過軍用通訊衛星（MILSTAR）用數據鏈（美國著名的LINK-16）聯結起來，構成一個網絡達到信息共享，然後由這些節點決定如何分配火力和派出武力攻擊敵人（中國）的戰略目標，譬如信息中心和指揮中心，摧毀敵人有組織的進攻能力，於是敵人就成了散兵游勇等著被消滅。

美國這個「空海一體戰」只是個概念，理論並不深奧，至於具體怎麼做也沒有詳細的規劃，美國軍方自己也不是很清楚細節。不過光這樣已經引起美國陸軍的極度不滿與憤怒，因為他們被隔絕在「空海一體戰」這個系統外面，完全被邊緣化了。

你說巧不巧？中國的「彈道導彈攻擊大型海面船隻」剛好就是專門設計打美國「空海一體戰」的節點的，無論它是航空母艦還是固定的軍事基地（更容易打了）都是「彈道導彈攻擊大型海面船隻」整體規劃的、長時間追蹤與瞄準的和集中火力必須消滅的目標。你說，一旦真打起來，美國的「空海一體戰」不是一敗塗地嗎？

美國的這些戰術名詞大部分是唬人的，就像這個「空海一體戰」主要就是嚇唬一般人，取得心理上的優勢，對付中小型的國家也許還可以，對付軍事能力已經構成系統作戰的大國，譬如中國，是不可能成功的。

簡單地說，「空海一體戰」正好撞在「彈道導彈攻擊大型海面船隻」的槍口上。

中國真正的崛起

作者從不相信和平崛起。歷史上，任何大國崛起都必須打敗一個比它強大的國家。擺在中國面前的挑戰就是美日聯合艦隊。

前面說過，科學的基本精神就是可以驗證（repeatable），「彈道導彈攻擊大型海面船隻」必定會在中國與美日聯合艦隊在西太平洋的海戰中得到驗證。

中國面對美日聯軍的這一場海戰不會是毛澤東的人民戰爭，而是貨真價實空、天、海、潛四位一體的高科技戰爭。

「黃繼光堵槍眼」的人民戰爭雖然偉大與可歌可泣，但是只能使中華民族不致滅亡，談不上崛起。只有透過「彈道導彈攻擊大型海面船隻」這樣的高科技贏得的戰爭才會令洋鬼子（不論東洋鬼子還是西洋鬼子）徹底屈服。套一句洋鬼子的話，這叫做「Beat them at their own game.」，這才是中華民族真正的崛起。

「彈道導彈攻擊大型海面船隻」絕不是一個定型的武器系統，而是一個有無限想像空間和發展潛力的軍事科技平台。

時代是進步的，敵人也不斷地會有新招數出現，隨著新科技的出現和舊科技的成熟，中國的這套「長程作戰體系」將不停地演變來適應新的環境與新的挑戰，決不是到此為止。譬如美國最近研發出雷射炮來對付「東風-21丁」，中國自然就會在這套「長程作戰體系」做出反雷射照射的設備與相關運作。古話說：「兵來將擋，水來土掩」就是這個意思。中國有足夠的本錢、智慧與能力和西方先進國家科學鬥法，看誰笑到最後。

這個「長程作戰體系」是中國武器系統演變和進化的最佳平台，也是中國嚇阻西方帝國主義者貪得無厭的行為最有力和最長的手臂與拳頭。

第八章

未來國際時勢的走向與展望

導言

本書論述的主題是天下大勢，這和中國是分不開的，也和美國分不開。

如果二十一世紀只能舉出一件大事，那就是中國的崛起，所以天下大勢和中國分不開。

天下大勢和美國也分不開，因為美國是現任的霸主，也是擋在中國崛起路上最大的一塊石頭。

中國的崛起牽涉到國際勢力範圍的重新劃分和國際財富的重新分配，它的影響不但深遠，而且觸及到每一個人。既然是談論天下大勢，經過前面七章的論述後，我們不禁要問：未來國際時勢的走向是什麼？

本書的最後一章就是作者對這個問題的回答。

作者歸納出七點作為貫穿本書的主軸與精神：

一、美國的衰退已成定局

二、中國的崛起無法阻擋

三、美國窮兵黷武選定的戰爭對象是中國

四、美國騎虎難下

五、中美之戰的三個關鍵時間

六、美國在這場戰爭的賭注：美元

七、美國需要懸崖勒馬

讓我們分別論述這七個觀點。

一、美國的衰退已成定局

作者多次強調美元撐不過十年，這是美國面臨的最根本，也是最嚴峻的問題。美國的科技已經無法挽回美元的衰弱，現在唯一剩下的本錢就是強大的軍事力量，但是就連這最後的老本也開始流失。

美國已經失去陸軍的優勢；美國的空軍優勢無法維持到二〇三〇年；現在美國的海軍又被中國的「彈道導彈攻擊大型海面船隻」阻擋在海岸線三千公里以外，形同擺設。

美元的螺旋下墜已經無可挽回，美軍正在被趕超，美國的全球霸權岌岌可危。

世人（包括華人，自然也包括美國人）必須認清今天世界的趨勢，美國是一個迅速衰落中的大國，最主要的原因就是經濟的衰落。美國經濟衰落的主因，在於制度和結構的不合理導致美國的工業空洞化。

美國經濟的衰弱是不可逆轉的，因為這個衰弱的因素，除了制度的問題，還包含民族性，很難從根本上有所改變。想想看，歐巴馬用滿嘴的「改變」躍上總統的寶座，但是五年過去了，他改變了什麼？數選票的政治制度選出的總統哪個嘴上工夫不是頂呱呱？但是嘴上功夫好有什麼用？能改變資本主義的本質嗎？能改變美國人的享樂主義嗎？

喜歡或不喜歡，美國終須面對它的赤字問題。

悲劇是，美國企圖用軍事力量來解決它的經濟問題。

美國的攤子鋪得太大了，美國的利益遍布全球，但是以全世界二十二％的ＧＤＰ和五％的人口，美國要控制全世界是根本不可能的，連阿富汗都不服。

更何況美國的GDP摻了很大的水分，因為八〇%的美國GDP屬於服務類的第三產業，而中國的第三產業在GDP中只占三〇%。

以真正的實際生產力而論（第一產業加第二產業），美國在二〇〇八年比中國高不了多少，二〇〇八年的比例是一：〇．八二八，二〇一一年中國追平，二〇一二年已經超過。

二〇一二年，中國的工業總產值是美國的一．三倍，這還是依照匯率計算的。如果是用購買力平價來計算，那麼中國的工業生產值在二〇一二年幾乎是美國的兩倍。現在中美在工業生產上的差距正迅速拉大，到了二〇二〇年，美國將望塵莫及。這是中國工程師和工人創造的硬實力；美國律師多，他們創造出來的GDP有什麼用？

美國失去世界霸主並不冤枉，因為就以實力論，這個世界也應該是一個多極的世界。

二、中國的崛起無法阻擋

回顧歷史，在中華民族漫長的五千年歲月中，絕大部分的時間，中國是領先世界的。中國的崛起不是奇蹟，而是回歸歷史常態，領先世界的常態。

中國的崛起代表的意義是中華民族的復興，崛起背後的支撐力量是中華民族的優秀素質，譬如聰明、智慧、刻苦、勤勞、勇敢、自強不息和堅毅不拔的精神。無論誰來領導，中國都要回歸領先世界的歷史常態，差別不過是時間早晚。

唱衰中國的人總是拿科技來說事，認為這是中國永遠趕不上西方的地方。事實上，中華民族的創造力絕不弱於任何其他民族，漢唐盛世不用說了，中國即使到了明朝，科技也是領先世界的，這從鄭和的龐大艦隊和航海技術就得到證明。無論船隻的大小、軍隊的訓練、火炮和軍事的技術，鄭和艦隊都絕對壓倒西班牙的無敵艦隊。歐洲文明相比中國文明差得太遠了，當馬可波羅看到盧溝橋時，表達的是何等驚歎，單是中國的造橋技術就令歐洲人羨慕不已。

在幾千年的歷史長河中，中國在十九世紀中葉開始的一百多年衰落算得了什麼？

今天的中國，正從各個方位趕超西方先進國家，規模之大、方位之全是人類歷史中從未有過的。

中國為什麼會有這個機會？

答案很簡單，因為中國在過去的六十幾年國內沒有戰爭。只要國內沒有戰爭，基礎設施和研究環境沒有遭到破壞，中華民族復興的速度是驚人的。中華民族是最優秀、最有競爭力的民族。

在遭受帝國主義百年侵略、迫害和破壞後，中國深深明白中華民族的崛起絕對離不開軍事的崛起，這是本書論述的主軸。

不談軍事，只談政治和經濟是虛偽的。事實上，唯一可能推遲中國崛起的就是戰爭，而且是大規模對中國大陸本土進行系統破壞的戰爭，這正是多少年來美國一再考慮但遲遲不敢下手的事情。促使美國如此的原因有二，一方面是中國軍力的快速增長與現代化，另一方面是美國幻想中國自己會崩潰。

今天美國已經從「中國崩潰論」的幻想中清醒過來，但是時過境遷與時不我與，美國已經很難從軍事上下手了，只剩下最後的玩命一搏。這也是本書論述的主軸。

美國發動戰爭要趁早。二〇二〇年以後，「北斗」衛星系統全球組網完成，美國即使聯合所有亞洲的小弟和中國一戰，但美日韓台菲越澳印的新「八國聯軍」能夠戰勝中國大陸解放軍的機率是零，惹火燒身的機率倒是百分之百。至於二〇三〇年以後，美國連想都不用想了，美國自己會不會因債台高築而分裂都不一定。

中國的崛起是無法阻擋的，後美國的多極世界即將到來，時間應不會晚於二〇三〇年。

三、美國窮兵黷武選定的戰爭對象是中國

作者二〇一〇年觀看中天的「新台灣星光大道」，那天的節目是談論十月十日北韓和越南的閱兵典禮，幾個評論者（包括張友驊還有一個黃姓資深軍事記者）大談北韓、越南和中國大陸都是窮兵黷武的國家。這些名嘴真是目光如鼠又心存偏見，最窮兵黷武的國家居然看不到，卻數落兩個小國和惡意抹黑中國，正應了中國的俗語：只會痛批點燈的，不敢說一句放火的。

張友驊說這種話尤其不應該，因為他是知道各國軍費數據的。

台灣的軍事記者和名嘴實在不敢恭維，這種水平也敢上電視大放厥詞，台灣真是無能人了。看看CCTV的軍事評論，兩岸的水平也差太多了吧。

美國在天文數字的國債和龐大的政府赤字與貿易赤字的沉重壓力下，國防支出居然占了全球的一半，如果把戰爭費用和各種隱藏的費用加進去（譬如退伍軍人因為受傷所導致的龐大醫療費用），美國的軍費開支占全世界的六〇％。

看清楚，美國在借錢打仗，在借錢研發尖端武器，在借錢支撐海外的一千個軍事基地，美國是真正的窮兵黷武，嚴重的程度一點也不輸給北韓，威脅全球的程度則遠勝北韓。

和美國揮舞嚇人的狼牙棒相比，中國手裡握著的不過是一根齊眉棍，北韓揮舞的只是一根牙籤，頂多是一隻削尖的筷子。

美國在自己設計和製造的巨型爛攤子裡越陷越深，如今想盡方法企圖藉著戰爭跳出來，這是美國不可能實現的如意算盤。

想想看，美國的地理位置如此孤立，東西是大洋，南北是兩個弱國，這個世界有誰會去侵略美國？美國在如此安全的地理環境下耗費全球一半的經費研發各種先進武器，你想想，除了侵略他國和維持霸權不可能有其他的解釋。更何況美國研發的是威力巨大的攻擊性武器，美國準備打一場大戰是認真的。

美國選定的戰爭對象是中國，這一點毫無疑問。

和中國打一場二十一世紀的鴉片戰爭是美國維持全球霸權唯一的途徑。

四、美國騎虎難下

綜合國力美消中長，美國的戰爭機會正在快速地流失，形成美國的急迫感。作者不知道美國在等什麼，也許在等一個愛國狂人出現和日本聯手出擊罷了，譬如希拉蕊．柯林頓這個老巫婆。

中美這一場戰爭也許很快就會到來，也許會以另外一種形式出現，譬如貨幣戰爭和代理人戰爭。反正挑釁者是美國，美國在朝鮮半島、釣魚台列島、南沙群島到處點火，我們看中國能忍多久，也等著看這場惡鬥的結果。

美國現在是騎在老虎背上。

讀者不要搞錯了，這隻老虎不是中國，而是即將被赤字壓垮的美元。

五、中美之戰的三個關鍵時間

二〇一二年是第一個關鍵點，「北斗導航系統」覆蓋中國及附近，中國開始有打精準戰爭的本錢。

二〇二〇年是第二個關鍵點，「北斗導航系統」覆蓋全球。這個時候中國除了由「瓦良格」改建的遼寧艦，應該另有兩個航空母艦戰鬥群，有兩種第四代戰機和一種戰略轟炸機，實際生產力超過美國，基本上立於不敗之地。

二〇三〇年是第三個關鍵點，中國無論是空軍或天軍（指獨立於陸、海、空之外的新軍種，用於太空作戰）都至少跟美國持平，甚至有可能超過。這時候中國的經濟無論就GDP或實際生產力都一定超過美國。二〇三〇年以後，美國已經沒有軍事挑戰中國的能力。

美國如果要維持全球霸權，對中國的軍事行動就必須在二〇二〇年以前發動，而且越早越好。

六、美國在這場戰爭的賭注：美元

值得觀察的是，美國如果設計並挑起這場亞洲的戰爭，即使是代理人的戰爭，美國自己也並非只有好處而沒有什麼可輸的，被擠出亞洲將是美國付出的最小代價。

首先，這場二十一世紀的鴉片戰爭主要是海戰，而美國是無可置疑的全球海上霸主。但有趣的是，中國研發的「彈道導彈攻擊大型海面船隻」為這場戰爭投下了最大的變數，令美國不知所措。

假設中國這套「遠程作戰體系」有效，作者個人認為除非美國大舉轟炸中國大陸的戰略設施（譬如天波雷達站、衛星發射基地、導彈生產基地等），否則美國贏得這場海戰的機會微乎其微，日本幾乎確定會亡國，台灣會跟大陸統一。

其次，時代不同了，如果美國把戰爭擴大到中國大陸，戰火也必定燒到美國的本土大陸。二〇二〇年以後，美國打不起和中國的精準戰爭。

其三，如果戰爭控制在中國大陸以外，那麼被打爛的只能是美國的附庸，這些小國（包括日本）沒有任何贏的可能，美國非但討不到任何好處，反而讓中國坐實了本來屬於美國的亞洲勢力範圍。

最後，如果美國海軍蒙受重大損失，譬如有一艘航空母艦被彈道導彈擊沉，美國將很快失去亞洲的勢力範圍，後果將非常嚴重，美元與日圓在亞洲的地位都將被人民幣取代。

大多數的人只看到美國表面武力的強大，用帶著崇拜與敬畏的心理計算美國的隱形戰機與航空母艦，這是最膚淺的。

美國所有的籌碼都擺在檯面上了，但是檯面下是虛空的，就像一個外表光鮮亮麗的貴婦，裡面的內衣是空的。

支撐美國軍事的美元正快速衰落，在高調炫耀的武器下，美國的軍事力量有掩藏不住的脆弱。想想看，接近兩億美元一架的F-35隱形戰機、一百三十億美元一艘的超級航空母艦、一百五十萬美元一枚的愛國者導彈、一百萬美元一枚的戰斧巡航導彈等，美國根本打不起她自己發明的高科技戰爭。

看看一九七六年的影片，美國海軍士兵把昂貴的F-14戰機推到海裡來容納在海上逃亡的大量越南難民，美國雖然輸了越戰，但是美國精神和美國價值仍然存在。

今天美國的大國形象隨著美元而貶值，美國投資者在海外圈錢的惡行惡狀、美國媒體的虛偽宣傳、美國政客多重標準的國際行為接近無賴、美國的對外軍售等同敲詐勒索等，我們不禁要問：美國精神和美國價值是什麼？它們又在哪裡？

二〇一〇年印度著名的遊覽區泰姬哈陵都曾經一度拒絕收美元。美聯儲濫印鈔票引發全球恐慌，這是一個什麼樣的「負責任的大國」？

其實，美國比中國更輸不起這場戰爭，因為美國賭的是美元，這是美國的命根子。

七、美國需要懸崖勒馬

想想看，美國如果因海軍戰敗而不得不做出戰略收縮，這將導致美元在亞洲失去地位，以後印鈔票就更困難了。美國經濟將快速地收縮，後果不堪設想。美國所有的國內問題都會同時爆發，破產的聯邦政府將無法控制各州，在嚴重擺不平的情形下有可能會導致美國的分裂，特別是比較富裕的州。

超過半個世紀，美國最喜歡做的事就是分裂對手國家，其中最成功的就是一九九二年的蘇聯瓦解。其實美國自己國內的向心力並非牢不可破，聯邦政府是用美元凝聚這五十州，一旦聯邦政府無法用美元擺平各州，分裂勢力是無法遏止的，這就作法自斃了。

作者個人並不希望看到美元崩潰導致美國經濟快速收縮和隨後引起的各種併發症。

美元下滑與美國經濟的衰落是一定的，所以，喜歡或不喜歡，美國的戰略收縮也是確定的。作者個人的期望是這個衰落與收縮的過程能夠緩慢地進行，美國漸漸地從超級強國回到區域強國。美國這塊土地是遼闊的、肥沃的、美好的、物產豐富的，足以做一個區域強國。對美國人民而言，奢華的日子雖然不再，但是過豐衣足食和安定的日子是沒有問題的。

美國需要懸崖勒馬，停止瘋狂的武器發展與遠超過實際國防需要的軍備，停止在全世界製造問題，縮回到美洲大陸做安分良民。

美國真正應該做的是開源節流，腳踏實地過日子，也就是說，認清自己的經濟狀況和賺錢的能力，然後量入為出，改變目前的生活方式，譬如乘坐公共交通工具上班，減少出國旅遊，多儲蓄，少買這麼多奢侈的衣服、玩具與電子產品。

但是，美國人民肯嗎？

更重要的是，美國政客要認清美國真正的實力，認清美國控制世界是不可能的，美國需要從唯一超級強國的神壇上自動走下來，回到區域強國的現實世界，少管北美洲以外的閒事。

噢，是的，一個區域強權，這才是與美國實力相匹配的國際地位。

但是，美國政客肯嗎？

呵呵呵，我們還是靜候中美在西太平洋的海戰吧。

想想看，哪個拳王不是鼻青臉腫才不得不下台的？

後記

海天是一個業餘的政治評論者和軍事愛好者。自從透過衛星直播看到一九九七年七月一日香港回歸中國的移交典禮，海天就對政治產生濃厚的興趣，特別是跟中國有關的國際政治，因為中國的崛起已經看到一線曙光、中華民族的復興指日可待。

二〇一二年十一月十五日，海天透過網路看到習近平總書記的現場就職演說，它給我帶來意外的驚喜，深獲我心，因為他十九次提到人民，並且用中華民族貫穿整篇演說，沒有官樣文章，沒有黨八股，沒有口號和教條。他的說話發自內心，非常自然和流暢，而且帶一點點感情，譬如「打鐵還須自身硬」、「絕不會躺在過去的功勞簿上」、「人民對美好生活的嚮往就是我們奮鬥的目標」等。這篇演講稿顯然是自己寫的，否則不可能表達得如此生動。習近平用最簡單和最通俗的語言述說中華民族的光輝和苦難，然後把復興中華民族的千斤重擔放在自己的肩上，氣勢磅礴，非常令人感動。

海天是一個默默無聞的小人物，我盼望中華民族的復興有什麼用？但是習近平總書記以中華民族的復興為己任，把復興中華常掛心頭，這就大大不同了。海天更加堅信國際的格局即將發生巨變，於是把過去發表的文章選出一些印刷成書，免得它們在有一天網站關閉的時候也隨之消失了。但更重要的是，在國際紛爭、局勢升溫的時候，海天要把自己對國際政治的一些觀察拿出來與讀者分享，對中華民族的偉大復興提出自己的看法與讀者交流。

本書的主要內容都選自作者這幾年在網路上發表的文章，這些文章的主題都圍繞著中國與列強的博弈，特別是中國與美國，因為美國是擋在中國崛起之路上最大的一塊石頭。

海天從不相信和平崛起，所以在中華民族復興的過程中，軍事鬥爭占據主導的位置。這就是為什麼本書由八章論述組成，而軍事論述占了三章。更有甚者，這三章軍事論述占了本書五十五%的篇幅，其中「彈道導彈攻擊大型海面船隻」就占了全書四〇%的篇幅。

讀者一定會問：為什麼？

原因就在於作者要用這個極其複雜的和最尖端的高科技武器系統來證明中國的崛起是不可阻擋的。

一定會有讀者說：這不是唯武器論嗎？

懂軍事的讀者會說：不就是一件武器嗎？現代戰爭不可能是由一件武器就能致勝的。

海天的回答是：「彈道導彈攻擊大型海面船隻」不是一件武器而已，它也不僅僅代表武器。「彈道導彈攻擊大型海面船隻」是一個龐大的、前所未有複雜的、整合最多子系統的、隨著未來的科技水漲船高的遠程作戰平台。它代表的是一個國家的綜合實力。如果你仔細觀察這個龐大的武器系統就會發現，中國的科學家是如此智慧，中國的工程師是如此優秀，中國的軍人是如此勇敢，中國的人民是如此勤勞，中國已經發展到了一個地步，任何國家想要擊敗中國或分裂中國是不可能的。

期盼和相信是不同的。

我們期盼中國的崛起和中華民族的復興，那是因為我們是中華民族的一分子，我們的期盼是出自感情。

我們相信中國的崛起和中華民族的復興，那是因為我們有足夠的知識證明它一定會發生，我們的相信是來自理性的知識與邏輯的推斷。

譬如作者多年前在討論決定戰爭的因素時（第五章第一節），就曾做出下面的預測：

「二〇二〇年，中國將會擁有覆蓋全球的北斗衛星導航系統，除瓦良格外，應該還有兩艘自行設計的航空母艦正式服役，至少有兩種第四代戰機和一種長程戰略轟炸機。」

要知道，中國大陸的保密工作非常嚴密，當初海天寫這篇文章的時候，外面對中國大陸在隱形戰機上的工作一無所知，連一絲影子都看不見，連一句謠言都沒有。海天準確地做出大陸隱形戰機的預測是完全憑藉大陸的科技發展與工業基礎所做出的邏輯推論。

現在看來，三項預測除了最後一項還沒有公開的訊息，第一項幾乎已經確定，第二項則已經實現了（殲20和殲31）。軍事的發展是非常科學的，如果你能夠感覺出一個國家科技的成熟度，那麼做一些新武器的預測其實並不難，它們的產生是非常自然的，就像瓜熟蒂落，隱形戰機就是最佳例子。

作者花了這麼大的精力和篇幅來介紹「彈道導彈攻擊大型海面船隻」，為的就是要讀者瞭解這是歷史上從未有過的偉大和複雜的作戰平台，它改變了幾百年來海軍作戰的遊戲規則，徹底根絕了西方列強憑藉著船堅炮利再次對中國造成傷害的任何機會，它在政治上的影響是空前的，不亞於核子武器。更重要的是，它讓我們從根本對中華民族的復興有了堅強的信心，不再受西方惡意的宣傳和刻意的誤導而迷惑，從心底深信我們中華民族是最優秀的。

「彈道導彈攻擊大型海面船隻」是一個涵蓋面很廣、極其複雜的軍事聯合作業，為了深入淺出、把握重點、雅俗共賞又不失真（最後一點尤其重要），作者在論述的結構上想了很久，最後決定把它分為五個組成部分：

一、情報蒐集；

二、彈道導彈；

三、指揮控制；

四、技術評論；

五、戰略上與政治上的影響。

這五個部分的知識性和困難度都不同，所以作者分配在每個題目上的篇幅也不同。第七章的十八節之中，「情報蒐集」這一個題目就占了十三節，占全章的三分之二，因為它是整個系統中最困難的，也是科技程度最高的，其餘的四個題目只占全章的三分之一。

「彈道導彈攻擊大型海面船隻」是典型的信息戰，它的困難度和所需要的科技超過七成是在「情報蒐集」，兩成在「彈道導彈」，一成在「指揮控制」。所以這麼一看，我們對這個論述的重點安排就非常合理了。

困難度雖然不同，但是文章的重點大多在結尾，本書也不例外。作者耗費四成的篇幅論述這個題目，最重要的目的就是點出這個武器系統在政治上的深遠影響，它就是本書最後一章論述的重點。

不論中美的海戰是否會發生，中國研發的這個「長程作戰體系」，在軍事與政治上的影響是極其深遠的，足以導致亞洲勢力範圍的重新劃分。作者認為「彈道導彈攻擊大型海面船隻」是核子武器出現後最重要的武器系統，也是人類有史以來最複雜的作戰系統，是現代戰爭的最佳代表，更是訊息戰爭的經典之作。

美國戰術專家不是老吹噓「立體戰爭」和「系統對抗」嗎？什麼「C3ISR（Command, Control,

Communications, Intelligence, Surveillance and Reconnaissance）」、「網絡戰」、「空海一體戰」、「發現即摧毀」等唬人的名詞一大堆，有些根本不值五分錢，目的都是美國要在軍事論述中搶得優勢、樹立盲從、嚇唬別人和鞏固自己在軍事上的領導地位。

今天中國研發出來並且已經成軍的這個「長程作戰體系」，就是中國軍事科學家回敬西方的禮物，美國戰術專家所吹噓的所有嚇唬人的名詞都包括在中國研發的這個「長程作戰體系」裡。它令西方國家心急如焚和瞠目結舌，它告訴洋鬼子，「你這一套我也會，而且比你做得更好」。

「師夷之長以制夷」，這是老祖宗的教訓，它是對付帝國主義的洋鬼子最好的辦法，能讓洋鬼子口服心服。

所以無論多麼困難，作者也要把這個「長程作戰體系」用最簡單的語言介紹出來和讀者分享。希望讀者看完本書後都能有所收穫，對列強的鬥爭本質、中國的成就與處境、國際情勢發展的潮流、中國崛起的不可阻擋等都有進一步認識。

最後，也是最誠摯地，作者要感謝如果出版的王思迅總編輯，一個豪爽和一諾千金的爺們兒，沒有他的鼎力相助與真誠的合作，這本書是無法出版的。

海天

2020中國與美國終須一戰

——當中國的復興之路遇上美國的重返亞洲

作　　者——YST
封面設計——黃聖文
內文排版——林鳳鳳
圖片繪製——簡珮如
執行編輯——劉文駿
行銷企劃——郭其彬、夏瑩芳、王綬晨、邱紹溢、黃文慧、陳詩婷、張瓊瑜
副總編輯——張海靜
總 編 輯——王思迅
發 行 人——蘇拾平
出　　版——如果出版事業股份有限公司
發　　行——大雁出版基地
地　　址——台北市松山區復興北路333號11樓之4
電　　話——（02）2718-2001
傳　　真——（02）2718-1258
讀者傳真服務—（02）2718-1258
E-mail andbooks@andbooks.com.tw
劃撥帳號 19983379
戶　　名 大雁文化事業股份有限公司
香港發行——大雁（香港）出版基地・里人文化
地　　址——香港荃灣橫龍街78號正好工業大廈22樓A室
電　　話——（852）2419-2288
傳　　真——（852）2419-1887
E-mail anyone@biznetvigator.com
出版日期 2014年7月 初版
定價 380元
ISBN 978-986-6006-59-3

國家圖書館出版品預行編目資料

2020中國與美國終須一戰：當中國的復興之路遇上美國的重返亞洲 / YST著. – 初版. – 臺北市：如果出版, 大雁出版基地發行, 2014. 07
面；公分
ISBN 978-986-6006-59-3（平裝）

1. 中美關係 2. 國際關係

574.1852　　103011971

如果